U0894563

一 个 杰 出 犹 太 家 族 的 中 国 情 缘

从耶路撒冷到北京

from Jerusalem to Beijing

[以色列] 欧慕然 著
[中　国] 唐建文

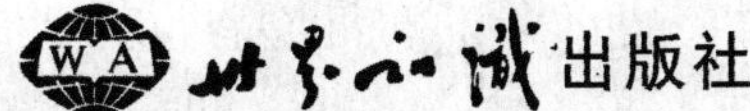

图书再版编目（CIP）数据

从耶路撒冷到北京：一个杰出犹太家族的中国情缘 /(以)欧慕然，(中) 唐建文著. —北京：世界知识出版社，2011.12

ISBN 978-7-5012-4209-2

Ⅰ. ①从…　Ⅱ. ①欧…　②唐…　Ⅲ. ①欧慕然 - 回忆录
Ⅳ. ① K833.826.3

中国版本图书馆 CIP 数据核字（2011）第 266571 号

图字：01-2011-8107 号

书　　名	**从耶路撒冷到北京：一个杰出犹太家族的中国情缘** Cong Yelusaleng dao Beijing: Yige Jiechu Youtaijiazu de Zhongguo Qingyuan
作　　者	[以色列] 欧慕然 [中　国] 唐建文
责任编辑	张迎辉
责任出版	赵　玥
责任校对	马莉娜
出版发行	世界知识出版社
地址邮编	北京市东城区干面胡同 51 号（100010）
电　　话	010-65265925（编辑）　65265923（发行）
网　　址	www.wap1943.com
印　　刷	世界知识印刷厂
经　　销	新华书店
开本印张	720×1020 毫米　1/16　23½ 印张
字　　数	330 千字
版次印次	2012 年 1 月第一版　2012 年 1 月第一次印刷
标准书号	ISBN 978-7-5012-4209-2
定　　价	39.00 元

这是两位老朋友的倾心交谈。一位是以色列犹太人，另一位是中国大陆人。他们早在20世纪80年代末相识于北京，阔别十多年后又在21世纪之初旧地重逢。恰似“久逢知己”，两人从此经常促膝谈心。二人的话题跨越时空，纵横中外，涉及内容广泛。欧慕然是主谈人，其家族与中国的联系以及他本人在中国的20年经历和体验是中心话题。他不想将对话仅仅局限于两个人之间，希望他的中国朋友——他所热爱的中国大众也能倾听到他的心声。中国话友根据这些谈话整理出了这份散记式的中文书稿，正是为了实现主谈人的这番诚挚愿望。

——作者

作者近照：谈兴正浓

新一代友谊使者

一、两国关系的蓬勃发展 /259
二、理解与共赢 /262
三、新来的犹太侨民 /269
四、中国的犹太学热 /282

故园情深

一、北京情怀 /289
二、鲜花长开的国度 /300
三、多姿多彩的节日文化 /307
四、茅台、人情、关系 /317
五、相逢何必曾相识 /323
六、我认了个中国干闺女 /330
七、故土难离 /336

尾声：不止息的旅程

一、旅伴与我同行 /340
二、见证历史 /346
三、我的表白 /349

跋　我的以色列朋友欧慕然 / 唐建文 /355

序一

Xu Yi

中国和以色列：光荣的过去和充满机会的未来

——以色列前任总理　埃胡德·奥尔默特

我的父母亲早年都在中国生活。当时正值俄国革命，大批犹太难民逃离俄国，四处寻找一个能让他们保全身家性命的安身之地，以躲避迫害犹太人的反犹主义灾难。我的父母亲就在这批犹太难民当中。他们来到了一个接纳犹太难民的城市——哈尔滨。这座城市位于中国东北，接近俄罗斯，20世纪初期还是一个不大的小镇。哈尔滨张开双臂欢迎犹太人，将他们拥抱在怀里，用关怀和友谊温暖他们的心。

▲| 埃胡德·奥尔默特总理

我和我的兄弟都是从长辈那里听说他们的故事。长辈们是那么留恋中国，留恋他们曾经在那里生活过的那段时光！我的父亲在他的回忆录中用大量笔墨记述了这段经历。

对许多以色列人来说，中国是另外一个世界，仿佛远在天边。生活在以色列的人，主要来自俄罗斯、波兰和其他东欧国家以及北非的穆斯林国家。我们的家庭则不同，始终将中国挂在心上。尽管我们不在那里出生，也不曾亲眼目睹，但还是对她朝思暮想。我们家里摆满了中国的工艺品，有绘画、绣球、中国式的绣花被面和枕头。画作上描绘的是哈尔滨，也有上海和天津，这些都是父辈们在中国生活时到过的城市。记得还在我们年幼无知和刚刚步入少年时，长辈们就常给我们讲述家族的故事，我们最感亲切的就是有关中国的记忆。

现在我们终于来到了中国。我的三位兄弟比我来得早，他们于20世纪90年代初期便各自以不同身份到过中国。那时的中国和我父母离开时相比，已经完全改变了模样。我兄弟看到的这个国家，正在迈开大步去实现其超级大国的梦想。这个国家的人民深知，一旦他们能够充分发挥其庞大劳动力的优势，建立起一个现代化的教育体系，与境外的科技成就接轨，展开双翼将其国际关系布及全球，并且打开一度封闭的贸易的大门，他们必将赢得一个光辉的未来。

我的长兄亚伯拉罕在以色列驻中国大使馆任职科学和农业公使达四年之久，为加强两国在相关领域里的联系作出了巨大贡献。我是兄弟当中最晚来到中国的。我终于来访了！这时的中国已经是一个充满活力、生机勃勃的现代化国家，她正以惊人的速度向前奋进，为弥补几百年来因闭关自守造成的经济发展滞后抢回时间。

我来到中国的时候，中国和以色列已经建立起公开的正式关系。我见到的这个国家和这个国家的居民，使我深受感动。我第一次访问时曾带领一个以色列商界代表团。代表团的所有成员像我一样，深知我们两国之间的合作是一种强大的动力，能够推进两国的发展，给双方带来利益。我看到中国现代化的城市，都在渴望加速发展，对其他国家能够促进发展和繁荣的每件事物，都抱着求知的欲望。

很显然，我要利用这个机会去拜访我家人生活过的地方，亲眼看一看他们如此心爱的这方土地。我一直梦想陪同我的双亲一起访问哈尔滨——这个他们毕生挂在嘴边的地方。自我出生以来，父母亲就一直使用汉语和俄语对话。1998年我父亲于87岁高龄辞世时，临终前对我们的留言讲的就是汉语。

如此漫长的一段值得骄傲的历史，是无法通过仅仅一次访问就能完全展示的。我和我的兄弟所能做到的，无非是通过哈尔滨地方政府设立的犹太人博物馆，稍稍触摸一下先辈们昔日的生活画面。我们看到了反映犹太人20世纪上半期在中国创造的丰富多彩的生活景象。当年的世界现在只留存在一部分人的记忆当中，而随着曾经在此生活过的一代犹太人的逐渐离世，这份记忆也行将缓慢直至无可避免地消失。所幸的是，这些记忆被当地政府建立的优秀博物馆保存了起来，政府部门对曾在哈尔滨、上海和其他城市生活过的犹太人遗产，给予了细致和精心的保护。

我在任职以色列政府副总理期间访问中国，绝不单纯是为家族寻根。我是来告诉中国政府和中国人民，犹太人民和以色列把你们视为自己的老大哥和强大伙伴，是要强调，犹太人和中国人的创造性和智慧可以互相结合，共同为两个民族缔造出更加美好的未来。

我有幸在后来又多次访问中国，其中一次是以以色列政府总理的身份，而且有机会和胡锦涛主席会见，当面告诉他，在现任以色列政府首脑的眼里，中国不单纯是另外一个国家，她更像是他的第二故乡、他的家。

我饱经政治生活中的风风雨雨，深知国家之间关系的发展仰赖于各种因素，必须建立在共同利益的基础之上，要互惠互利。同时我也知道，中国是个值得自豪的国家，并且她珍重犹太人民和以色列国家的历史遗产。相互尊重对方的遗产、历史和传统是一种非常强劲的纽带，绝不可将其简单看成是商业和政治的副产品。

以色列和中国的商业关系已臻繁荣。在举办北京奥林匹克运动会之前，我与中国政府官员签署协议，商定两国的双边贸易为50亿美元。而今天，两国的双边贸易数字已达100亿美元，预计五年之内还会有更大增长。中国已成为以色列在亚洲的最大贸易伙伴，而且这仅仅是个开始。可能性是没有边界的，在良好愿望、互相信赖和友好关系面前，没有什么不可克服的障碍。

中国是个世界大国，资源丰富，人民奋发图强，同时也有着许多需求。最重要的是，她要不停地为改善本国13亿多人口的生存状况而奋斗。以色列视中国为至关重要的伙伴，并致力于协助她打造未来。我们和中国有许多共通之处，我们不可错失良机。我相信，中国向我们伸出的友善之手，必将进一步推动双方为友好合作竭尽努力，给双方带来更大利益。

我毫不怀疑，每逢新到一次中国，定会看到她越来越大的进步、发展与革新，看到她达到更高的生活水平。中国正在当前的竞跑线上向前飞奔。我希望，以色列能为其助一臂之力。至于我自己，我将尽一切可能帮助以色列在这个过程中发挥重要作用。

两种文化的熏陶

——中国驻以色列前任大使　陈永龙

我的朋友亚伯拉罕·奥尔默特教授从遥远的以色列和我联系，要我为他的新作写些东西，我毫不犹豫地立即答应了，因为我们是要好的朋友。亚伯拉罕的面容一次又一次地浮现在我眼前，我甚至用不着向他追问应当写些什么。

亚伯拉罕还在中国出任以色列驻华科技和农业公使的时候，我俩就相互认识了，当时我正好初次上任中国驻以色列大使。我是在 2003 年 12 月陪同以色列总统访问中国时第一次见到亚伯拉罕的。在访问中国农业大学附设的中国—以色列专家培训中心以及永乐店示范奶牛场时，我初次听说他在中国的工作情况。这两个项目是中国和以色列合作进程当中的重要里程碑。培训中心的任务是培训农业专家，示范奶牛场则通过使用以色列技术养殖中国种牛，共同提高中国奶牛的产奶量。最终，应用以色列技术的合作，使中国奶牛的产奶量增加了一倍。

▲ 陈永龙大使（中）在中国驻以色列大使馆官邸宴请欧慕然（右一）和他的弟弟（左一）——时任以色列副总理埃胡德·奥尔默特。

在陪同以色列总统访华期间，我了解到亚伯拉罕对中国和以色列之间的技术合作作出了巨大贡献。在后来的访问和会见过程中，我还听说他到过许多省份，接触了当地许多机构和人士。亚伯拉罕不但与会见人员深入交谈，而且同许多人建立了友好关系，这给他的工作带来不小帮助。

2004年年底亚伯拉罕结束他在以色列大使馆的任期并回到以色列，我们之间的联系进一步加强了。他大力协助我们开展接待中国代表团访问以色列的工作，积极参加大使馆举办的各项活动。他每次去中国访问之前，都会来找我谈他的一些想法，听取我的意见，从中国回来以后又必定向我通报访问结果。他虽然事务缠身，但每当我们组织什么活动，他总是有请必到，从不推辞。

我记得很清楚，有一次我们在特拉维夫组织中国—以色列双方人员的聚会，有人到场向与会人员散发反华传单，会议主持方怎么也劝不走他们。这时亚伯拉罕主动站出来跟他们讲理，终于把这伙人劝离了会场。他笑着对我说："我们得照管好，不让任何事情影响到中国和以色列之间的友好关系。"

我问他："你对他们说了些什么，才终于把他们劝走了呢？"亚伯拉罕告诉我，他对他们说："你们的所作所为已经损害到了你们自己的利益。"他又说，"你们既然来了，而且表达了你们的观点，现在就请走吧。如果仍然在这里多待一分钟，干扰会议，必将损害你们自己的利益。你们最好立即离开。"他们听明白了，于是当即离开了。我当时看在眼里，亚伯拉罕有勇有谋，他的做法恰到好处。

亚伯拉罕常来中国，因为他应聘为中国多家大学的客座教授。访问中国的时候，他到各地与大家交流他的经验与知识。亚伯拉罕夫妇还认了个中国干闺女。现在干闺女出嫁了，有了孩子，他们在中国也增添了一个小孙子。

其实亚伯拉罕和中国的接触，并非始于出使中国和认了个干闺女。早在多年以前，他的家族就曾经在中国生活。2005年，我在特拉维夫举办招待会庆祝新中国成立56周年，亚伯拉罕的弟弟、当时的以色列政府副总理和后来的总理埃胡德·奥尔默特在会上致辞，我觉得他的一番话也反映了亚伯拉罕的心声。埃胡德说：

"我们很幸运，我们在两种文化——中华文化和犹太文化熏陶之下成长。犹太文化教导我们如何选择人生道路，中华文化教导我们如何在人生道路上勇往直前。"

序三

Xu Shan

传递中犹友谊的使者

——黑龙江社会科学院院长　曲　伟

欣闻原居哈尔滨犹太人后裔欧慕然（奥尔默特）先生的回忆录即将出版，邀我作一序言，我很高兴承担这一任务。

犹太民族是一个饱经磨难、人才辈出的伟大民族。我初识欧慕然先生是在2004年9月，那是他首次出席哈尔滨犹太历史文化国际论坛。他身材不高，头发花白，颇有学者风度。此前不久他已经组织过以色列农业专家到哈尔滨无偿地进行绿色农业知识培训。2006年6月，在省社科院承办的第二届哈尔滨犹太历史文化国际论坛上，欧慕然作为时任以色列总理埃胡德·奥尔默特的哥哥，与以色列驻华大使海逸达等一批国际知名人士专程到会，并宣读以色列总理给论坛的贺信，引起广泛关注。2007年欧慕然出席哈尔滨与世界犹太人经贸合作国际论坛，他在会上所作的“以中农业合作的回顾与展望”的发言，给我留下了深刻印象。

▲| 曲伟教授与欧慕然在一起。

欧慕然先生有很深的中国情结和哈尔滨情结，他的中国情结来自血缘。20世纪初，欧慕然的祖父母和许多犹太人一样，为了躲避迫害从俄罗斯移居中国哈尔滨，其祖父后来在哈尔滨去世。20世纪30年代，欧慕然的父亲移民到了以色列，并与在哈尔滨认识的犹太姑娘喜结良缘，生下了欧慕然兄弟四人。

欧慕然先生对中国有很深的感情。他曾在以色列驻外机构代表的诸多选项中，选择担任驻中国代表；在到中国还是到美国担当以色列驻外公使的两个选择中，毫不犹豫地放弃了到美国工作的丰厚待遇，选择到中国来工作。这令我十分感动。

不仅如此，欧慕然先生到中国来还有很重要的一个目的：感恩。为此他积极促成了以色列与广西、新疆、北京的农业合作，特别是以色列与哈尔滨高新技术农业合作园区，已经取得丰硕成果。

欧慕然先生于 1989 年首次踏上中国土地，他作为以色列农业发展公司总经理，应邀到广西进行柑橘种植业的合作。1993 年，欧慕然先生作为以色列国际合作中心负责人来到中国，在北京郊区建立了第一片中以合作试验田，把以色列先进的滴灌、绿色大棚等技术输出到中国。2000 ~ 2004 年，欧慕然先生担任以色列驻华科学和农业公使，投资数百万美元在北京建设一个中以合作高科技奶牛和奶制品示范农场，在新疆、黑龙江建设中以合作农业示范基地，其间曾到新疆 22 次之多。

2000 年以来，欧慕然先生多次到哈尔滨参观访问，安排以色列农业专家到黑龙江省无偿推广以色列先进的有机农业技术，促进哈尔滨与以色列建立农业合作园区。欧慕然先生还委托黑龙江省社会科学院协助安排重修他祖父的墓碑，并多次来到哈尔滨犹太墓地祭扫他的祖父。欧慕然说："我们家族与中国的关系饱含着血浓于水的亲情。我会努力说服埃胡德进一步加强与中国的关系，因为奥尔默特家族不但属于以色列，也属于中国。"

2004 年欧慕然先生从以色列驻华公使的岗位退休之后，仍然一往情深地参与中国的农业发展。他先后被聘为北京的中国农业大学、青岛的莱阳农业大学、哈尔滨的东北农业大学的客座教授，每年要五六次到中国讲学，继续为中国农业发展作出贡献。

欧慕然先生的回忆录不仅回忆了他在以色列的成长、工作经历，也用很大的篇幅介绍了他在中国的工作和生活，体现出他对中国人民的深情厚意，展示出中犹人民友谊合作的光明前景。我想，他的回忆录会在以色列和中国都受到欢迎。

作为黑龙江省社会科学院院长，我和我所领导的哈尔滨犹太研究中心的科研人员，与欧慕然先生有诸多的交往，无不为他的中国情结和感恩精神所感动。

经过我们的建议，由哈尔滨市政府拨出巨资全面修缮哈尔滨犹太会堂和犹太墓地等遗址遗迹，开办了一个大型的“犹太人在哈尔滨”的历史文化展览，举办了三次哈尔滨犹太历史文化和经贸合作论坛，推出了一批犹太人在哈尔滨的画册、文集等系列著作，还为原居哈尔滨犹太人参观哈尔滨犹太遗址遗迹提供服务，受到欧慕然先生的高度评价。

如今，当年两万多在哈尔滨受到庇护和善待的犹太人已散居世界各地，移居美国、英国、德国、法国、以色列、澳大利亚等诸多国家，而且随着时间的推移只有少数人仍然健在。但是他们之间还在保持联系。他们无时无刻不在关注哈尔滨的发展，希望为这座城市作出自己的贡献；他们无时无刻不在向他们的后代传递一个信息：哈尔滨是世界上最善待犹太人的城市之一；他们无时无刻不希望有生之年再回到第二故乡旧地重游。欧慕然先生就是原居哈尔滨犹太人后代当中的典型代表。我们寄希望于更多原居哈尔滨犹太人后裔像欧慕然先生一样，不断续写中以人民友谊的崭新篇章，一代接一代地把中以人民友谊合作的历史传承下去，光大开来。

自序

Zhi Xu

圆梦中国

——欧慕然（亚伯拉罕·奥尔默特）

哈尔滨市郊有一片犹太公墓，当我首次从市中心来到这片墓地的时候，心情无比激动。这里与我出生所在的以色列相距几千公里，我要在这片土地上祭扫我祖父的坟墓。哈尔滨是他曾经生活过和最终辞世的家园。

记得小时候在度过我幼年生活的一间简朴斗室里，每天早晨醒来，我都会睁大眼睛仰望顶棚，注视着父母亲从中国带回来的大红灯笼。无奈在过去那些日子里没有电，红灯笼没法经常点亮，只能静静地挂在那里作为父母对中国的一种珍贵记忆和纪念。后来出生的两个弟弟也挤到我的小屋子里，我们一同和红灯笼共享那充满幻想的时光。我脑海里不断涌现出父母亲曾经成长过的远方，心想那是我永远无法到达的异乡。

▲| 回到第二故乡：与夫人和中国青年学子在一起。

我现在终于来到我梦想已久的地方了。我来到哈尔滨的时候正值冬天，而哈尔滨的冬天是非常寒冷的，和我们在以色列的冬天感觉大不一样。我站在祖父的坟墓面前，地面上是茫茫一片白雪，四周散落着数不尽的墓茔，在冰雪的覆盖下静穆而安详。在我身边，伫立着陪同前来的中方人员，他们以惊愕的目光注视着这位以色列外交官祭拜祖坟。坟地上空回响着的朗诵声，对于周边环境和人们来说显得多么陌生而奇特。说实在的，此时此地我感到希伯来语有些不合时宜。

回想多年以前，我们的犹太先辈为了躲避俄国革命时期的迫害，从俄国移民到了哈尔滨。白俄分子攻击犹太人是共产党的创导者，于是大批犹太人被迫逃到中国避难，其中就有我的父母亲和他们的家人。父母亲后来离开中国回到以色列了，此时此刻他们的在天之灵应当看到，他们的儿子身为一名代表独立的以色列国的外交官，今天又回到了中国，回到了他们的父亲、我的祖父的身边。

来到墓地，我有一种圆梦的幻觉，我感到生命中的一次循环已臻闭合，循环始于我祖父踏足中国，终于我今天祭拜他的坟墓。但在这一始一终之间，依我父母亲以及我自己的观点来看，发生了许多天翻地覆的变化。我希望借助此书填补从过去到现在的一段空缺。

填补空缺，就要回顾我父母和我自己在这个时期经历过的种种事件，探索两个国家和民族的历史文化背景。我将在本书中讲述哈尔滨以及其他中国城市犹太人社区的故事，讲述奥尔默特家族也就是我祖父、父母和兄弟们的经历（兄弟当中出了个以色列政府总理），以及其他相关的犹太同胞，特别是从哈尔滨离开并成为以色列重要人物的事迹。这些好比是不同的音符，谱写出中国人民和以色列人民友谊乐章中的一曲。

中国是一个世界上人口最多的古老而伟大的国家，以色列属于小而又小但同样古老而伟大的犹太民族，他们各自固有的价值将这两个看似大相径庭的国家联结在一起。我将在书中涉及犹太民族和中华民族的一些历史事迹，并通过家庭赋予我的以及我近20年来直接接触中国而感悟到的心得体会，探索两个民族之间的共通之处。

我不打算写一本教科书，也无意向中国人民重复我从他们那里得到的知识，我所以在书中叙述中国读者早已耳熟能详的一些事物，是因为这些都是留在我心上的一道道中国画卷中的笔触。

我在1989年首次访问中国时，出发之前和返国之后曾经两次重读父亲给我们留下的他的自传。父亲的自传是在1981年出版的，书中不但描写了他在中国的一段生活，而且记述了他半个多世纪之前对中国人民的一些感想和看法，在这里值得加以引述。

书中写道："中国人从心底里对白种人嫉恶如仇。白种人象征残暴的邪恶势力，他们侮辱中国人民，不给这个有着久远历史文化的国家以应有的尊重。他们占领了这个国家的国土，在那里横行霸道，不当自己是外来人，俨然以主子自居……过去一百年来，白人国家纷纷以各种方式前来压迫剥削中国。例如来自欧洲国家的居民可以获得治外法权，这种情况使许多中国人对白人产生了极大反感。中国人自古以来怀着一种民族自豪感，他们不能忘记他们辉煌的文化和历史。"

父亲曾经在中国的学校当过教师，有一位中国助手经常与他交谈，他对此作过如下叙述："我从老严的谈吐中，也从他的品格中学到许多东西，了解到中国人身上的许多长处。我听老严说到他年老的双亲，总是流露出对老人的一种敬重和爱戴之情。我知道，这不仅是老严个人的性格表现，而且是中国人的典型性格表现。他谈到他母亲在家庭里的作用：当时许多像他们一样的孩子都没有机会上学，特别是在乡村，母亲就担当起教育他们的责任。"

自传继续写道："老严的身上具有中华民族的所有优良品质。我想，他是中国人非常典型的代表。我同他交谈过很多次，从中得出一个强烈印象，那就是中国人非常勤劳、知足、崇尚教育、助人为乐，时刻为家庭和朋友着想。中国人不为枪炮所征服，却以他们的勤劳成功'吞没'了其他国家。"

我想，父亲多年前之所想，正是我今日之所思。

父亲的感言，禁不住勾起我的另一个话题。我在以色列多次接受关于中国问题的采访，许多时候有人向我提出一些极具挑衅性的问题，涉及中国的制度和中国对待各种问题的做法。每当我进行回答和加以解释的时候，我眼前就浮现出父亲的面容，耳边又回响起父亲在他书中所说的关于中国人民的话语。

如我2008年在以色列出版的《我的中国》一书一样，我不想在这里过多介入政治话题，但是我无法避开一个在我看来对中国和以色列颇为相似的问题——

世界上有多少国家指责和批评别人，又有多少国家受到别人的指责和批评。对别人滥加指点的有不少是国家领导人。不顾有关国家具体和真实的情况，对中国和以色列横加攻击好像已经成为一种时髦。

中国常因某些国内问题受到外来的指责和攻击，例如被指责缺乏真正的充分的民主、对媒体加以限制、欺压某些少数民族，等等。中国头上被强加种种莫须有的罪名。我无意为中国受到的各种指责进行争辩，我想要说的是，很大一部分批评实属虚构，有的竟然达到极其荒谬的地步。

几年前我在以色列偶然看到一本书，里面充满对中国的歪曲描写。作者是一位在中国仅仅待过一个礼拜时间的记者。我想，以我20年的亲身经历，我不应当对此保持沉默，于是有了上面提到的《我的中国》一书。我希望扫除一些人的偏见，告诉我的以色列同胞一个真实的中国。现在准备在中国出版的新书《从耶路撒冷到北京：一个杰出犹太家族的中国情缘》，是《我的中国》的续篇，我希望向中国读者传达一个以色列犹太朋友对中国的认识和内心感情。

最后我想说：我爱以色列，我同样爱我们家族的第二故乡——中国。

初到第二故乡

一、首访北京

1989年的仲秋季节，我从以色列特拉维夫飞到美国洛杉矶，又从洛杉矶飞到香港，再从香港飞往中国北京。那时中国和以色列还处在政治外交的隔离状态，我不得不避开我的以色列人身份，经由第三国，绕过大半个地球进入中国。

飞越大半个地球的旅程

和我同行的有斯梯尔先生，他是美国一家名叫派拉蒙的实业公司的大老板。另外还有两个小伙子，一个是我的同事——以色列柑橘农业技术专家拉维德先生，另一个是斯梯尔先生的助手——在美国留学刚毕业的台湾年轻人，姓周。我名义上是派拉蒙公司的顾问，为的是隐去我真实的身份——以色列农业发展公司总经理。

▲ 1989年访华时与话友唐教授会晤，居中者为美国企业家斯梯尔先生。

我们此行的任务是到中国南方一个柑橘产地进行考察，意在与中方有关单位签订最终协议，共同创办一家柑橘合资企业，栽培、加工、销售一条龙。在此之前，中国和以色列双方高层已经派出人员进行多次秘密接触。经过长达三年多的曲折和努力，一项在当时看来算是不小而且颇富创意的在华国际合作项目，终于要瓜熟蒂落了。

就要从洛杉矶出发了，不料出了点小麻烦。我到中国领事馆领取签证时，被告知没有得到批准。在当时的局势下，一个以色列人要进入中国是十分敏感的问题，困难可想而知。第一次遭到拒签，想来也不是什么奇怪的事情。不过中国有关方面是事先有过承诺和做了相应安排的，怎么一下子就不行了呢？我十分懊恼，幸好经过与中方邀请单位紧急联系，第二天便很快顺利地将签证拿到手了。后来听说，只是因为中方内部办事程序上出了点小问题。

离开洛杉矶经过十几个小时穿越太平洋的飞行，我们到达香港稍事休息，紧接着又登机继续下一段旅程。10月15日午后，我们乘坐的飞机降落在北京机场。

对我们这些来自资本主义世界的西方人来说，一个长期与世隔绝和刚刚打开大门的东方国家——中国，充满着神秘感和吸引力。中国还处在改革开放头十年的初始阶段，中国和以色列仍然处于外交隔绝状态，中国显得是那么遥远、陌生和神秘，我们就是要到这片地方去探索和帮助创造某种奇迹。可想而知，我们这一行人的心情是何等的兴奋。

梦幻变成现实

对我来说，除了有与大家共同的兴奋心情之外，还有说不出的激动。中国有我祖父长眠的墓地，是我的父母亲年轻时期生活过的地方，这里是我的第二故乡。

我情不自禁地回想起儿时的记忆，想起20世纪三四十年代在巴勒斯坦一个偏僻山村里我家房檐下的红灯笼。从小我就听父母亲说，在非常非常遥远的东方一个什么地方，那里有好些城市，有北京（当时叫北平）、广州、上海、大连，还有天津。我的父母亲在那里有不少亲戚，有我的长辈也有我的同辈。那时看见父母亲收到那来自远方的信函时是那么激动，我也因为有机会给集邮册增添一些奇异的邮票而兴奋不已。我特别喜欢那些与父母亲一同在中国长大、又一同移民到以色列的朋友。他们偶尔来家里串门，共同回忆在中国，在哈尔滨的往事，并给我带来些蜡烛，叫我格外欢心。那时我从未敢想，有朝一日我也会到那里，并在那里见到我们家族的某位亲友。

现在，我终于踏上一直梦寐以求的这方神奇而又亲切的土地了！儿时梦境中的一切似乎就在我的身边，这就像是阿拉丁神灯一样美丽的神话，就像儿时对红灯笼的梦幻变成了现实。

在机场迎接我们的是唐先生——中方合作单位的负责人，以及他的两位同事。我和唐先生不久前在美国初次见过面，现在一见如故。认真说来，我们之间的经久友谊是从此开始的。未曾想 20 年之后，我们成为了写作本书的搭档，成为经常相聚的“话友”和“笔友”(这也是在本书中我们相互采用的称呼)。

当时的北京机场显得有些落后，从机场通往市区的专用公路还不够宽敞，但平直而整洁。在驱车去市区的路上，主人兴高采烈地给我们指点从车窗外飞驰而过的北京景色。这时已近深秋，公路两旁的杨树林泛出金黄的颜色，透过树丛看到的是无际的农田，还有星星点点的村落房舍。我的话友后来告诉我，那时曾有一位西方记者带着讥讽的口吻写道，那矮小而凌乱的村舍，让你根本想不到已经进入一个大国的首都。但是我有着与这位记者不同的心情，想起我父亲 20 世纪 30 年代在哈尔滨的生活经历，想起我童年时期在巴勒斯坦居住过的贫穷落后的农村，眼前看到的景象在我心中显得是那般平和、宁静，甚至还带着几分亲切。

进入市区，见不到许多高楼，但是沿街散布着片片绿地和五彩缤纷的人工花坛，煞是好看。这类精心布置的鲜花坛景，后来越办越红火，特别是逢上重大节日，已成为北京颇具特色的亮丽景致。为此我还向我居住的以色列城市雷霍沃特当局建议，也采用这种办法装点我们的城市。

我们的情绪越来越高涨了，主人在车上说要带我们好好看看北京。我有些疑惑，在我们这次旅程当中，北京只是又一个中转站，计划过夜一晚，第二天就要换乘飞机继续赶往最终目的地——远在大约两千公里之外的广西桂林，怎么谈得上“好好看看北京”？

不到长城非好汉

不等我们在下榻的饭店洗漱完毕，两辆小轿车和陪游人员已经守候在门外。他们为我们安排的是一份丰富而又紧凑的日程表：当日下午游览长城，晚上吃北京烤鸭，第二天上午带上行李参观故宫紫禁城，完后直奔机场。中国俗话说，“不到长城非好汉”，而主人现在似乎在向我们证明，只要你来到了北京，要成为“好汉”还有另外两件事是非办不可的，那就是吃北京烤鸭和进紫禁城——哪怕你只是留宿一夜的匆匆过客。

结束两周时间的访问回国后，我照章向上级提交一份报告。这理应是一份业务性的工作汇报，但我还是禁不住以大量篇幅记述一些题外话，那是对一个陌生国度的新鲜而强烈的感受。其中写道：

> 我们的访问行程始于北京，第一个地点是长城。长城是从外空唯一能辨认出来的地球上的人工建筑物。打从上小学的时候起，我们就不断从地理课本上听到它的事迹和传奇。在我的心目中，长城是多么崇高而伟大！

我终于来到了它的身边，和它有了最亲密的接触。不过说实在的，如我在报告中的记载，当时我还是有点失望，我本来以为它更宽阔，更高大。也许这种“失望”感是一种莫名的心理反应，大凡是怀抱着极高期待的人们在近距离接触到他们所崇拜的偶像时，往往容易刹那间产生这种反应。

> 另一个地点是紫禁城。《末代皇帝》一部电影，使紫禁城更加名扬海外。当我漫步在这宫城的庭院里，电影的绚丽色彩和动人情节已经忘怀，但是故事主人翁末代皇帝溥仪的形象，却清晰地浮现在我心中。

这既是历史，也是现实。多年以后，我在北京上门拜访一位朋友，他指着邻近一家宅邸告诉我说："你可知道，我的邻居是溥仪的一位亲戚。"我惊讶地问道："你认识溥仪？"他说："是呀，那时他已经从监狱释放出来，在公园里当园丁。我还同他攀谈。"我问他谈些什么，这位朋友答道："不提他的过去，只是谈他种什么花草。"原来历经两千多年的中国封建帝王的统治历史，不只承载于像故宫这样辉煌的宫廷建筑，还可以在寻常百姓家中找到某种温情的联系。

听说后来星巴克咖啡竟然跑到紫禁城里开店来了。这事遭来人们大量的非议，星巴克最终撤走了。我想理应如此。一座有着五百年历史的珍贵的人类历史瑰宝，让现代的垃圾食品和饮料叫卖其中，这是多大的讽刺！我并不想贬低星巴克，它是成功的西方文化现象之一，而且在北京、在中国的其他城市获得迅猛发展。我只是像大多数中国人一样，崇敬和珍惜紫禁城——这个中国的也是全人类的伟大文化遗产。

我在报告中继续写道：

晚上在著名的和平门北京烤鸭店接受宴请。这个地方给我留下另一番极其深刻的印象。倒不是因为烤鸭的美味，而是因为店面规模之宏大，竟能容纳 2000 人同时就餐！设想一下，在我们所在的国家里，最大的餐馆只能同时接待最多 200 ~ 300 人，2000 人的数字该是何等惊人。在这样的餐馆里用餐，不禁让人联想到人丁的兴旺。

在中国人的传统观念里，人丁兴旺是家庭生活幸福美满的一个重要标志，中国有句俗语："人多好办事。"不过"人多"也是把双刃剑。

陌生的街头景象

街上的交通景象，引起我的极大好奇。

中国的自行车数量无法想象。在大城市里，自行车简直像潮水一般沿着街道奔流。我们习惯于车辆主控道路，行人要听从交通规则。但是在中国，我发现真正主控道路的是骑自行车的人，他们根本不把小汽车放在眼里。尽管为数不多的汽车不断鸣笛，全然无济于事，道路都叫自行车给占满了。听到此起彼伏的汽车喇叭声浪，你可能以为满街都是汽车，其实不然。我不禁遐想，将来总有一天汽车会越来越多，到时会是怎样一番景象。我估计，那时拥挤程度将更加无法忍受。

后来我到以色列驻北京大使馆工作，儿子劝我买一辆小轿车，可以愿意去哪里就去哪里。车是买了，但每次上街都心有余悸。在西方，人们都习惯按规定的标志行驶。道路上树立着许许多多不同的标志，给司机和路人明确的指导，而在中国，像这样的标志大部分都找不到。于是开车的人只好随大溜，跟着中国司机的习惯照办。难怪有人问我："你知道在中国开车是怎么回事吗？"他接着答道，"这就是除了喇叭声，再加上车身和轮子的叽嘎响。"

这是多年前的事情了，现在喇叭声依旧，但我们已经看不到自行车的潮水，而是前方无尽的车流，而且多是在中国生产的崭新车型，其中有不少世界上的名牌车，如宝马和奔驰。放眼望去，自行车比从前少多了，不过根据官方统计，中国1990年拥有自行车5亿辆，到2007年是4.5亿辆，变化甚微。与此同时，根据最新统计资料，到本书面世的时候小汽车拥有量相信已猛增到大约六七千万辆！看来突破1亿辆大关，已经不是什么遥远的事情了。如今北京已经面临交通严重堵塞的尴尬局面。

另外，最让我难以理解的是人们在公共场合随地吐痰。我在报告中写道：

"我在北京街面见到两类现象，一类值得称道（上面谈到的鲜花），另一类则不敢恭维。你从一辆出租车旁边经过，冷不防司机打开窗子吐出一口唾沫；你和路人并肩而行，突然间扑哧一声，只见脚边的地面落下几滩痰迹。"我百思而不得其解，人们怎能在大庭广众之下为所欲为，不顾及公共利益和他人的感受？

你还会碰到这样的情况：当你正在聚精会神地和大家开会，突然间电话铃响了，有人拿起电话拉开嗓门大声嚷嚷，旁若无人，会议一下子全被搅乱了。还有排队“夹私”，厕所脏乱（饭店、餐馆里的卫生间也不例外），也令我颇感失望。

话友很有同感，为社会上的不良风气和本国同胞缺乏公共道德的行为感到羞愧。他补充说，近些年来又冒出早期从未见过的“小广告”，它们和痰迹一起“亮相”行人道，像顽固的癣疥四处蔓延，不仅损害着城市的形象，更带着蒙骗和伪造的病毒腐蚀着社会的机体。

应当承认，今天随地吐痰和小广告的丑恶现象比以前有了减少，虽然还远未消失；绿地和花坛越来越多，越来越漂亮，卫生间和排队的情况也有了明显改进。可以看到，政府当局在大力发展经济的同时，也在竭尽努力倡导精神文明。

节制生育政策的喜与忧

在中国的长年经历中，我屡屡感受到一个人口众多的泱泱大国在其发展道路上的独特境遇，这是西方人以他们惯有的偏颇眼光难以理解的一种中国国情。

我在1989年的报告中还谈到：

中国政府1975年决定实行一个家庭一个孩子政策。尽管如此，中国现有人口依然接近13亿。中国的家庭长期以来一直以多子多孙为幸福，实行计划生育对他们的传统文化价值观来说是一场革命。中国家庭崇尚子孙满堂，母亲是家庭的核心，这和犹太人母亲在家庭中的地位颇为相像。

我这次访问中遇到的最值得注意的问题，便是由推行计划生育政策而出现的“过渡一代”，他们身居兄弟姊妹共聚一堂的家庭里，但是自己却受到只许生育一胎的政策限制。我和他们当中的许多人交谈过，他们的处境比较奇怪——在父母家里的时候觉得济济一堂，但是他们的孩子将来再也不会有这样的体验了。

记得我小时候看见家里有一件瓷器雕像，刻画一位中国母亲坐在那里，面带微笑，身边围着一群孩子。对我来说，这件雕像就是儿孙满堂的中国家庭的象征。

在以色列以及别的国家，经常有人问我有关中国计划生育的问题。现今中国人口已经超过13亿，每年新添人口大约1400万，预计一两年内人口总数将接近14亿。计划生育政策涉及的问题很复杂，我不可能完全深入地了解，但我要说的是，许多人就中国的这个问题以及其他问题大发议论，他们却不懂得领导人口如此众多的一个大国的复杂性。

中国许多省份的人口比世界上许多国家的人口都多。我觉得，一些人正是错在他们以衡量自己国家的标准来衡量中国。我在中国向许多人询问过他们对计划生育政策的看法，大多数人都表示拥护。他们对我说，为了他们的孩子获得良好的教育、良好的医疗条件，当然赞同这样的政策。实行一家一个孩子的办法会带来一个后果，那就是对孩子娇生惯养。独生子女周围没有兄弟姊妹和他竞争，不但有双亲而且有祖父母和外祖父母围着转，要什么给什么，这样一代人被宠坏了，会以为天生什么都能得到。我使馆里的秘书跟我说，他和许多父母一样很清楚下一代孩子必然会娇生惯养，因此他特别注意让他的独生女儿参加社会活动。

有一次我打车从珠宝市场返回下榻的饭店，看到车里粘着一个漂亮女孩的照片，我问司机女孩是谁，司机说是他女儿。过了一会儿，他从钱包里掏出一个模样很俊的男孩照片，我问孩子是谁，司机说是他儿子："他们是双胞胎。"我当时想，司机一定心满意足，他有一男一女，还求什么呢？

有位中国朋友对我说过一句话，非常有说服力："对公众实行限制，将来必然为其中每个个人带来好处。"

市场供应：和前苏联的鲜明对比

不过第一次访问中国的所见所闻，最令我感到意外和惊讶的还是物资供应情况。

那年正巧赶上我不久之前到过波兰、保加利亚和前苏联。这些国家和以色列都没有外交关系，他们邀请我前去访问，是要与我国在农业方面开展合作。从这些国家回来，我的心情格外沉重。我得出一个看法：东欧这些国家搞失败了。

我在苏联亲眼见到的情况非常糟糕。每家商店门前都排着长长的人龙，走进里面一看，许多基本物资严重短缺。我到过一些集体农庄，所见所闻，与当局公开发布的讯息大相径庭，他们所标榜的成就不过是一种宣传。农庄外竖立着高大的标语牌，上面标明的数字和院内看到的实际情况有着天壤之别。这着实叫人扫兴。

记得在苏联访问的时候，一直跟随我们当翻译的一位女士叫叶莲娜。她英语说得很好，在保持我与俄方人员的联系和沟通方面，表现出很高的能力和效率。结束访问时，我想送她一件礼物以感谢她给予我们的帮助。我问她，什么样的礼物对她派得上用场，你想她会说什么？她说："我看到你们有卫生纸，现在你们就要离开，可能用不上了，就留下给我吧。"连卫生纸这样最基本的用品也缺乏，可以想象那里的生活景况是怎样了。

我要到中国去了，心想那里的景况势必一样。但是真实情况与我的预期截然不同。我在报告中如此记述：

将苏联与中国两相对比，情况何其惊人，中国显然是胜券在握。去过莫斯科，你禁不住为俄罗斯人民感到伤心和难过。他们排上长长的队伍，站上好几个小时，好容易进得店里，却见货架上空空如也，所有东西早被先来的人一扫而光。在中国，你却感到要什么有什么。

我提到后来到过的中国一座中等城市里的一家七层高的百货商店，"那里的东西应有尽有。难说服装式样赶得上西方的新潮，但是普通百姓都穿得起买得到。街边路旁，各式各样的水果蔬菜琳琅满目，而且新鲜、质好。"论农产品的质地好坏，那是骗不过一位农学家的眼睛的。

我于是想，莫非是我错了？过去我以为共产主义已经失败。也许苏联的共产主义没有走对路子，而我们看到的中国的情况，则是实现现代共产主义的更佳方式。我不是说我成了共产主义者，但我确切地意识到，除了西方还会有其他可以成功的途径。没有想到，我竟然无意之中带着这个问题开始了我的中国之行——延续了整整 20 多年的漫长旅程。

二、“柑橘密使”

我在 1989 年对中国的首次访问，是由以色列的一位高级农业官员萨姆尔·波哈莱斯教授对中国的先期接触和工作最终促成的。就在那一年，以色列一位著名的新闻记者对波哈莱斯教授进行采访，称他为“柑橘密使”。这个绰号暗示说，他在中国秘密开展的柑橘合作项目，起着推动以色列与中国两国关系正常化进程的重要作用。

回顾 20 世纪 80 年代初期，以色列和中国分别于 1948 年和 1949 年独立建国，此后 30 多年两国一直处于外交隔绝状态。随着世界政治外交格局的变化以及中国独立自主外交政策的进一步发展，两国之间的关系开始出现某些松动。双方都在寻求与对方的接触，开始有军工技术方面的交往，进而发展到经济与民用技术层面的交流，这些都是以秘密方式进行的。从一开始，科学技术特别是农业技术就是两国民用领域交往的重点。

波哈莱斯教授秘密访华

作为国际知名的农业和农村问题专家，波哈莱斯教授于 1985 年率领第一个以色列经济技术代表团秘密访问中国，开启了两国之间经济和民用技术的规模性接触和交流活动，并导致一个秘密交流渠道的建立。

波哈莱斯教授 1928 年生于波兰，1958 年才离开波兰移民以色列。到以色列之后，他一直在农业部从事农业经济研究和农村计划发展工作，先后与11位农业部长共事，算是以色列农业和农村经济领域的元老之一。自1996年起，波哈莱斯教授参加西蒙·佩雷斯和平协会，负责以色列与阿拉伯国家合作局的工作，2000年出任该协会的副总裁。佩雷斯现任以色列总统，是中国人民的好朋友。

▲ 1987年4月，波哈莱斯教授（右二）在广西钦州地区考察柑橘农场。

波哈莱斯教授是位出类拔萃的人物。由于业务关系，我与他长期接触。他在农业部任职计划局长时，我在服务农民的技术推广局任高级经理。后来我在农业发展公司担任总经理16年期间，波哈莱斯教授一直是我们公司的董事会成员。最近几年，他在佩雷斯和平协会工作，我们保持着密切的联系。

波哈莱斯教授在他最近出版的《自传》中写道，以色列当局责成他去中国，但用第三国护照而不用以色列护照。当时担任总理职务的佩雷斯先生不同意使用第三国护照的做法。他说，要是派一个以色列代表团去中国，所有代表团成员都应持以色列护照，虽然代表团可以考虑采用其他名义。

1985年的一天，波哈莱斯教授应召到外交部部长办公室，受命率领一个代表团前往中国。当时向他交代，代表团共有九名成员，属秘密行动，以一家新加坡公司代表团的名义对外，经新加坡入境中国，最后离开中国进入新加坡。代表团成员在新加坡集合，时任以色列驻新加坡大使的本·雅科夫先生接见代表团。他何曾想到，几年之后自己成为了以色列的驻华大使。

当年五月末，波哈莱斯教授率代表团开始了他们非同寻常的访华之行。到达北京后，代表团被安置在政府所属的官方招待所，中方人员和商谈代表都到此地进行接触。代表团成员不得擅自离开驻地，但是安排他们集体参观工业和农业现场，也组织游览。代表团总共逗留 11 天。在此期间，就在招待所里举行了多次会谈，代表团会见来自各方的人员和代表，讨论有关工业、农业和科技方面可能合作的各个问题。

波哈莱斯教授在书中说："我渐渐明白了，访问期间始终陪同我们的唐先生，在促进双方的联系（即使开始只限于秘密方式）中，是发挥重要作用的人物之一……他代表名叫'华阳'的一家中国国营公司。"

波哈莱斯教授又说："以色列代表团访华之后不久，唐先生带领几名专家从中国到达以色列进行回访。这次访问同样保持高度机密，代表团成员的头衔甚至是编造的。代表团会见各方面不同人士，包括当时的以色列农业部长。我知道唐先生后来派驻美国。"

不消说，唐先生正是我现在的合作著书人和经常聚会的话友。

秘密渠道的建立

据话友回忆，那是 1985 年的晚春时节，他所在的一家从事对外技术贸易的国营公司接受上级指示，准备接待一个从新加坡来的主要由以色列人组成的高级经济技术代表团，任务是探讨中以双方商贸实业界开展经济技术交流合作的可能性。代表团团长波哈莱斯教授是以色列农业部农村规划与发展局长，成员均来自以色列一些著名企业和机构的管理高层。一周时间的业务洽谈是友好和富于成效的，最终签订了共同协议，商定就广泛课题进行进一步接触，内容涵盖农业、电子通讯、化工、能源，等等。正如波哈莱斯教授在他的《自传》中所述，对整个接待过程采取了严格的保密措施，这既是出于外交方面的考虑，也是为了来访者的人身安全。

据了解，话友所在的工作单位是新组建不久的一家国营公司，以引进国外智力即专业人才和先进技术为主要任务，以色列成为公司的一个工作方向。后来为执行此项任务还专门成立了另外一家独立公司并在香港设立分支机构，授权组织和协调有关活动，从此形成一条经由香港连接以色列和中国大陆的秘密经贸和技术交流通道。

签证是以色列人进入中国内地的关键。没有外交关系，固然不能持以色列护照取得签证；不少以色列人持有第三国护照，比如美国护照，但是只要上面标明持有人是以色列籍，取得签证亦非易事。而在精明的犹太生意人看来，没有最终客户与之直接对话，没有对相关商业环境的实地了解，那是根本不可思议的事情。香港曾是以色列商业人士遥望中国内地巨大市场“望洋兴叹”的地方，现在情况有了变化。

以色列塔迪兰公司的商业代表应当记得，1986 年他们应邀到香港与来自内地的中方代表接触，就曾抱怨说和中国难做生意，因为拿不到进入中国的签证。事后中方代表聂松女士问他们要名单，她说：“请告诉我，你们哪些人需要进入中国。”未过很长时间，塔迪兰的有关人员拿到了“另纸签证”的特别许可，相继进入中国开展工作。随着政府逐步放宽入境政策，并得华阳／华泰渠道提供的帮助，通往中国内地的闸门正在悄悄打开，等待已久的以色列来客竞相涌入。

坦诚地说，在中以两国开始接触和交往之初，中国方面看重的是引进先进技术和管理知识，而以色列方面更希望获得政治外交上的好处，打破它在世界上相对孤立的状态，给外部世界一个印象，似乎中国这个举足轻重的大国开始和以色列建立正常关系了。保守秘密和泄露消息，一直是双方的一种博弈。

所以不足为奇，尽管有实行保密的郑重承诺和约定，中以双方的秘密接触还是不断有消息走漏出去。

据话友回忆，1987 年底中方一个高级经济技术代表团回访以色列，这是继 1985 年以色列代表团访问中国之后经由这条通道开展的另一项重大行动。中方的

▲ 1987年我国农业经济代表团秘密访问以色列，话友在波哈莱斯教授（中）陪同下参观耶路撒冷哭墙。

目的是要通过实地考察，直接深入地了解以色列的经济技术发展状况，为进一步的交流与合作提供扎实可靠的依据。代表团的成员均为国家农村和农业机构的经济和技术专家，包括以下提到的中国一家重要智囊机构的代表。选择农业作为考察主题既是从需要出发，也是为了尽可能降低问题的敏感性，其间采取了必要的保密措施。

整个考察过程相当顺利，但是到最后一刻却出了点小麻烦。代表团临别前夕举办的封闭告别酒会行将结束时，宴会厅大门外来了黑压压一大批西方记者，他们手提照相机、摄像机包围上来。这是完全违反双方的有关保密承诺的，中国代表团被迫退回厅里提出交涉，主人最终只好另开后门让代表团返回驻地，西方记者白等了一个晚上。

我还听说，波哈莱斯教授与中国交往之初，围绕保密问题还引起过一段小插曲。他在会见中国农业部以及农业大学的有关人员时，得知他们希望改良奶牛的基因结构，而且他们知道以色列的奶牛品种是世界上最优良的。以色列奶牛平均产奶量超过1.1万公斤，因此他们有兴趣获得以色列良种公牛的精子。为了表示好意，波哈莱斯教授再次访问中国时，特意给中方带来一种非常著名的以色列公牛精子。他安排将盛有公牛精子的两个特制冷藏罐交给中方设在香港的代理公司，再由他们发往中国内地。

但是由以色列运到香港的冷藏罐上，写明的接收地址是以色列驻港领事馆，由此引来了一个问题。在以色列总领事看来，这是关系到政治的一个可乘之机，是外交上的重要一步，坚决要求中方派人直接到领事馆领取。但是中方迟迟不派人来，可能也是出于同样理由：他们将进入以色列领馆视为涉及政治外交的一步。这样一来，从以色列领馆接收公牛精子一事就耽搁下来了，于是有人开始质问："波哈莱斯的精子出了什么问题？"谁知道，问话人是口误还是无知呢？这件事一直被传为笑柄。后来还是双方互相让步，冷冻罐搬放到以色列领馆所在商业大楼的大厅里，由中方驻港机构派一名信使前来领走，双方均感满意。当然，最满意的还是波哈莱斯教授自己，一出富于幽默感的闹剧结束了，精子的疑问终于化解，还给他一个清白。

直到 1992 年中以两国正式建交以前，通过上述秘密渠道组织安排了数十项重大业务活动，促成一系列项目的签约和实施。几年间进入中国的以色列人数以百计，他们主要有商人、工程技术专家和科学家。这条渠道的沟通网络，实际上已经不同程度地布及整个以色列经济和工商技术界，在其存在的几年时间里，为推动中以两国经贸和科技界的接触与交流发挥着重要的历史作用。还应当提到的是，这个渠道开展的广泛而积极有效的活动，实际上构成了两国后来正式建立外交关系的一曲前奏。

对中国农业问题的关注

波哈莱斯教授对中国人民的友好感情，以及他为促进中以两国经济技术交流合作所做的实际努力和他的学术成就，受到中国有关方面的极大重视，赢得了中国人民的应有尊敬。

波哈莱斯教授以他的学术专长，亲自开创和参与了一些重大合作项目，如甘肃武威的干旱农业规划、广西的柑橘开发、山东烟台的农村发展问题研讨等。柑橘项目虽然最终没有成功，但是，吸收美国资金和以色列先进技术的三方合作模式，却是波哈莱斯教授以他的智慧并经过多方奔走、克服重重困难而达成的成果。

波哈莱斯教授及其同事，在原中国华阳公司的专家陶增鑫教授陪同下，对中国西北干旱和半干旱地区进行过两次考察，并向中国有关当局提出了很有价值的研究报告——《甘肃武威地区水土保持和灌溉系统评估报告》。波哈莱斯教授在1987年进行考察的时候就曾指出过，河西走廊由于水资源的过度开采和浪费已导致环境严重恶化和土地的进一步沙漠化。为了解决这个问题，他主张不从外部调进水源，而是从内部节约用水和提高水资源的利用效益着手，发展节水农业技术和改进作物品种结构，加大经济作物的种植比例。他的意见十分中肯和富有见地。

▲ 1987年4月波哈莱斯教授在甘肃省武威地区考察旱地农田。

▲ 以色列旱地农业专家组成员（左一、二、四）在华阳公司陶增鑫教授（右三）陪同下深入甘肃武威地区考察途中。

1988年，中方公司和当时中国的重要智囊机构“中国农村政策发展研究中心”在烟台联合举办研讨会，邀请波哈莱斯教授就其学术专长论述农村规划与发展问题。波哈莱斯教授和他的同事在会上所作的报告，引起来自中国各地的农业政策研究和决策人员的极大兴趣。研讨会结束后，当年11月30日，波哈莱斯教授在北京受到上述研究中心主任杜润生先生的接见。两人长时间详细讨论了涉及两国在农村和农业领域里合作的可能性问题，一致认为，当前应着重在干旱农业和经济作物两方面下功夫，从两个项目着手：西北地区的节水农业技术应用和华南地区的柑橘开发。这次会晤和达成的共识，对于早期中以两国经济技术合作进程具有重要意义，后来许多经贸和技术交流合作项目均与这些方面的课题有关。

杜先生是当时知名的中国农村改革重要决策人物之一。波哈莱斯教授将他的专著《农村规划与发展导论》（英文版）一书送给杜先生，并在扉页上手书道："中国绿色革命之父惠存。"这部著作后来已经在北京译成中文出版。杜先生不久之后曾计划出访以色列，可惜由于某些历史原因未能成行。

1995年，波哈莱斯教授应中国科学技术的最高权威管理机构"国家科学技术委员会"邀请，出席在北京举行的一次国际农业研讨会，与各个国家的最优秀专家共同探讨中国农业为充分满足全部人口的粮食需求所必须采取的战略发展方式。

曾几何时，一位美国驻华大使声言，中国未来将无法供养本国人口，要生产足够的粮食让全部人口吃饱肚子，中国显然力所不及。此言一出，在中国引起极大愤慨。波哈莱斯教授在论坛上和其他场合，多次提出改良麦种以进一步提高产量、增大粮食供应的积极观点，并联系以色列"哈谢拉"种子公司为中国供应高基因品质的优良麦种。他的这一观点得到国际论坛的一致采纳，并在研讨会上作为一项决议公布。

波哈莱斯教授对中国农业问题的关注，还反映在他的其他著作中。一个国际专家小组编撰并在美国出版了《中国农业——1949～2030》一书，波哈莱斯教授是撰稿人之一。他的另一部著作《中国2000～2030农业调整和西部开发的战略问题》，专门阐述有关提高农业用水效率的建议，并论及他对中国和以色列在西部开发方面开展合作前景的看法。

值得尊敬的学者和益友

波哈莱斯教授是我和话友的共同朋友。2009年，我接受波哈莱斯教授的委托，有幸向我的话友转交波哈莱斯赠送的《自传》一书。话友看到波哈莱斯教授在该书扉页上的签字和致词，不由得深情回想起与其共事的那些难忘日子。

自从1985年首访中国之后短短三年时间，波哈莱斯教授连续五次进入大陆、两次到达香港进行访问和洽谈。话友始终和教授保持密切接触，同他一起出访各地开展工作，见证波哈莱斯教授为了两国利益所作的辛勤努力。波哈莱斯教授以他的智慧和执著精神，克服通往中国道路上的各种障碍和重重困难，为中以两国关系的发展作出了宝贵贡献。话友深怀对教授的感激之情。在他的印象里，比自已年长十多岁的波哈莱斯教授，与其说是一位商业上的合作伙伴或者谈判对手，不如说是一位值得尊敬的学者和良师、一位年长的益友。

三、第一波来华潮

如上所述，随着波哈莱斯教授1985年访华，越来越多的以色列商人、企业家和专业人员沿着这条通道进入中国。大量以色列公司和机构的名字，也开始为中国商业和科技界所熟知。

初进中国市场

据统计，在短短几年时间里，经由上述渠道与中方建立联系的以色列公司和机构共有数十家之多，涵盖政府部门、工商企业、科研院所和大学，涉及农业、电子、化工、能源、机械、医疗卫生等领域。以色列的著名企业捷足先登，他们或者派员前来探询商机，或者就已有端倪的项目深入追踪，更有加紧设立联络处或代表处以备长期扎根的。这些企业包括：科尔工业集团公司、塔哈尔工程公司、塔蒂兰电子公司、赛迪斯技术公司、以色列化学工业公司、涅达菲滴灌公司、农业发展公司，等等。以色列工商部、农业部、国家人文科学院，也先后与中国建立起联系。

农业，特别是干旱农业和节水耕作是这个时期人员和技术交流的热点。一批在这一领域里成效卓著的以色列企业以及专家学者，相继应邀来华。以方专家深入西北干旱地区和其他农业省份，帮助建立示范农场或试验田，举办培训班和讲座，开展农业技术咨询。我们将在另一章记述的北京永乐店示范农场，是突出的代表，此外有河南新乡棉花试验田、甘肃武威沙漠植物园、广西柳州柑橘园等地方的滴灌和微喷灌试验应用，均获得显著成效。

1988 年，以色列哈谢拉种子公司的优质品种和先进栽培技术，在广东省中山市获得商业上的成功。中方公司联合当地农场和以色列哈谢拉公司建立一家西红柿合资企业，在中国首次开发生产樱桃西红柿。这种西红柿肉质上乘，果形和色泽漂亮，能长期自然保鲜三周，立刻赢得业界和市场的青睐。产品以“红美”品牌外销香港，十分抢手，出口价格相当于中国普通西红柿品种的 3 ～ 4 倍，首次为中国内地果蔬抢占香港高档市场打开了一个豁口。以色列专家阿龙巴先生为开展本项目作出了艰辛努力。他全家五口人从以色列迁到中山市，住进当地的普通居民楼，同农场职工一起出入田间劳作，历时两年。这个项目由于某种原因未能长期坚持下来，但是著名的以色列樱桃西红柿毕竟在中国生根发芽——它并不局限于中国南方，后来很快在北方获得了更大发展。

▲ 在中国华阳 / 华泰公司引领下，以色列赛特斯技术开始进入中国。

在制造业领域，以色列工商企业和科研机构带着他们的高质量产品和先进技术，也在快速渗入中国市场。代恩公司的滴灌系统和赛特斯公司的电子彩色拼版印刷系统首先取得突破。北京一家塑料厂成功引进代恩公司的滴灌系统滴头生产线，从而结束了中国不能自己生产制造所需先进滴灌装置的历史。陕西省一家印刷厂的彩色拼版系统项目，由赛特斯以其领先于西欧和日本的技术而成功夺标，陕西厂为此成为中国印刷界最先采用此项世界先进技术的先行者。天津的高效电池和前面提到的广西柑橘等一些商业项目最终没有取得成功，但是对两国人员的技术交流、对中方了解和吸收一些代表世界先进水平的以色列技术起到了十分有益的推动作用。

以色列的工商业巨头科尔工业集团和科尔商贸公司，无疑对初期中以之间的商贸往来发挥了重要作用。中方和科尔公司 1988 年 9 月在北京联合举办了一届以色列技术展示会，这在中以商贸往来仍处于密闭状态的初期是一个重大发展，将双方的商贸交流与合作推进到更高的水平。

阿莫斯·尤丹

代表科尔商贸公司最早进入中国的是阿莫斯·尤丹先生。他是首批来华、也是至今最为成功的在华创业的以色列商业人士之一。

▲ 尤丹先生（左三）与中国华阳公司代表聂松经理（左一）签订合作协议，右一为时任华阳公司总裁的王传善先生。

还在尤丹先生与中国建立联系多年之前，我俩就已认识。他在科尔商贸公司担任重要职务，我是农业发展公司的总经理。由于两家公司存在合作关系，因此我经常和尤丹先生保持接触。我们后来曾在非洲和拉丁美洲国家的项目上进行合作。

尤丹先生在 1986 年开始进入中国，当时是科尔商贸公司的代表。后来巧遇机缘，以色列驻香港总领事的代表找到他，与他商量创建一家公司，但不亮明以色列的身份，实际代表以色列工商界，目的是通过这家公司与中国商家建立联系，促进以色列各家公司与中国公司进行接触。以色列总理采纳了这一想法。以色列方面考虑，这家公司不仅开展商贸活动，而且担当促进两国政治外交联系的任务。新公司取名“嘉比高”，尤丹先生被任命为总经理。1987 年公司在香港注册成立并开始运作。

顺便提一下，这项决定曾经遭到萨尔·艾森伯格的坚决反对，但他的反对无济于事。艾森伯格何许人也？

萨尔·艾森伯格

萨尔·艾森伯格（1921 ~ 1997）生于德国，纳粹上台以后便流落他乡，辗转于欧洲一些国家谋生。后来到了荷兰，不料纳粹又跟着侵入荷兰，他只得赶快逃离，于 1940 年到达上海，又从上海转往当时被日本占领的哈尔滨。他娶了一位日本女子为妻，以后他妻子归化为以色列籍。

第二次世界大战结束后，艾森伯格开始经商。我听说过有关他经商的一段趣闻，但不敢担保全部属实。据说当时有几个日本富商手上拥有几家大企业，因为担心财产被占领日本的美国人没收，于是将这些财产转到了艾森伯格名下。没收财产的危险是渡过了，但是财产归在他的名下，他完全可以不顾财产本来不属于他的事实，将其据为己有。但他为人诚实，最后还是把全部财产归还了日本原主。日本人对他感激不尽，作为报答给了他一笔巨款，又交给他好些生意上的关系，使他得以同日本、美国、韩国、印度等国的公司做上大买卖。他逐渐成为日本、韩国和欧洲之间贸易的风云人物之一。一个逃亡到中国的分文全无的难民，一跃而成为亿万富翁。

他开始同中国做生意，传说大多与军事技术有关。但依我来看，艾森伯格的另一类业务更为重要和值得注意。他在中国设立炼油厂以及一家农业发展公司，毫无疑问，这是推进两国关系的重要因素之一。艾森伯格自诩为促进中国—以色列两国关系立下了汗马功劳。的确在以色列大众看来，艾森伯格无疑是推动中以关系发展的先行者之一。以我在中国的经验，自从新中国成立以来，中国人听说最多的犹太人大概就是艾森伯格先生。他将自己一生的最后岁月献给了对华贸易事业，1997 年在一次访华期间病逝于北京。

我和艾森伯格有过私交，我尊敬他，对他的为人也有所了解，这事留待下面再表。在艾森伯格看来，创立嘉比高这样一家新公司，不啻是来和他抢饭碗。

尽管不为艾森伯格所喜欢，尤丹先生的嘉比高还是在中国的土地上站住脚跟并迅速获得发展。那时候，外国公司要想到中国内地经营，必须找到当地一家中国对口公司，嘉比高正是为对应中国华泰公司而建立的，从此和后者结为密切合作伙伴。嘉比高通过华泰公司及其设在香港的一家下属代理公司的合作，得以在中国市场上施展身手。

从“嘉比高”到“卡默丹”

随着时间的推移，嘉比高作为对应中方公司的以色列实体，逐渐取代波哈莱斯教授原来承担的一大部分活动，特别是商业方面的任务。尤丹的很多业务都是从他的先行者那里接手过来的，一开始也多与农业有关。嘉比高公司为促进中国—以色列早期经贸往来发挥了积极有效的作用。

1992 年中国和以色列建立正式外交关系，隐蔽真正身份的嘉比高公司也失去存在的必要，从此停止经营。尤丹先生转而开办另外一家公司，这是属于自己的私人公司——“卡默丹远东有限公司”（Komodan Far East）。公司总部设在以色列，主营业务机构实际位于北京。从科尔商贸公司到嘉比高公司再到卡默丹远东公司任职的变迁，不但记录了尤丹先生进军中国市场的成功步伐，而且反映了中以两国商贸乃至政治外交关系的长足发展。

显然，和有着浓厚政府背景的中国公司建立对口关系，使尤丹先生在中国开展工作处于十分有利的地位。听说在当时，经管国家重大技术设备进口工作的是江泽民先生，即后来的国家主席。所以不足为奇，据尤丹先生本人透露，1998 年以色列总统威兹曼先生访问中国并会见江泽民主席时，曾经提到嘉比高公司。当时江泽民主席不但记得公司的有关情况，而且知道尤丹的名字。尤丹先生在中国工商活动中享有非同一般的待遇，曾在不同场合会见过中国和以色列领导人以及其他一些政要。在远东公司的档案材料中，既有尤丹先生和本国领导人佩雷斯总统、埃胡德·奥尔默特前总理的合照，也可以找到他与中国领导人江泽民主席以及国务院副总理和一些部长们的留影。尤丹先生利用他所处的这种关系优势，迅速地接触到全国各地各领域不同级别的客户，探索到一个又一个商机，不断在中国工商界扩大其影响。

尤丹先生在中国经过 20 年的经营，已经成功办理近 30 个商业项目，遍及中国几乎所有省区。现在卡默丹已是入驻北京商业中心区豪华办公大楼、拥有可观数量员工的一家大公司。它代理以色列十多家知名企业的中国业务，其名声跨越几千公里的空间距离，深入两国工商界。可以说，尤丹先生树立了以色列犹太人在中国经商成功的范例。

话说回来，尤丹和中以两国领导人的接触机会，与其说是他事业成功的秘诀之一，倒不如说是对他出色的商业能力的一种奖励和回报。尤丹先生的成功，最根本还是仰赖于他自身的才智和努力，靠他有一支勤劳有效的员工队伍。

尤丹总是风尘仆仆但又从容不迫的样子，和客户打交道的时候永远保持着和蔼的笑容，让你感到他是来和你交朋友而不是商谈生意，讨价还价。当遇到难解的分歧时，他会理性地避开无谓的激烈争执，巧妙地将问题留待双方冷静过后慢慢解决。他可能尽量作出某些让步，但也善于为坚持自己的利益底线而和你周旋，总之他不会轻易放过任何一个可能成功的机会。低调，可以说是尤丹先生行事和做生意的风格特点。和他做生意，即使没有谈出结果，也不会不欢而散，最终总会像中国俗话所说的，“生意不成情谊在”。因此便不难看出，尤丹先生在中国工商界何以有这么好的人缘，他的生意何以屡屡获得成功。

常说跨国公司要取得成功，离不开员工队伍的本地化，尤丹先生和他的驻华公司当然也不例外，或者更准确地说，尤丹先生实践本地化的概念更有远见。还在开创自己的公司之初，开始和中国公司密切接触的时候，尤丹先生就已在思考他的中国员工人选，他甚至将眼睛盯在了华泰公司身上。不久，该公司一位从事以色列贸易的骨干出乎意料地提出辞职，消失过后，转眼之间竟然进入尤丹手下的公司并成为他的一名高级助手。

所幸的是，人是换了岗位，但依然是在为促进中以两国之间的贸易交流与合作服务。

尤丹先生有若干本地员工从一开始就追随他的公司，在十多年时间里为嘉比高和卡默丹的业务发展作出了贡献。这样一支优秀、敬业的本地化团队，无疑是尤丹先生取得成功的重要保证。

以色列的“中国通”

尤丹先生不但积极从事商业公司的经营活动，而且为促进中国和以色列两国商贸交流合作以及两国人民之间的友好往来热心奔走。近年来他一直担任以色列—中国／香港商会主席。他同时是以色列—中国关系促进会的执委会成员。1990 年，尤丹先生促成了以色列亚洲商会的访华，为以色列商界与中国贸易促进会开展广泛合作铺平了道路。在以色列，尤丹先生以“中国通”而闻名于工商业界，被视为以色列人在中国经营成功的典范。

尤丹先生也是本书话友的一位老朋友，是话友最早认识和最熟悉的以色列犹太友人之一。在话友看来，在发展中以关系之初，论接触时间之早和次数之多，尤丹先生仅次于波哈莱斯教授。不同的是，和波哈莱斯教授多是学者之间的探讨，而和尤丹先生更多的是商人之间的交锋。话友特别佩服尤丹先生表现出来的以色列商人的执著和精明，感谢他为促进中以之间的贸易所付出的艰辛努力和出色贡献。应当提到的是，最早一个中以贸易项目——滴灌设备生产线，正是通过尤丹先生在以色列方面的大力推动，才得以克服重重困难而获得成功。由此开始，尤丹先生在中国的商业成就一发而不可收拾。

尤丹先生以他的才智和辛勤努力成为中国—以色列商贸关系开拓者之一。中国农业部一位有重要地位的官员称他是“中国的老朋友”。如果你了解中国人的性情习惯，就知道这番评价对一个外国人来说是何等难能可贵了。

四、以色列的技术优势与市场机遇

1985 年通过秘密渠道进入中国的以色列各家公司，在一定意义上代表以色列最高水平的先进科学技术。1988 年 9 月在北京举办的以色列工农业技术展示会上，有十多家以色列最重要的工商和农牧企业参展。这是两国还处于政治外交隔绝状态的条件下，为以色列提供一个向中国全面展示其优势技术的难得机会。展示会在中国有关业界引起巨大反响。迫切需要加强出口的以色列技术资源，在这里和中国的庞大市场需求全线相遇。

以色列依靠科技进步走上了富国强民之路，被世人誉为二战后的“世界奇迹”。据国际货币基金组织统计，以色列国内生产总值在 1948 年建国时仅为 2 亿美元，但到 2007 年飞跃至近 2000 亿美元，人均国内生产总值达到 31767 美元。以色列不仅国家经济取得惊人成就，在许多领域的高科技研究和开发也达到了国际一流水平，甚至位居世界第一。以色列在独立以来短短 60 多年里，一跃成为世界技术强国之一。

中国朋友常常问我一个问题：以色列的科技事业为什么发展如此迅猛，用什么办法取得如此巨大的成就？我想，以色列科技事业的发展，至少有着以下几个特点或者说推动力。

军事需求

对以色列来说，军事和国家安全是生命攸关的问题。以色列是处在敌对国家包围中的一个小国，必须致力保持足以遏制潜在敌人的军事优势。几次战争的经验教育我们，以色列必须尽一切可能独立发展这一优势。总的来说，以色列高科技工业就是由此起飞的。

《圣经》记载了大卫战胜歌利亚的故事，是说古代外族人入侵以色列，他们的首领歌利亚是位巨人，力大无比，以色列人当中无人敢于应战。此时一位牧羊少年站了出来，他叫大卫，虽然年少体弱，却凭借勇敢和智谋最终战胜了强敌歌利亚。这个故事可以比喻以色列在强敌林立和包围之中崛起的现实。

以色列的军事技术举世闻名。以色列开发了许多先进的武器：简单的有著名的乌兹自动步枪，这是在许多影片里为人熟知的“好人”和“坏人”都用的枪支；复杂的有非常先进的坦克以及反导弹防御系统，如“箭”导弹等。本书不拟深入涉及这些方面的技术。世界上能发射人造卫星的国家为数不多，以色列名列其中。在1967年的“六日战争”中，以色列大量使用法国武器，但战事过后戴高乐总统宣布对以实行武器禁运。以色列从此转向美国，获得更重要的武器和技术来源。例如为以色列空军提供“幻影”战机发动机部件的布雷斯技术公司，与普惠公司以及罗斯·罗伊斯公司联手组成合资公司，至今年销售额达到9亿美元。

1973年在“赎罪日战争”中暴露出来的敌对国家的技术能力，使以色列大为震惊。此外由于从外部获得重要军事材料出现困难，迫使以色列采取措施在保证技术上的绝对领先优势的同时又立足本国。“幼狮”喷气式战机就是在法国“幻影”战机基础上开发出来并进入大量生产的项目成果。但是以色列军事上的自给自足政策到1980年代已显得有些力不从心，当时开发“幼狮”战机的雄心勃勃的计划由于成本过于昂贵而不得不最终放弃。此后以色列国防工业主要集中生产元部件、电子设备、航空电子装置以及其他系统，用以装配从美国和其他国家购进的战机平台。

不过这也意味着20世纪80年代中期培养出了成百上千名高科技工程技术人员。他们掌握空气动力学、航空电子学、计算机和电子科学方面的尖端技术知识和大量经验，为市场增添了一股活力。“幼狮”战机不幸告吹，却给以色列高科技产业带来从未有过的巨大推动力。研发“幼狮”战机的许多才能卓著的专家流入自由市场，中国朋友也许未曾得知，其中有些人进入了中国。著名的加拿大“炮手”公司在青岛主管列车项目的高管，便是“幼狮”外流人员之一。

以色列与世界上居于领先地位的航天和军事制造厂家签订多项采购协议，帮助以色列高科技工业的持续发展。这类辅助系统的发展，亦有助于以色列高科技工业推动民用安全、电子、计算机硬件和软件以及互联网领域的发展。

即使在和平年代，军事带头的趋势也并未减退，以色列一直保持着高度警惕。1991年“海湾战争”期间，伊拉克的“飞毛腿”导弹攻击特拉维夫，以色列起而研制“箭”反导弹导弹。“箭”计划开始是美国“星球大战”计划（SDI）的一部分，要求在电子学、计算机技术和弹道学方面达到非常先进的水平。“箭”很快就要进入实战部署。总的来说，以色列在武器、情报收集、控制和指挥等领域里探索日益精良系统的研究工作，一直在向前高速发展。

20世纪90年代，以色列成为世界上研制并成功发射人造卫星的第八个国家。开始是民用通讯卫星“阿莫斯”，紧接着是军事卫星“欧菲克”以及照相侦察卫星“埃罗斯”。以色列现在还参加了美国航天局以及俄罗斯的空间计划，制造科研、民用方面的部件和完整的人造卫星。

出口导向

以色列资源匮乏，人们想达到西方生活标准的唯一办法是融入全球市场。以色列采取的一系列政策和措施起到了积极推动科技事业发展的重要作用，其中包括：建立全国范围的纵向和横向科研体系，吸收大批移民英才，融入世界经济和加强技术出口。

从某种意义上讲，发展军事技术也是经济的需要。以色列的国防预算不足以维持其军事优势，一个出路就是发展出口业务。以色列无论在军事或民用高科技出口方面均非常成功。随着全球防御市场的萎缩，依靠军事工业发展而来的在软件、通讯、成像、过程控制等方面的民用技术用途，日益重要。

以色列本国市场很小，因此民用产品出口至关重要。这更进一步刺激了技术优势的保持，特别是在一些不受注意的行业，如网络安全、经营决策、账务管理乃至医药领域。

随着以色列经济的改造，传统工业从本国市场过渡到出口型高科技工业，以色列出口总量当中的高科技所占比例不断增加，从 1995 年的 45% 提高到 2000 年的 57%。电子元器件、通讯部件、医疗设备、软件和 IT 产品的 2000 年出口量超过 130 亿美元。虽然 2000 年代后期出现高技术危机，出口骤减，但电子、通讯、监控设备和航空电子仍然成为主要的出口产品。医药和医疗器械也逐步成为重要的出口产品。以色列生物技术的投资直线上升，以生物技术创新项目的数量而论，以色列高居世界第三位。以色列充分意识到，必须大力加强生命科学和医疗研究机构的发展。这就是说，长此以来依靠军事工业推动高科技发展的时代即将结束。高技术仍然是以色列经济增长的主要引擎，是它融入全球经济的一个标志。

以色列融入世界的一个方面，是外部投资的不断流入，特别是高技术工业。一些重要的跨国公司，像 Cisco 系统公司、摩托罗拉、英特尔、IBM、北方电信、微软、三菱、德国 Telecom 以及其他航空航天机构，都认识到以色列是一个不容忽视的高科技发明的源泉，纷纷前来设立分公司和研究中心，或者向以色列公司进行投资。

高效的科研体系

以色列科技事业的发展有赖于国家采取了一些行之有效的科研体系推动手段。假如说以色列政府和国家科学技术研究机构是龙头，那么孵化器以及地方科技开发中心就是两翼，它们共同承载以色列科技事业的迅猛腾飞。

以色列的民用科研投入在 GDP 中所占比重居世界第二位，由 1994 年的 2.7% 增加到 1999 年的 4.2%。

以色列号称“创业之国”，根据“2000 年全球竞争力报告”资料，以色列创新项目的数量仅次于美国，而按人口的比例则居于世界首位。2000 年创新项目占 GDP 的 3%，远远超过 1997 年的 0.4%，而美国的相应数字分别为 0.3% 和 0.1%。

孵化器是创新项目开动的地方。技术孵化器，在中国习惯被称为“创业园区”，在以色列是非常著名的一项国家计划，是政府为加强技术发展的最重要手段。此项计划始于 1991 年，其主要目的是提供一个场所，让具有潜在新发明的科学家实现他们的发明理想。

以色列技术孵化器的运行具有独创性，政府是全程的参与者，科学家和实业家能获得资金赞助以及设计手段、专业指导和行政方面的支持，获得专门的商业方面的建议以及投资者的合作。政府为创新项目提供资金担保，包括投资者预算的 85%。孵化器方面获得项目的 20% 股份，并分享相当于销售额 3% 的版权税。如果项目没有利润，投资者不负责赔付一分钱。这是支持投资者的一个重要政策，所以投资者愿意参与项目，只要项目成功便可以分享利益。在投资者获得的80%股份中，有10%分给项目的工作人员。工作人员除了工资之外还可以有10%的分红，这是极大的激励。这种体制获得极大成功，因为许多创新项目都兴旺发达了。2006年有超过1000个项目发展成熟并离开了孵化器。孵化器涉及的领域，有大约39%属医疗器械，19%为生物技术，19%为软件，9%为电子，其余有机械、农业和环境。

以色列科学技术部十分重视推动地方上的科研事业，在政策上大力扶持各具特色的地区科研中心，并且给以资金资助。国家科学技术部充当联系地方中心和国家主要科研机构的桥梁。凡是地方中心执行的不仅对地方而且对全国都有影响的科研项目，科研部均给以特别的支持。这类科研中心的科研工作，对加强和丰富整个国家的科研体系作出了巨大贡献。

应当指出的是，地区科研中心不同于孵化器，其主要任务是为所在地区的社会发展和经济繁荣服务。承担研究工作的都是本地的科学技术专家，他们最了解当地的情况和居民的需要。

例如著名的死海研发中心（DSRDS）是由国家科学、卫生、旅游三个部门联手地区委员会共同设立的，与贝尔谢巴的本古里安大学共同管理。工作内容涵盖健康、生态、环境、旅游、农业和工业等领域，负责有关科研项目的发起、推动和投资。所有的研究活动，都得益于死海环境所具备的阳光、气候、水文和生态方面的独特优势。

死海位于海平面以下412米，因此阳光的紫外线加上死海海水的独特成分和高含盐浓度，形成有利于治疗皮肤和眼科疾病的功能。此外，对心脏和肺部疾病也有治疗作用。不用说，以色列“AHAVA”品牌的各种护肤膏是多么受人青睐。AHAVA产品在中国也大受欢迎。在中国，每当我和夫人出去拜访友人的时候，也总会带上几瓶AHAVA送给该送的女宾。

死海是深受欢迎的旅游胜地，中国人特别喜欢到此游览。每当中国朋友来以色列访问并问我如何安排旅游日程时，我都会毫不犹豫地把死海列在首位。我想，中国人特别喜欢死海，除了因为他们从教科书中知道了死海以外，可能还因为看到过中央电视台播出过的有关死海的特别节目：2000年江泽民主席访问以色列期间曾到死海游泳，留下了在海水上躺着看报的悠闲影像。

人才是关键

以色列科技事业的发展和成就取决于她强大而优秀的人才资源。她拥有教育程度高、富于创造能力和进取精神的人民。从人口比例来看，以色列拥有的工程师人数以及科技论文发表数量高过其他任何一个国家。以色列每万人有工程师135名，美国为85名。以色列按工程师数量和人口的教育程度而论高居世界前列，但基本设施较差，政府正在采取措施对这种状况加以补救。

以色列由于历史上的原因，人才的重要来源是移民。1990年代前苏联解体后，大量经验丰富的科学家和工程师涌入以色列。1990～2000年间，数十万计的苏联人移民到以色列，他们受过良好教育，其中很多人拥有理工科学位。移民大量涌入带来了创业热潮，正如当年从欧洲涌入美国的移民纷纷创业一样。政府实行技术孵化器计划，一方面就是为了给新来人口创造就业机会，使他们的才能发挥作用。移民帮助以色列在1991～1994年间实现了经济飞速增长，并促成了1998年后的高科技繁荣。

在以色列科技发展的大潮中，涌现出无数个“弄潮儿”。他们为推动以色列科技事业的发展作出了巨大贡献。他们的事迹充分说明了人才的重要意义。约瑟夫（约西）·瓦尔第可以算是这方面的一个重要代表人物。

约西·瓦尔第号称世界高技术的领军人物，他是以色列最伟大的企业家。近40年来，他创建和协助建立的技术公司多达50家，涉及软件、能源、电光学、绿色技术等各个领域。最有意思的是，约西·瓦尔第是从一个政府公务员的岗位迈上事业成功的道路的。他26岁被任命为发展部以及能源和基建部的一名总司长，当时是以色列最年轻的总司长。发展部主管自然资源领域，电力、海水淡化技术、石油勘探的研究和协调、沙漠研究所、地质和地球物理研究所等皆属该部的管辖范围。28岁时约西·瓦尔第担任以色列化学公司董事长，他还是死海工业公司董事会董事以及其他许多开发项目的领导成员。中国改革开放以来出现的工商界和科技界成功人士，许多也像约西·瓦尔第一样是“下海”精英。

但也不能说人才是以色列得天独厚和可以伸手得来的一张现成“馅饼”。1990年代后期，以色列高科技开始受到熟练技术人员短缺的影响，因而政府和工业界扩大教育计划以满足经济发展的需要。21世纪以来，高科技领域出现下滑，对有专长人员的需求开始减缓，但总的来说人才缺乏的现象并未结束。

现在以色列高技术增长正面临工程师和经理人员短缺的瓶颈。大专院校、政府和工业部门都在扩大培训计划，而且设法吸收大胡子（极端正统教派）等阶层人士以增加劳动力来源，但人才依然供不应求。高技术领域对延请外国熟练工程师和程序专家的要求曾经减退，但随着工业复苏和劳动力短缺的情况继续存在，这方面的要求将会恢复。

发掘人才资源还涉及税收政策和政府对科研事业的资助。尽管以色列政府对科研的资助处于世界最高水平，但舆论仍然认为有所不足，导致人力资源的配置比例过低。进行税收改革以促进公司兼并和收购、增加员工福利、鼓励外国投资，这些都是以色列人民期待政府采取的措施。

五、两国建交的耕耘者

中国水利部和外国专家局有关专家编写的一份报告，记述了中以两国正式建交之前的科技交流活动，专门介绍了六位以色列人的在华经历和所作贡献。原件是用中文发表的，中国驻以色列大使馆的朋友送给我一份英文译稿，我也荣幸地名列其中。我1989年的对华访问被视为发展两国正式关系过程中的重要一步。不用说，我为此感到万分高兴。

中以建交起源于“水”

报告的开头如此写道：中华人民共和国和美国建立外交关系始于乒乓球，和以色列则源于“水”。据说，这是最早见于以色列媒体的一种提法。

这话颇有道理，在中国和以色列的关系发展过程中，水以及与水资源息息相关的农业，我们或者统称为绿色产业，自始至终就是一出重头戏。有关的技术交流和商贸合作活动，贯穿于不同渠道，渗透到各种领域，成为推动两国关系由原来的隔绝状态走向正常化的重要助力。

让我们简单回顾一下中以两国建交的历史。联合国 1948 年 2 月通过关于以色列独立建国的决议。当时中国的蒋介石政府在表决过程中弃权，但同时宣布，一旦以色列加入联合国成为它的会员国，中国将予以承认。1949 年 10 月 1 日在北京宣告成立毛泽东领导下的新中国——中华人民共和国。之后不久，以色列不顾美国反对，于 1950 年 1 月 9 日宣布承认中华人民共和国。以色列是中东国家中第一个采取承认行动的。阿拉伯国家没有迈出这一步，因为他们和西方保持联系，而西方国家反对承认中华人民共和国。以色列于 1950 年 1 月 28 日收到有关消息，中方准备同以色列建立正式外交关系，但是紧接着爆发朝鲜战争，而以色列在这场战争中支持美国，建交一事便拖延下来了。后来中国与阿拉伯国家关系密切，直到 20 世纪 80 年代后期两国建交问题才逐步摆上了日程。

由于历史形成的原因，从关系松动到建交成功是一个漫长、复杂而又艰难的过程。在《以色列和中国：1948 ～ 1998》一书中，曾任以色列外交部总司长并为中以建交做过大量工作的列文·默哈夫先生（中文名“麦宇仁”）对此有过如下评述：

> 中国 1978 年开始大规模改革，与此同时以色列对中国的兴趣不断增强，这为两国关系后来的发展铺平了道路。80 年代期间，土地已经耕耘完毕，下一步有待播种了。但是，从 80 年代中期开始到 1992 年收获为止的播种过程，却是十分艰苦的。

▲ 1990年5月在河南新乡召开引进先进滴灌技术研讨会，以色列专家应邀参加，图为沙和伟教授（右一）作学术报告。

关于这段历史，有不少权威的论述，阐述中以建交的全过程也不是本书的任务。我们只想说，收获是由各个领域、各方面人士用他们的智慧和辛勤努力的“水资源”浇灌而成的。他们当中有商人、企业家、工程技术人员、教授和科学家。但是有过贡献的人，有不少是不为人知的。以色列有句俗话说，“成功多人邀赏，失败无人吭声”。就中以建交一事来说，有不少人自命为有功之臣，但是情况多年未见进展，又有谁出来自责呢？在我认识的以色列籍或非以色列籍犹太科学家和技术专家当中，有不少为此作出过贡献，他们曾在建交前奏过程中扮演重要角色，但在历史学家的笔下，也许默默无闻。为此，我想在上面提到的波哈莱斯教授等人之外，在这里再着重指出另外几位这样的朋友——约瑟夫·沙和伟、艾舍尔·布列勒斯、诺曼·卡普兰，人们同样不应该忘记他们。

艾舍尔·布列斯勒

布列斯勒教授是一位国际知名的水土专家，于1987年来到中国。

布列斯勒教授出生在一个基布兹农村公社，很懂得水本身以及将水土结合的重要性，十分清楚农业的未来以及人类的继续生存全仰赖于先进节水技术的发展。由于这个缘故，他决定抛开农业部的职位转入科学研究领域，1968年在美国完成博士学位后开始了他的研究生涯，后来担任以色列农业部农业研究组织土壤与水资源研究院院长兼土壤所所长。

布列斯勒教授到中国来的目的是要研究中国农业用水的途径和方法，打算为改进用水情况提出一些建议。中国严重缺水的问题留待后面讨论，我们只在这里指出，解决缺水问题的一项有效技术——滴灌系统，正是由布列斯勒教授首先创导的。他有关这项革命性技术系统的论著《滴灌手册》，已经翻译成中文出版。该书的中文译者是原中国华泰公司的水利专家姚振宪先生，他是布列斯勒教授的一名学生。他 1987 年赴以色列参加培训时，就曾经得到布教授的直接指导；布教授来华期间，他又有机会经常陪同工作，不断受到教诲。

布列斯勒教授多次来华，不幸有一次因心脏病发作逝世于北京。他毕生大部分时间忙于开发新型农业以造福社会，临终时还在努力将自己的知识和技术传授给世界上人口最多的伟大国家。因此不难理解，在上面谈到的有关中以建交之前两国科技交流的文件中，将布教授的活动和贡献置于备受尊敬的位置。上述报告写道：

▲ 布列斯勒教授（前排左三）在他的家门前与前来以色列参加滴灌技术培训的外国学员合影。

布列斯勒教授是国际知名的土壤物理学家。在研讨会上，他成为明星主持人，他是研讨会的执行主席。会后应中国扶贫基金会的邀请，他赴河北省保定地区，指导燕山山区的灌溉技术，于 4 月 30 日返回北京参加中山公园五一国际劳动节的游园活动。在他的驻地北京建国饭店，1991 年 5 月 1 日 9 时，布列斯勒教授因心脏病突发，安静地离世。他在中国度过了他伟大一生的最后十天。我们十分悲痛地听到他突然故去的消息。我们会记住布列斯勒教授在水土管理领域不仅对以色列，而且在全世界都作出的巨大贡献，尤其会记住他对中以两国同行之间的友谊与合作所作出的巨大贡献。布列斯勒教授在身后留下的丰厚科学成果遗产，将为我们所用。我们高度评价并将永远不会忘记他在帮助中国欠发展地区改进农村用水效率方面所作出的努力。我们将永远怀念他。

以色列农业部设有一个部门，专对农民进行技术推广培训，向他们展示节约用水和提高水的利用效益的方法和途径，我与布列斯勒教授曾经同在这个部门共事，因此彼此认识。我们不但在一块儿工作，而且还住在同一条街上，隔墙相邻，因此我对他的活动和成就格外了解。我在中国开展工作也是将重点放在水的问题上，这时，每每在眼前浮现出我的友人布列斯勒教授的亲切面容。

我尤其记得有一天当我遇到他的时候，见他手上提着行李，我问他上哪里去了，他说："我去的这个国家，过不了30年就会成为世界的头号强国。"我问："怎么讲？"他说："我刚从中国回来，亲眼看到这个国家的无穷发展潜力。我一直在梦想，我们会有一天和他们在一个项目上开展合作，这就是亚伯拉罕你最熟悉的——水。我相信，我们可以为中国作出许多贡献，同时我们也可以通过与他们的合作获得巨大利益。"他讲的好像是一种预言，而后来的现实正在逐步证明他的预言不无根据，至少我们两国在水的领域里的合作取得了极大进展和成效。

我的一丝欣慰

顺便也提一下，上述报告提到了我的第一次访华情况，对此我深表感谢。文中记载道：

欧慕然·奥尔默特教授的代表团在广西南宁受到当地政府高级官员的欢迎……他给我们介绍了几家大型以色列公司以及有关项目。他认为，以色列具有先进的技术和丰富的经验，包括现代灌溉技术、污水处理、水资源转换、粮食和

▲| 1989年10月底在广西南宁草签合作开发柑橘项目协议。

水果收后处理、地区发展和农业管理，等等。他提出中国应与以色列合作，加强对中国西北干旱和半干旱地区沙漠化控制的研究。他说过，中国沙漠化是全球环境问题的重要组成部分，对它的控制和预防，终将对改进中国和全球环境作出巨大贡献。根据他的建议，于1989年10月24日在广西南宁签署了双向交流和合作协议书。

实际上，我的那次访华从商业意义上来说并不成功，但想到它毕竟也是推动中以关系发展源流当中的一滴水珠，我还是感到一丝欣慰。

六、合作项目的意外挫折

现在让我们回到故事的起点：我们对中国的第一次访问。上面谈到，我们这次访问的目的是到南方考察和商谈柑橘合资项目。

10月16日下午我们离开北京，经过三个小时的飞行进入广西壮族自治区，到达旅游胜地桂林。在此逗留两天，考察位于著名的漓江边上的一家国营柑橘农场，第三天乘火车前往自治区首府南宁。

品尝“当领导人”的滋味

桂林有独特的美丽景色，以山青水秀而著称。在后来的岁月中，我曾多次旧地重游，探寻它诗情画意般的无尽美景。最叫我们陶醉的是它独特的山色。见到这些山，我才幡然悟出我曾看到过的许多绘画。我们在上小学地理课时，每逢念到中国这一课，老师总会出示山水图片给学生们看，当时我们以为中国的山峦到处都像广西一样秀丽。1989年我首次访华时，桂林对旅游者来说还不像今天这样有名。我在这座城市的最深刻感受，就是我在下榻的饭店睡过的那张卧床。听饭店的服务人员说，美国总统布什来桂林访问时使用的就是这张床。大家知道，老布什担任过美国驻华大使，后来出任美国总统，在他主政期间日本天皇裕仁去世，布什参加了葬礼，返程途中路过桂林，就在这家饭店下榻。想到美国总统也曾在这张床上休息身心，十分耐人寻味。

相比之下，南宁不免有些缺乏情趣和魅力。但它是我们此行考察的重点。由此南去的灵山果园和周边地区，正是拟议中的合资农场的首选之地。南宁是广西的政治、经济和文化中心，不用说，这对我们未来开展工作十分有利。

我们受到以自治区副主席为首的一批主管农业、科技和外贸的高官和专家的隆重接待。我们所住的饭店，据接待人员介绍，曾是中国最高领导人下榻过的地方：1958年毛泽东主席召开著名的“南宁会议”，1984年胡耀邦党总书记到南方考察，都曾经住在这里。斯梯尔先生听了，不由得兴奋起来，连声要求将他安排到领导人住过的套间。当服务员将他领进一般不对外开放的胡总书记当年住过的套房时，斯梯尔先生以美国人特有的幽默说道：“让我也来品尝一下当最高领导人的滋味！”

斯梯尔先生未曾料到，出去实地考察的时候，给我们安排的竟是当年胡总书记用过的同一辆旅行面包车、同一位司机，而且走大致同样一条线路。这位富有的美国实业家和大老板，完全能领会这在中国是多么不寻常的接待规格。斯梯尔先生尽兴之余，仍不失美国人惯有的老大派头和开放性格，半带幽默地对陪同考察的唐先生说：“在我们美国，总统算得了什么，我比里根有钱和自在得多！”

未来的“阳光”品牌

广西人雄心勃勃，要将滨海的钦州和北海地区打造成一片繁荣发达的经济开发区，还委托一家美国咨询公司专门编制了发展规划。一个礼拜反复考察和商谈下来，我们信心十足。依我们专家的意见，可以不夸张地说，这里的环境条件远远胜过以色列，也胜过加利福尼亚。辽阔而肥沃的土地、阳光和雨水充足的亚热带气候、长期的水果和柑橘种植历史，当然还有当地的朴实民风和政府当局的大力支持。

项目终于拍定下来，灵山国营农场和周边的柑橘农户幸运地被选为开发对象。美国的资金、以色列的先进技术和管理、中国的自然和人力资源——这三者的理想结合，为项目的共同开拓者预示着可喜的前景。中国当局接受以色列专家进入中国，并参加这样重要项目的考察和执行，本身就具有重要意义。

斯梯尔先生甚至胸有成竹地为将来出产的果品预先取了个响亮的名字：SUNSHINE（阳光）。顺便说一句，这个英文名字和美国最有名的柑橘品牌SUNKISS(新奇士)在构字上有一半巧合，其中隐藏着命名人的一番抱负——挑战前者。曾听斯梯尔先生说过，“新奇士”是位于加利福尼亚的美国最大的柑橘商号。就规模而论，“派拉蒙”屈居其后，但前者是由多家果农牵手组成的松散的销售联合体，而后者是实打实的单独一家产销实体。斯梯尔说：“论实力，谁也赶不上我派拉蒙。”如今又在美国之外开拓出一片新疆土，谁能预期世界柑橘领域里，未来的“阳光”不会打出它半壁江山呢？

合资协议顺利草签，正式合同文本有待访问结束以后再作一些技术处理，打印成文。不幸的是，后来正式合同的形成没有了下文。美国投资者的犹豫和退缩，让双方或者说三方多年的努力付诸东流。

项目流产之隐情

美国投资者打退堂鼓的真正深层原因对中方来说一直是个谜。当初中方项目主持人唐先生从美方得到的解释是说，他们不愿意介入一场世界银行贷款项目的不公平竞争，因为后来据了解，同样是在中国签订的某些世银贷款柑橘项目，条件优厚得多。据说台湾的周先生曾经到北京走访过国家农业部的某些官员，是他们透露了有关情况，而且对广西项目持负面态度。斯梯尔先生就是据此作出了上述的不幸决定。

话友说他当时甚为震惊。这怎么可能呢？中方对本项目的安排和决策，从未脱离过与国家农业部以及有关地方政府的沟通和商议。这个项目不但得到农业部有关主管部门和官员的认可，而且被视为一种可以促进中国柑橘事业加速发展而且应当加以推广的有利选择。谈到世银贷款项目，不应忽视它不同于一般商业的性质，何况一个商业项目的具体合作条件总有进一步讨论的余地。中方合作者本可以在他们的职权范围内，通过有关部门向投资方澄清事实，挽回局面。但他们没有这样做，在他们看来，合作方顷刻之间来了一个180度的大转弯，其中必有隐情。他们不想勉强别人做他不愿意做的事情。

“隐情”之说并非空穴来风，但是直到眼下我和话友坐下来商量写作此书并回忆起这段历史的时候，他才从我的口中第一次了解到一个隐藏了20年的意想不到的深层原因。

我告诉话友说，那次顺道访问“南珠之都”北海，斯梯尔先生在珍珠市场买了一些异形黑珍珠带回美国送给夫人。一共花了好几百美元，价钱不菲，但听卖珠人说，这是一种不可多得的稀有品种，价钱昂贵，“看在外国友人的面上打了一个特别优惠的折扣”。回到美国，斯梯尔先生满心高兴地将珍珠拿给行家过目，未想到一经鉴定，才发现这是一些不值钱的次品货。可想而知，买主因为感到受骗是何等的失望和不满。事不凑巧，世界银行贷款项目之说传来，形同火上浇油。斯梯尔对我说，他对广西柑橘项目完全失去了信心。“如果有人拿珍珠来骗我，我又怎么敢相信在当地搞项目不会上当呢？”

话友说，他充分理解斯梯尔先生的心情，甚至觉得有负于斯梯尔先生初始要为柑橘项目投资的满腔热情。话友知道，斯梯尔先生的哥哥曾是中国抗日战争期间著名的美国援华航空飞虎队成员，他对中国投资创业的兴趣，应当说揉入了他对中国的某种特殊感情。话友很尊敬斯梯尔先生，并在后来赴美工作期间专门到斯梯尔先生在纽约的驻地进行过拜访。

我的话友再次为某些国人的不道德行为和由此导致的恶劣后果感到难过。若社会道德、诚信和理解普遍缺失，何来正常的商业操作和成功可言呢？更令人担忧的是，经济在发展，诚信的缺失和沉沦却愈演愈烈，现在何止是几颗珍珠或者千把美元的交易，祸及国计民生的重大经济犯罪也屡见不鲜。这是中国人民在前进道路上面临的又一个严重挑战。

我充分理解话友的强烈反应，诚信和相互理解是非常重要的问题。这些年来，我听不少外国人说他们觉得受到了中国人的欺骗。但我也想说，这类事情有许多是出于对人心理和行为的误解。我在以色列以及其他国家多次对人说过，他们认为是不良行为的事情，实际上往往是因为传统和心理上的差异。另一方面，我想这也不完全是单方面误解的问题。任何游戏都有两个方面，游戏规则对双方都通用，双方都要遵守。我想，中国人还是应当尽量表现得通情达理，要懂得另外一方也有他们的传统和心理。

20年后重访南宁

1989年10月底，我们直接从桂林取道香港飞返美国。两周时间的首次访华行程结束了，这个国家的辽阔疆土和悠久的历史文化、人民的旺盛活力和经济发展的强劲势头，在我心中留下深刻印象。初步接触到的社会时弊，也给我带来某些疑惑和不安。但这同时让我更深入地了解到一个不断变化中的伟大国家所面临的种种挑战，让我对继续探索第二故乡有了更大的期待。

相隔20年之后，我于2010年又一次来到南宁。这座城市与我1989年看到的情形相比，完全改变了模样。当年我们下榻的酒店，经过改造显得更加舒适和漂亮，周围涌现出一座座新建的高楼大厦。我在南宁与有关县市领导人会面时告诉他们，我不止一次来到这座城市，而这次我觉得似乎走错了地方，它已经不再是20年前我看到的那座城市。南宁现在是中国—东盟博览会的永久举办地，正在为中国的进一步对外开放作出贡献。

▲ 2010年重访南宁，会见老朋友——广西壮族自治区副主席、原中国农业大学校长陈章良教授。

以色列和广西的农业合作取得了长足发展。以色列的节水农业技术在广西的花卉、甘蔗和水果种植业中遍地开花，广西的农业专家不断被派往以色列进行培训。该地先后共派出500多名技术人员和官员到北京中以国际农业培训中心，60多人到以色列接受进一步培训。在自治区首府南宁，建立了占地2700公顷的合作示范农场，装备以色列耐塔芬公司提供的先进滴灌系统。最近，以色列政府和广西地方政府新签订了国际先进农业技术合作协议，这将进一步推进以色列先进农业技术在广西的推广和应用。

前面引述的中国专家编写的报告曾经提到，奥尔默特教授1989年在广西考察期间的一次欢迎宴会上，“写下并朗读了为歌颂中国和以色列之间长期友谊的诗篇”。我已经记不起诗篇的具体内容了，但是喜看南宁和广西今日的发展成就，我高兴地想到，当时说过的许多事情已经实现，有的还留待今后完成。我们当年寄予希望的柑橘没有出现，但是中以农业合作成果的“阳光”，在这里却多处可见。

▲ 20 年后重访南宁，应邀在自治区农业部门一次干部研讨会上就中以农业技术合作问题发言。

历史情缘

一、我和我的祖先亚伯拉罕

常说历史经常重复。我和我的犹太同胞，今天仿佛是踩着先辈的足迹来到了中国。

我的希伯来名字叫“亚伯拉罕”

一次到开封古都访问，应邀参观开封历史博物馆。那里陈列着几百年前犹太人留下的希伯来文铭文石碑，偶然发现上面出现摩西的名字，我高兴地对陪同的中国朋友说：“摩西是犹太人的领袖，而亚伯拉罕是摩西的‘父亲’。我的名字是亚伯拉罕。”大家先是甚为惊讶，接着才悟出其中道理，原来几千年的历史竟然同活生生的现实直接联系到了一起。

早在1000多年前的中国宋代，或者更早，在大约2000年前的汉唐时期，就已有犹太人长途跋涉来到中国。19世纪至20世纪之交乃至第二次世界大战时期，出现过大批犹太人来华的浪潮。今天每一个来到中国的犹太人，无不带着一种怀旧和寻根的心情，企图探究先民的足迹。我当然也不例外，何况我的家族和中国有着更直接的关联。也许是一种巧合，甚至我的希伯来名字，也可以联想到中国。

事情是这样的：20世纪30年代，我有位舅父从哈尔滨移居天津，后来因病去世并安葬在当地。舅父刚刚过世不久，正赶上我在以色列出生，母亲因为怀念舅父就用他的名字唤我。舅舅叫米沙（Misha），这是个俄罗斯名字，后来父母想给我换成犹太人的名字，但不知道米沙在希伯来文里是否相当于摩西（Mosi），只好请人帮着出主意。这位先生也没有把握，便建议取名亚伯拉罕（Amram），并说亚伯拉罕是犹太民族领袖摩西的“父亲”。于是乎，我就有了一个非常崇高的名字，不是我天津舅舅的名字米沙或者摩西，而是犹太人共同的伟大祖先的名字。

在以色列以及世界各个犹太人的流散地，许多人的名字都来源于《圣经》。直到现在，我们都习惯从《圣经》里引用几千年前古人的名字作为自己的名字，这也反映犹太人与他们本民族历史的血肉联系。

我不是犹太教信徒，但我因我名字的起源与犹太民族和犹太宗教的两位伟大祖先有着密切联系而感到骄傲。我的希伯来姓名亚伯拉罕，不但标志着我身上有着犹太民族的血脉，而且以它含有的“迁移”的含义，既表征犹太民族的历史命运同时也表征我个人的人生经历与个性，它让我名正言顺地分享这个伟大民族的荣耀。

亚伯拉罕——犹太民族的祖先

中华民族和犹太民族同是世界上最古老的民族。中华民族有大约5000年的历史，他们的祖先是黄帝、炎帝，犹太民族有大约4000年的历史，他们的祖先是亚伯拉罕。

亚伯拉罕在4000年前宣告信仰独一无二的主——上帝，由此开始，在人类历史舞台上出现了一个新的民族，她就是亚伯拉罕和他的同伴以及后裔，人们称之为“希伯来人”。“希伯来”的意思是“越过”或“迁移”，因为亚伯拉罕带领他的同胞离开美索不达米亚进入两河流域，并且从此他们和他们的后裔在世界到处漂泊流浪。根据犹太信仰，上帝应许亚伯拉罕及其后裔一份“永恒的产业”——“奶与蜜之乡”以色列地，即后来的巴勒斯坦。亚伯拉罕的后裔在这片土地上建立过两个国家——以色列王国和犹大王国，前者为外族所灭，后者在一段时期犹存。因此，希伯来人又相继被称为“以色列人”和“犹太人”。

希伯来人在以色列地耐不住严重的干旱，经长途跋涉到达埃及寻求生存。埃及南部尼罗河流域有丰富的水资源，生物繁盛，而以色列地的干旱和荒芜，直到今天依然如故。岂料亚伯拉罕的子孙逃离了“天灾”却招来了“人祸”，他们陷入了长达450年寄人篱下继而遭受奴役的悲惨境地。犹太人在埃及沦为奴隶，被投入修建金字塔的血汗劳动中。但是犹太人出生率高，埃及人害怕如此发展下去将于己不利，于是动手杀害犹太人，凡是犹太男婴一出生就立即加以溺毙。

摩西——犹太人的最高领袖

就在犹太人在埃及为奴时期，公元前13世纪摩西出生了。由此出现犹太民族历史上一个神奇的转机。

摩西的母亲知道，他会和所有犹太男婴一样被杀掉，于是把他装进一个草篮子放到尼罗河里，让草篮子随波漂流。母亲心想，也许会有什么人发现草篮子并将婴儿救起，让儿子免遭劫难。摩西果然幸运，埃及国王的女儿来到尼罗河边洗濯，看到了装着婴儿的草篮子。公主非常可怜这个孩子，将他抱回王宫，摩西从此在埃及的王宫里生活，直到成人之前根本不知道自己的身世来历。终于有一天，他无意之中得知了自己的犹太出身。

自那时起，摩西不停地关注犹太人民的遭遇，每天都到金字塔建筑工地看望劳苦的犹太大众。有一天，摩西碰上一位埃及监工正在折磨一位干活的犹太人，他抑制不住内心的怒火，当场抽刀把埃及人杀死了。摩西心里明白，他必定要为自己闯下的大祸受到惩处，于是逃往埃及和以色列之间的一带荒漠躲藏起来。他在这个地方受到上帝的启喻，上帝命他站出来解救犹太人民，使他们摆脱奴隶境地，带领他们重新返回自己的家园以色列地。摩西鼓足勇气回到他自幼长大的王宫，要求国王法老解脱犹太人民，让他们离开埃及。

国王拒绝他的要求，结果招致上帝的惩罚，灾难降临埃及头上。一连九场灾难接踵而来，一次比一次凶猛，但国王不为所动，坚持不给犹太人民自由。第十次灾难来临，所有埃及男婴一出世便立即夭折。经过这次打击，国王才幡然悔悟，知道继续抵抗只会给自己的人民带来更大灾难，最终同意解放犹太人民。于是犹太人离开埃及，开始踏上返回以色列的漫漫征途。

犹太人要抵达目的地必须克服两道难关：红海和西奈沙漠。国王决心在犹太人通过红海之前将他们全部杀死，便派出军队一路追踪。犹太人徒步而行，埃及人骑马紧追。犹太人眼看就要接近红海，正担心埃及人从后面赶来，这时奇迹发生了——海水一分为二，中间让出一条笔直干涸的通道。犹太人沿着通道蜂拥而过，待到最后一人顺利上岸，埃及士兵正在进入通道，海水轰然合拢，埃及人全部葬身鱼腹。犹太人在他们的最高领袖摩西的带领下，渡过红海，越过西奈沙漠，终于回到了上帝给予他们的应许之地。

犹太人的生存始于亚伯拉罕，所以按犹太人传统，习惯将亚伯拉罕尊称为“父亲亚伯拉罕”，但是犹太人生存的延续，犹太教主要经典的产生，则归功于犹太人的伟大领袖摩西。

“出埃及记”和犹太人的圣经

犹太人渡过红海，在西奈沙漠整整跋涉 40 年，这就是犹太圣经里“出埃及记”所记述的犹太人历史上的伟大壮举。要是把犹太人延续近 4000 年的历史比喻为丧失家园者无止境的漂泊，那么“出埃及”这段有限的 40 年经历，则是奋进者为返回自己家园而进行的实实在在的一次历史性长征。

这是发生在 3000 多年前的事情了，但它留在犹太民族的记忆中，永远是那么新鲜，就像中国近代红军的万里长征一直为中国人民铭刻在心一样。当然，这个群体跨越的地理距离远远不能和中国的万里长征相比，怎么回旋也只有几百公里之遥。根据《圣经》记载，60 万犹太大军跨越沙漠延续 40 年，而中国红军的万里长征走过上万公里的路程，经历一年多时间。中国红军长征之“长”，在地理距离，而以色列人出埃及长征之“长”，则在时间了。但他们为争取生存和自由而顽强斗争的崇高精神，同样给两个民族留下了宝贵的精神财富。

红海奇迹过后，犹太人在穿越西奈沙漠的过程中，发生了犹太教生存发展中最重要的一起事件：摩西登上西奈山山顶，在上面待了40个昼夜，得上帝亲自授予的圣经《妥拉》（即《摩西五经》）和《十诫》。摩西从此成为犹太人的最高领袖，他造就了犹太教，并被当做神来敬仰。

《妥拉》和《十诫》构成《圣经·旧约》（希伯来文又称《塔纳克》）的最重要内容。这两部经典不但阐述犹太人为人处事的基本准则，也构成今日世界上存在的各种社会规则的基础。《十诫》的要义与世界上另外两大宗教——基督教和伊斯兰教的教义有着千丝万缕的联系，它是这两大宗教产生和形成的基础。世界三大宗教的一个共通之处，就是信仰唯独一个上帝。根据犹太人的信仰，上帝是宇宙的创造者，具有至高无上的权威和权力，从创造世界直至今日和未来，永恒不止。犹太人的一神论，与其他相信同时存在多个上帝或神的宗教信仰是背道而驰的。

犹太信仰既是宗教，也是一种民族性。最有意思的是，许多《十诫》中提倡的伦理观念和道德准则为犹太人和中国人所共有。《十诫》很大一部分是讲人类行为的基本准则，它谈到劳动者有劳动一周休息一天的基本权利，禁止杀人、偷盗、撒谎、通奸，要尊敬父母，不得对朋友的妻室产生邪念。3000年前给犹太人制定的这些规则，至今依然正确，当今世界上大多数国家的法律体系，均以此为依据。

犹太民族节日：对苦难与光荣历史的记忆

我们犹太人今天有着许许多多的民族节日庆祝活动。这些节日大部分都与出埃及的伟大历史事件相关联，记录着犹太民族发展历史中的灾难与荣耀，承载着犹太宗教和文化的精粹。

犹太人最重要的节日“安息日”，在《十诫》里有专门的记载。按照《出埃及记》的解释，上帝六日之内造天地万物，第七天便安息。《圣经》又说，任何人都应该有一个休息的机会，将其作为一个纪念日提醒人们。传统的犹太律法禁止在安息日从事日常事务，现在犹太人一般在这一天“以身体的休息和心灵的复苏来取代每日的负担与操劳”。

为纪念犹太民族摆脱奴役、穿越西奈沙漠回归上帝应许之地的壮举，最主要的节日是“逾越节”。为什么会有“逾越节”这个奇特的名字？上面谈到，上帝为了惩罚埃及法老国王布下第十次大灾难，准备杀死埃及所有家庭里的长子。为了避免误伤希伯来奴隶的家庭，上帝告诉摩西，每个犹太家庭要宰杀一头羔羊，将羊血涂抹在门楣上作为保护的记号。到了晚上，上帝布下“灭命天神”横扫全埃及，杀掉每个埃及家庭的长子，却“越过”并保护涂上羔羊鲜血记号的各个希伯来奴隶的家庭。

逾越节是在每年4月，是一个春天的节日，庆祝大地历尽漫漫严冬之后得以复苏。因此，逾越节也被称为“犹太春节”。它和中国的春节一样，最重要的活动是在节日前夕举家团聚，一起吃团圆饭。不同的是，中国人为了欢庆一年的劳苦收获，预祝来年丰衣足食，年夜饭是大鱼大肉，尽量丰盛，而犹太人“逾越节盛宴”的餐桌上，主要的是难咽的硬面饼和苦菜。

据希伯来圣经《出埃及记》记载，犹太人的祖先逃离埃及时，甚至来不及将面包烘烤到发酵松软的程度。在干旱的沙漠找不到食物，人们只能不择而食，靠干硬的面饼和能在当地找到的野菜充饥。硬面饼虽然很不可口，但富于热量，今天大家习惯在饼子上抹些果酱和巧克力以改善口味，不少人往往因此过完节而增加了体重。据《妥拉》记载，犹太人祖先另有一种食物称为“MAN”。这是沙漠里一种野生的细小谷粒，夜幕降临时谷粒被露水打湿而变软，人们用石块将谷粒研碎后食用。逾越节和紧接其后的除酵节，犹太人吃的都是“忆苦饭”，意在不忘过去。

“五旬节”也称收获节，它与除酵节相反，人们在献祭过程中重新食用发酵过的面饼，以期恢复正常的生活习惯。五旬节具有双重意义，一是庆祝小麦丰收，二是纪念上帝在西奈山把《妥拉》授予犹太人。人们通过庆祝丰收来感谢上帝的恩赐，并祈祷来年再是一个丰收年。

每年秋天的“住棚节”，是对在沙漠中风餐露宿艰难生活的又一纪念。跋涉在西奈沙漠，人们遇到的一大问题是找不到可以露宿的地方，夜间无法合眼休息。搭建草棚是个解决办法，行军途中草棚好搭好拆，由此有了犹太人的又一个传统节日——住棚节。草棚顶面用棕榈树枝覆盖，过节期间全家人住在棚子里，吃在棚子里，有的人家甚至睡在这里，同时还在这里招待宾客。各家互相比赛，看谁的棚子装饰得更别致、更漂亮。节日快到了，你可以看到孩子们成群结队到处寻找棕榈树，折取树枝。这是我们孩提时期也是现在所有犹太儿童最快乐的时光。每年 9 月底 10 月初的一个礼拜时间，正当秋收季节，是欢庆住棚节的日子，因此这个节日也被看成是“丰收节”。

犹太人还有许多其他节日，呈现着犹太人历史的基本特质，焕发着强烈的民族文化意识，像犹太新年、赎罪日、光明节、普珥节。

犹太新年是犹太历的年头，相当于公历的 9 月底或 10 月初。犹太新年开始的 10 天是悔罪期，悔罪期的最后一天则是赎罪日，这天必须不吃不喝连续禁吃 25 小时，从前一天晚上开始到赎罪日的晚上截止，大部分犹太人滴水不进，粒饭不沾。

过节这天，显示舒适与奢华的东西一律禁止。没有车辆上路，除非是开往医院的急救车；没有飞机出入以色列，电台和电视一概停播。就连安息日开车办事的人，在赎罪日这天也要停歇下来。实际上这天开车是很危险的，因为很难躲过孩子们手中的石块。

这天到处都是静悄悄的。非常有意思的是，没有了日常繁忙的车辆往来，空气污染比平常的日子低得多了。联想到北京奥运会期间市内空气污染程度大大降低，原因也就十分清楚了：当时只有半数汽车允许上路。路上是看不到汽车了，但到处挤满了自行车。根据《妥拉》规定，允许孩子上街骑自行车，因此满街都是骑自行车的孩子，这天是孩子们的快乐节日。它让我回想起20年前北京街上的景象，那时自行车唱主角，汽车还只是稀有的奇货。

节日晚上，当天空三星高挂，斋戒结束。这时孩子们互相比拼，都说自己最先发现了第三颗星星。记得我年少的时候，赎罪日晚上站在我家阳台上寻找第三颗星星，忽然从别的阳台传来欢呼声，知道那边小朋友已抢先找到了，我有说不出的懊丧。

犹太新年、十天的悔罪期以及赎罪日，被视为犹太生活中的“最大节日”或“至圣节日”。这个名称说明犹太人新年与赎罪日的可畏任务和终极喜乐，以及获得上帝丰盛祝福的无限满足。

1973年，赎罪日的宁静不幸被一场战争突然打破了。这一天埃及和叙利亚利用以色列全国几近瘫痪的难得时机侵入以色列，发动了著名的“赎罪日战争”。战争的最初阶段，埃及和叙利亚取得某些进展，但是不过几天，以色列开始动用后备力量，最终以我们的巨大胜利告终。以色列宗教人士认为，这是上帝帮助了以色列。

▲ 我2008年出版的《我的中国》一书参加以色列书展并获得成功。这是我为该书设计的封面。

近几年来，犹太节日又增添了“大屠杀纪念日”和“以色列独立纪念日”，前者是为纪念在第二次世界大战大屠杀中死亡的殉难者，后者是为庆祝现代以色列国的建立。

还应当提到一个非常重要的现代以色列节日：读书节。这个节日每两年举办一次，最鲜明生动地体现犹太民族的一个传统和特性——热爱学习，热爱读书。

最令我高兴的是，在2008年的以色列读书节上，《我的中国》一书的展出获得极大成功。以色列媒体的一篇评论指出，《我的中国》是一份非常有价值的文献材料。中国占世界人口的五分之一，其经济正以极高的速度向前发展，每个希望进一步了解中国的以色列人都能从中受益。这本书给了以色列民众一个机会，让他们透过作者的眼睛观察中国：他热爱并赞赏中国，但同时对中国人的一些负面现象敢于提出不客气的批评。评论同时指出，《我的中国》作者亚伯拉罕·奥尔默特对中国怀有热爱之情，考虑到他家族在中国生活的历史以及他本人近20年来和中国的交往，他的这种感情完全是在情理之中。

二、探寻犹太先人在中国的足迹

在犹太民族的历史迁徙过程中，长期存在一个不解之谜：十个部落怎么消失不见了？

在古代，部落是人类社会活动的单位。犹太人民寄居埃及以及后来在西奈沙漠跋涉时期，共分成12个部落。他们经过40年西奈沙漠的艰苦跋涉到达以色列地后，便在这个国家的不同地方定居下来。所有这些部落的民众都属于一个大的统一的民族，但他们还是觉得各有自己的部落，每个部落都有自己的名称，各个部落的成员都因为是该部落的一分子而感到骄傲。12个部落的共同点是信仰同一个上帝，信奉《摩西五经》和《十诫》的宗教教义。不同部落虽然处于长期分离的状态，但始终没有脱离一个统一的架构，这就是犹太民族统一的王国。

近3000年前这个统一的王国分裂成两个单独的王国，一个在北方，另一个在南方。十个部落归属北方王国，另外两个大的部落归属南方王国。所谓“分久必合，合久必分”，在中国的历史上，王国的分分合合更是屡见不鲜。

失散十部落之谜

南北两个王国分裂过后大约200年，北方一支不知名的大部族入侵犹太人的北方王国，将犹太人的十个部落从他们的领土上赶走，从此以后就无人知道这十个部落的命运和下落。

十个犹太部落的神秘消失一直是个不解之谜，多年以来潜心探索和研究这个课题的专家学者不胜枚举。世界许多地方都曾宣称，他们当地的社区是十个部落的后裔，这些社区的居民保留着许多类似犹太人的习惯。在美洲分布着形形色色的不同种族，让人们猜想这些社群属于犹太人，属于十部落当中的一个或几个部落。有些研究人员相信，他们在南美洲见过的一些部落有许多相似之处，都保留着犹太人的习俗和规则。这类推断大部分与居住在玻利维亚、厄瓜多尔、委内瑞拉和秘鲁的部落有关。但是，自视为十部落后裔的社群，并非只在美洲大陆才能找到。在非洲以及亚洲的印度、巴基斯坦、伊朗、阿富汗，也不乏宣称是十部落后裔的社群。

有学者认为，中国犹太人是“失散十部落”的后代。据说失散的部落先是到了中亚，然后一部分转道去了美洲，成为美洲的印地安人，另一部分则去了中国(沙博里:《中国古代犹太人》)。有一位专门研究失散十部落的历史学家认为，这些部落的一大部分人迁徙到了印度，经过几代人的时间又辗转来到中国，进入现今称为甘肃的地区，接着又逐渐分散到中国的其他地方。

四川羌民是失散十部落的后裔？

最近西方学术界发表的一份材料，引起了我的极大兴趣。根据这份材料的记述，中国四川省境内的一支少数民族“羌民”，很可能是失散十部落的后裔。

在中国西北部地区四川省境内，岷江以西与藏族聚居地相邻的地方，居住着一支古老的少数民族，中国人称之为“羌族”或“羌民”。羌族已有近3000年历史，人口约为 30 万人。羌民的语言已经失传，他们古代的书写文字也消失了。现在羌民使用汉语和另外两种语言：一种是藏语，另一种是当地的方言羌语。羌族聚居的地区以稀有动物植物闻名，最名闻天下的就是大熊猫。居民们居住的村落称为羌寨，建筑类似碉堡，通常建在山顶之上。

在过去，羌族曾是强盛一时的大民族，统治着从北边的甘肃到南边的云南的广大疆域。汉朝时期（公元前 3 世纪到公元 3 世纪）的地图资料表明，这个羌部落分布在中国的西北部。羌民认为自己是从西方迁徙过来的移民，跋涉三年三个月才最终到达此地。羌族一直独立生活至 18 世纪中期，随后便融入中华民族，成为其一部分。来自汉人的压力，加上基督教的传播以及异族通婚的影响，使羌部落逐渐在很大程度上脱离了他们原有的一神教生活方式——犹太宗教的最重要原则之一。

羌族过去的历史事迹已无从查考，但今天仍然可以从他们依旧保持的习俗和信仰来了解他们的民族传统。这个民族按照类似于犹太人的方式生活了近 3000 年。

我们在这里又涉及了犹太宗教最基本的一个要素。羌族的性格特点是：诚实、友善、感恩、助人为乐、慷慨为怀、谦虚谨慎、坚韧不拔。所有这些都是犹太宗教的特点。他们也对上天诚惶诚恐，对上帝顶礼膜拜。他们信仰一个上帝，称它“阿巴赤”(Abachi)，意思是“上天之父”，也称它“玛比楚”(Mabichu) 即“上天的灵魂”，或者直接称“天”。因为受到汉人的影响，羌民还称上帝为“山神”，因为山峦是祭拜上帝的中心地。依照他们的观念，上帝威力无穷，纵观寰宇，公正裁判世界，赏善罚恶。上帝给他们机会为自己的行为忏悔和赎罪。每当遭灾时，他们就呼唤：亚赫华（Yah-weh)。这点非常重要，在犹太人的圣经里，上帝就是“耶和华”。他们也相信鬼神，但禁止信奉。相信鬼神可能是受到汉人的影响，而禁止信奉鬼神正好符合犹太宗教的精神。

羌族过去书写羊皮卷，也著书，至今仅剩下了口头传说。他们自己也不明白他们每个礼拜背诵的祈祷文。需要说明的是，这些祷文和犹太人的祈祷十分相似。

现在还很难说清，羌族就是来自以色列失散的十部落，但他们许多相似的习俗和信仰，显示了将两者相联系的较为明显的迹象。

不幸的是，羌族所在地区正处在 2008 年“5·12”大地震的中心地带。羌族的许多国家级文物被毁，大量研究羌族文化的知名专家也在地震中遇难，羌族文化受到毁灭性的打击。中国政府投入 10000 亿元人民币重建灾区，并开展了大规模的羌族文化抢救行动。在全国援建之下，经过两年多的努力，原来满目疮痍的灾区已经面貌一新，废墟已经被片片新建的楼群和绿地所替代。羌民聚居的重灾区北川擂鼓镇，号称“西羌风情第一镇”的吉娜羌寨，又以更大的魅力迎接各地游客。让我们祝愿羌族人民和他们的文化在经受地震灾害的严酷考验后，如烈火中重生的凤凰一样，更加光辉美丽。

开封，中国犹太人千年历史的活见证

羌民部落和犹太人之间的关系，尚在研究和探索之中，还存在某种不确定性。但是，中国七大古都之一的河南省开封市，它与犹太人的历史关系则是人所共知的。有可靠的历史事实证明，开封曾是中国最早的犹太人社区。

开封是中国的一大游览胜地。早在 1013 ～ 1127 年间，开封就以其繁华著称于世，号称世界上首屈一指的大都市。那里饱经战乱和洪灾而留存下来的铁塔和天文钟，是最吸引人的游览胜景。但对我这样个犹太人来说，最值得关心的还是这座城市与我们民族先人的关系。前面说到开封有个历史博物馆，那里陈列着开封犹太人遗留下来的碑石，记载着他们在不同时期的活动事迹。原件已被加拿大人盗走，至今依然没有归还原主；现在博物馆里陈列的是这些碑石的复制品。

犹太人是什么时候来到开封的？有各种不同的推测和假设，其说不一：有人以碑石的记载为依据，这些碑石是犹太人在 1489 年、1512 年、1663 年分别设置的；

有人则主要根据传统进行推断；还有人联系到十个失散部落。一般的说法是，在宋朝初年宋太宗当政期间，犹太人定居于开封。我最倾向于流传下来的一个有趣的故事：

据说有一批犹太人因在土耳其的布德隆城（Budrun）受到迫害而离开奔往中国。犹太人逃离埃及经过西奈沙漠的时候没有遇到强盗，但是在戈壁沙漠却屡遭袭击。有一次，他们在沙漠里遇到一位汉人和他的儿子，汉人姓张，身患重病，已经奄奄一息。这时一位犹太大夫和大家一起过来照料，给他治疗。老张很快就康复了，他对这些犹太人感激不尽，于是主动为他们带路进入中国。他们在路上遇到一条湍急的大河，老张和一些人在河中淹死了，但大多数犹太人都活着并越过河流。这时开封已近在眼前。他们停下步来，派出一个友好使团前往城里拜见当局，进贡礼物，其中有棉花种子和棉絮。当时中国还没有棉花，这批礼物显得特别珍贵。看来当局非常满意，恩准犹太人在此定居。可以说，1000 多年前犹太人从土耳其布德隆带来的一批棉花种子，就是今天中国种植棉花的来源。中国现在已成为世界上最大的棉花生产国之一，同时也是一个棉花消费大国。

开封城里的犹太人数目，与当地巨大的人口比较起来当然微不足道，但是，人们对这一小部分种族的兴趣却不同一般。尽管人数少，而且被包围在一个完全不同的人口大洋当中，他们却生存了数百年并且不改其基本习惯，这是非常有趣的现象。

开封犹太人社区的发现

著名的意大利探险家马可波罗曾听说，13 世纪开封有个犹太人社区，但是直到 16 世纪有位基督教士遇见开封来的一个犹太人之后，有关开封犹太社区的消息才在欧洲传播开来。这位教士是意大利人，名叫利玛窦，他在开封遇到的年轻犹太人姓田。两人的相逢充满奇趣，可以说是一出阴差阳错的喜剧。

老田离开开封来到北京闯荡，听说这里有一批欧洲来的外国人，为首的叫利玛窦，他们信仰一个上帝。听人说他们是穆斯林，但老田相信他们是犹太人。有一天老田来到利玛窦掌管的教堂，以为这儿是犹太会堂，利玛窦就是个犹太教拉比[1]。他看到会堂里悬挂着一幅画，上面绘有一位妇人带着她的儿子和另外一个男孩。这是基督教的“圣母子图”，妇人是玛丽娅——基督教创始人耶稣的母亲。老田以为他看见的正是犹太妇女利伯加，身边是她的两个儿子雅各和以撒。这幅画更加使他坚信，他找到了一座犹太会堂。

无巧不成书，利玛窦原以为老田是个基督徒，但是经过交谈，才发现自己弄错了，老田并不是基督徒。利玛窦没有向老田道破真相，他打算让老田皈依基督教。利玛窦给开封的犹太教拉比捎去一信，说他手头有一册新版《妥拉》圣经，又说开封犹太人很长时期与外界隔绝，不知有更准确更全面的新版圣经。他在信中写道，新版《妥拉》最重要的一点是：上帝已经派出一位救世主，他的名字叫耶稣。利玛窦的目的是要说服犹太人，让他们相信耶稣。耶稣是犹太人，但是他创立了一种新的宗教——基督教。利玛窦心想，他既然告诉犹太人新版圣经谈到的救世主名叫耶稣，他们自然也就愿意做基督徒了。

犹太教拉比也以为利玛窦是犹太人，但回信说他胡说八道，因为救世主还没有降临人间。后来老田看见利玛窦吃猪肉——这是犹太人的绝对禁忌，这让他大吃一惊。老田将他亲眼所见报知开封的拉比，拉比觉得利玛窦一定是发疯了，从此断绝了与他的来往，利玛窦要开封犹太人皈依基督教的企图功亏一篑。

古代朝廷赐给犹太人七个姓氏，其中两个至今在中国十分流行，这就是“张”和“赵”。我在以色列驻华大使馆的两位秘书都姓张，我经常以一种开玩笑的口气对他们说，他们可能是犹太人出身。

---

① 拉比是犹太人中的一个特别阶层，主要为有学问的学者，是老师、也是智者的象征。——编者注

我认识的开封犹太人

上面谈到，开封博物馆的一件犹太碑文使我联想到我的希伯来名字“亚伯拉罕”——摩西的父亲。几千年前的历史和今天活生生的现实一线相牵。

犹太人在开封生活已有800年历史，直至今日依然有少部分犹太人居住在这里，但他们已经不是纯粹的犹太人血统了。开封的犹太人和汉人长期通婚，许多犹太人的后裔长着一副汉人的面孔，你很难分得出是汉人还是犹太人。我第一次到开封访问时，最先接触的是一位名叫王贤的小伙子。他是开封人，长相完全是个中国人，但不能因此断言他不是犹太人的后裔。果不其然，他告诉我他是犹太人的后代。我当时就意识到，小王绝非开封仅存的犹太人，那里还有许多人都自认犹太人是他们的祖先。

无独有偶，2008年8月8日北京奥运会开幕前夕，我应邀到以色列电视台介绍我所见到的北京奥运会准备情况，碰巧遇到来自开封的一位姑娘——电视台同时邀请来做节目的嘉宾。姑娘有着一双漂亮的眼睛，面目清秀，举止显得含蓄而腼腆，是我所熟悉的可爱的中国姑娘。她原名叫金万芹，现在取了个以色列名字。听她说老家在开封，十年前随父母移居到了以色列。电视台采访她，是因为她在中国土生土长，而当时全世界都在注视中国，借此让她谈谈此时此刻有何感想。小金说她非常激动，满心希望奥运会举办成功，中国运动员拿到更多金牌。当我们撰写这段文字的时候，赛事早已成为过去，事实证明这届奥运会从各个方面看都可圈可点。我甚至怀疑，下一届伦敦奥运会以及以后的奥运会能否达到同样高水平的组织和竞技成就。

电视采访过后几天我又见到小金，进一步了解到她的身世和经历。她生在开封，在当地念完小学和初中，只会汉语。小时候就听父母说过，她和学校里的同学不一样，她是犹太人。自小她看到父母过节的日期和方式跟一般人都不一样，问父母这些节庆的来龙去脉，但总是弄不清楚。有一天父母终于下决心要移民以色列了，此后她就在以色列上大学直到毕业，目前正在寻找一份合适的工作。她有时候回到开封看望同学和朋友。

我问她，两个国家当中她更喜欢哪个：她出生和度过童年时期的中国，还是属于她原有的民族和宗教并且是她现今生活所在的以色列？她表示，她对中国怀着深厚的感情，但现在她觉得自己是以色列人。我告诉她，我也对中国充满感情，我爱中国，不过我首先也属于以色列。

三、犹太人的东方家园

在中国，除了开封，有更多犹太人聚居的城市。

中国的上海和哈尔滨，成为19世纪末20世纪初饱受迫害的犹太人寻求避难的一方栖身地。他们以接纳犹太难民的“东方家园”著称于世。在此前后中国的其他地区也形成了引人注目的犹太人社区，像天津、沈阳、齐齐哈尔、满洲里。这些犹太社区都有一个共同特点：规模一般很小，却顽强地生存下来并保持着自己的民族特性。

几乎所有这些城市都与我们的家族有着某种联系，都曾经留下我们家族成员的足迹。

上海，“冒险家乐园”和“诺亚方舟”

与古代犹太人落户开封相距大约800年，近代犹太人另外选择了东部的沿海城市上海作为他们在中国的新的定居点。1840年鸦片战争后中国门户开放，随着外国人的纷纷涌入，一批犹太商人来到上海，以他们的勤劳和智慧参与塑造这个西方人眼中的“冒险家乐园”，并给这座城市留下至今仍然清晰可见的印痕。

1884年，有一位名叫沙逊的犹太富商从伊拉克首都巴格达来到上海，置身于上海建筑和房地产业。正当沙逊在上海致力发展的时候，另外两个来自巴格达的犹太富商也到了上海，他们就是闻名远东和香港的犹太家族嘉道理和哈同。这三个来自英国控制的中东和亚洲地区的塞法迪犹太家族，对上海的发展产生了重要影响。许多建筑物和几家饭店都出自他们的手笔。今日矗立在上海外滩的著名的和平饭店，就是旧日的沙逊大厦；著名的上海大厦，同样是沙逊集团所建造，原名是百老汇大厦；上海展览馆所在地原为哈同公园，为另一个犹太富商家族兴建并以其名字命名；今天的上海市少年宫"大理石宫"，是嘉道理家族过去的寓所。

上海有座犹太会堂，称"拉杰之宫"，建于1920年。新中国成立时，会堂交给市教育局管理，一直当做存放杂物的仓库。2002年和2004年，国际历史文物保护机构先后两次宣布，该处文物面临损毁的危险。会堂内部几乎所有设备都不翼而飞，剩下能找到的只是一幅"大卫之星"的招贴画，还有一行意义深刻的希伯来文字——"要知道你站在谁人面前"，意思是说，一个犹太人进到会堂的时候，犹如站在了上帝的面前。会堂后来对外开放了，启动仪式是为居住在上海的一个犹太家庭的女儿举办婚礼。现在，这座犹太教会堂准备改做纪念上海犹太人社区的博物馆。

犹太人对上海的经济发展作出了重要贡献。回想上海股票市场开始营业时，100家成员当中有40%是犹太人。市里的特殊俱乐部都有犹太人参加，而在欧美，犹太人是无缘加入这类俱乐部的。

20世纪30～40年代第二次世界大战期间，纳粹德国大举迫害和屠杀犹太人，美、英等西方国家拒绝接纳挣扎在死亡线上的犹太难民，只有中国的上海张开双臂迎接他们。上海成为世界上仅有的接纳犹太难民的大城市，成为拯救从德国法西斯魔掌下逃脱出来的犹太难民的庇护所。上海使近3万犹太难民逃脱了劫难，成为不少犹太人的"诺亚方舟"。

上海犹太难民窟今天成为了旅游景点，到访的大部分是犹太人。可惜在我们写作本书的时候，难民窟正被拆除，这里将要兴建新的高楼。

1941年我祖父在哈尔滨去世，过后全家搬到了上海。家人中有我母亲的妹妹，也就是我的小姨，她后来不幸逝世并安葬在上海。上海一共有四处犹太人墓地，但是50年代政府当局对该地进行开发，坟墓被迁移，随后大部分消失无踪。随着时间的推移，慢慢又找到了一些坟墓。我也曾经寻找过我姨妈的坟墓，但一无所获。但我不会放弃，下次到上海我还会尽力。据我所知，现在上海就住着一个犹太人，他为寻找亲人的墓地四处奔走。

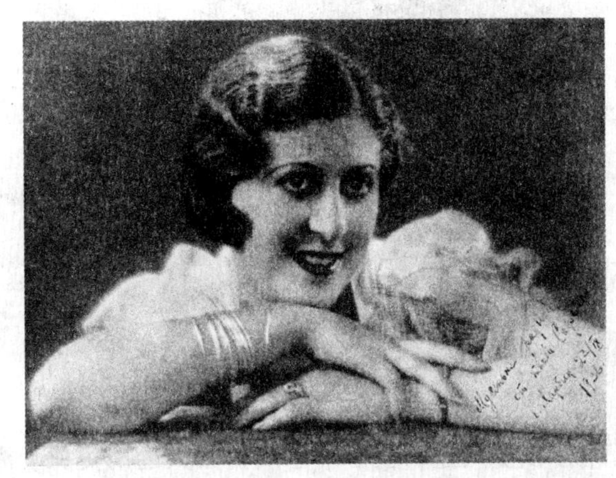

▲ 这是我的姨妈，她在得知我出生的第二天从哈尔滨将她的这张照片寄到以色列表示祝贺。

所幸的是我还留有我美丽的姨妈一张照片作为纪念。这是一张不同寻常的照片，上面有姨妈手写的字迹，时间是“1936年9月23日”，正好是我在巴勒斯坦出生的第三天。我的生日是9月21日，姨妈是第二天在上海得知喜讯的，第三天即23日便将她自己的一张近照寄给身在巴勒斯坦的我的母亲表示祝贺。就在我来到这个世界的最初时刻，便在冥冥之中受到穿越万里空间经由中国到达现今以色列的亲情的爱抚。

哈尔滨，“东方莫斯科”

哈尔滨以每年12月到翌年1月的冰雪节吸引着国内外千万游客。我像每个到过哈尔滨的外地人一样，简直不敢相信，在19世纪末20世纪初的时候，这座繁华的城市还只是散落在松花江边上的一个小小的渔村。

黑龙江省社会科学院哈尔滨犹太学研究所副所长李述笑教授说，每当提到中国犹太人，其他国家许多人都以为是指居住在上海的犹太人，但事实上哈尔滨犹太人社区早在上海之前就已十分活跃。19世纪至20世纪之交，哈尔滨随着西伯利亚铁路延线“中东铁路”的修建而迅速发展，此时犹太人因参加修建铁路开始

▲| 今天哈尔滨街头经修复的犹太会堂。

进入这座城市。俄国革命时期，大批俄罗斯人和犹太人一同从俄罗斯涌入哈尔滨。俄罗斯人多是所谓的“白俄”，他们逃避十月革命的冲击；犹太人多是沙俄反动势力下的受害者，他们逃避白俄分子对犹太人的大屠杀。

从历史的观点考察，上海的犹太人社区的发展时间要比哈尔滨更久远，但是哈尔滨犹太人的历史比上海更受注意，这是因为上海是著名的大城市，犹太人社区的影响远没有在哈尔滨那么显著。从俄罗斯来的首批犹太人到达哈尔滨看到的不过是几个分散的村落，城市的建设刚刚起步，而沙逊到达上海时，见到的已经是一个颇具规模的大都会，是远东的一个金融中心。哈尔滨到了20世纪初才逐渐形成城市规模，犹太人在城市发展的最初阶段就已起到非常重要的作用。

李述笑说，现在哈尔滨的发展历史和犹太人的巨大贡献密切相连。1903年哈尔滨只有大约500名犹太人。几年之后，犹太人人数猛增到大约3万人，这对哈尔滨的历史和城市风格特点的形成产生了重要影响。哈尔滨的第一家饭店“现代饭店”就是犹太人创办的，它保留至今，经修缮

▲| 哈尔滨到处留下像养老院这样的犹太先人足迹。

后不但依旧沿用“现代”这个名字，而且经营管理的确非常现代化了。最早的银行、商店、咖啡馆、报纸，乃至面包房、面粉厂和煤矿，都是由犹太人开办的。中国的第一家啤酒厂，也是由来自俄罗斯的一个犹太人于1900年在哈尔滨建立的。

漫步在哈尔滨的街道，在到处林立的现代化高楼大厦当中，依然能清楚地看到各式古色古香的欧洲风格建筑，让人们回想起这座曾经被誉为“东方莫斯科”的城市的昔日辉煌。哈尔滨西方设计风格的典型建筑艺术，是犹太人的杰作。我以一个犹太人特有的敏感，特别注意到夹杂在这些历史建筑中间的圆顶教堂，那是犹太会堂，它向人们提醒犹太民族留给这座城市的历史影响。

哈尔滨被誉为东方莫斯科，我想除了建筑物的艺术风格之外，最具代表性的是她的文化生活。哈尔滨的犹太人主要从事商业、金融和公共卫生事业，但他们同时也是重要的音乐听众。也许出于对音乐的特别爱好，哈尔滨的音乐文化引起我特别的兴趣。

哈尔滨第一音乐学校是由犹太人于1921年创立的，是当时满洲乃至全中国最早的音乐学府。从苏俄逃出来的众多有天才的难民当中，不少一流的音乐家、演员和导演都和这间学校有着直接或间接的联系，在哈尔滨的文化乃至更广泛的历史范畴里留下了鲜明的足迹。

该校学生有大约四分之一到三分之一是犹太人，其中出现了不少获得金质或银质奖章的优秀钢琴家和小提琴家，他们后来分别在苏联、美国、以色列和澳大利亚踏上光辉前程。这个事实也说明，哈尔滨有一个开放的社会环境和良好基础，像犹太人这样的少数民族，也得以充分发挥他们的才能和取得令人羡慕的成就。

其他中国城市的犹太人社区

20世纪之初，天津是华北最重要的商业城市，它是当时的铁路交通枢纽，连接中国各地。天津也是重要的国际贸易城市，有船舶通航到亚洲各个地方。天津的独特地位吸引了不少犹太人定居此地。

犹太社区的出现始于1860年第二次鸦片战争，大批欧洲商人包括犹太人进入天津。1917年俄国十月革命之后，有更多犹太人来到这座城市。最多的时候是在第二次世界大战期间，大批犹太人因逃避纳粹分子的迫害进入中国，其中一部分进入天津。与上海和哈尔滨相比起来，天津的犹太社区虽然很小，但也建立了自己的学校、医院、文化馆和教堂。

我有一位舅舅曾经从哈尔滨移居到天津，后来因患伤寒在这里病逝和安葬。上面谈到，我的一位姨妈也是因伤寒而病逝上海，当时还找不到弗列明发明的非常有效的药品盘尼西林。我每次到上海和天津，都非常希望能见到我从未见过的两位亲人的墓地，但已经找不到任何踪影，它们在文化大革命中完全消失了。

满洲里位于内蒙古自治区境内。1902 ~ 1903年间第一批犹太人到达这里，1905年日俄战争结束之前有更多犹太人定居此地。虽然人数不多，他们还是在1910年兴建了一座教堂和一间学校。随着俄国对犹太人的迫害日益加剧，流入的犹太人越来越多。第一次世界大战爆发后涌入一大批难民，犹太人口剧增，犹太社区中心可以正式颁发各种证明文件，包括出生证、结婚证和死亡证。1916年建成一间中学，设置一般课程和犹太人的专门课程。1917年俄国十月革命之后，满洲里也像别的地方一样，犹太人社区因接纳逃避迫害的难民而迅速扩大。1918年当地犹太人建立了一家合作社。这在整个远东地区是第一家，它不仅为犹太人同时也为全体民众提供服务。及至20世纪30年代，犹太人社区才最终消失。

沈阳的犹太人社区很小，但有很好的组织，设有自己的俱乐部、幼儿园及其他公共设施。社区设有经选举出来的七人委员会，负责社区的管理工作。这里除了犹太教会堂、学校，还有一座犹太人墓地。齐齐哈尔是个火车站，我父亲曾在那里生活两年。

像天津、沈阳、满洲里和齐齐哈尔这些犹太人社区不大的地方，无一例外地都设立本民族和本宗教的公共设施，像教堂、学校、幼儿园、俱乐部甚至墓地，有完备的社区管理组织，保持着独立的文化传统、宗教信仰和生活习惯。一个人数很小的民族，他们分散在世界各地的社区规模往往微乎其微，依然能够顽强地生存下来并保持自己的民族特性和宗教信仰，这是非常显著而有意义的现象。犹太人这种顽强生命力的秘密何在？在于精神和信仰。我曾经提到，犹太人口当中只有小部分人是虔诚的宗教徒，但不容置疑的是，能将分散在世界各个角落往往为数不多的犹太人凝聚在一起的，是他们共有的犹太宗教信仰，是他们的犹太精神。

四、我家来自哈尔滨

在我倘佯异国他乡的时候，每当有人问及我的背景和来历，问我来自何方，我经常爱打个马虎眼，绕个弯儿告诉他们说：我的父母生活在中国。这种回答多半用在一些未与以色列建交的其他国家，目的是为了隐瞒我的真实身份。这虽是一种搪辞，但说也奇怪，这一来也给我带来某种自豪感，好像我自己代表一个东方大国。

到了中国又不一样了，每逢初次见面，来人按照中国的习惯礼貌性地问我是什么地方人，我总会毫不犹豫地回答道：我们家是哈尔滨人。问话人一听，开始是一愣，接着很快就转过弯儿来，和我一同会心地哈哈大笑。这时的心情又不一样了，除了自豪还有更多的是亲切感。第一次到中国时，主人和客人都心照不宣，也没有人问我从哪里来或者是什么地方人，但我还难免暗地里以一个并非“外人”的心态自居。

不管是前一种情况还是后一种情况，我的回答都千真万确。我们家——奥尔默特家族的家史，和中国特别是哈尔滨有着密切联系。

我的父亲莫德查

我的父亲莫德查·奥尔默特写过一本自传，记述他的一生经历。书一开始就详细描写了他在中国生活的日子，描写他如何在那里长大、念书乃至在中国学校执教。

父亲出生在俄罗斯撒马拉城，即后来的古比雪夫市。我弟弟埃胡德·奥尔默特20世纪80年代任耶路撒冷市长期间，俄罗斯古比雪夫市一个代表团到耶路撒冷访问，带来了从该市珍藏档案中发现的我父亲的出生证明原件。我们从这份出生证明上惊讶地发现，父亲的出生日期是1911年1月11日，实际上比他自己讲的要晚许多，父亲因此更年轻了。我们将此告诉父亲，本以为他也必定高兴，未料到他不予置理，一味坚持他原先的说法，对自己的出生日期决不改口。因此对我们小辈来说，父亲的真正生辰一直是个未解之谜。

父亲还在四岁的时候，就听说共产党领袖弗拉基米尔·伊里奇·列宁的名字。他六岁那年正值彼得格勒市发生暴乱。彼得格勒后来改名列宁格勒，如今称圣彼得堡。共产党政权开始上台了，这时局势非常混乱，犹太人恐怖万分，因为共产党的死对头“白俄分子”对犹太人实施大屠杀。白俄分子仇恨犹太人，他们说犹太人是共产主义运动的思想家和领袖。的确，共产主义创始人马克思是犹太人，甚至列宁也有犹太血缘，他祖父名叫以色列·布朗克，是放弃犹太教改信基督教的犹太人。不仅如此，共产党的另一位主要领导人托洛茨基也是犹太人。所有这一切都成为他们反对犹太人和实行大屠杀的理由。据当时流传，仅在白俄罗斯就有数以千计的犹太人遭到杀害，财产被洗劫一空。这在犹太人当中引起极大恐慌，大批犹太人纷纷远走他乡寻求避难。就在这时候，我祖父随着滚滚的犹太难民潮，只身首先来到了中国。1941年我祖父在哈尔滨去世并安葬在当地。

从俄罗斯来到哈尔滨

祖父离开俄罗斯后不久，家里收到他的消息说，他到了中国哈尔滨，通知

▲| 哈尔滨博物馆为奥尔默特家族专门设置的展板，展示我的家人和这座城市的亲密情缘。

全家过去团聚。父亲在他的自传中说，他在俄罗斯也见到过中国人，但到了哈尔滨，他看到那里的环境气氛完全不同，一切显得那么清洁、安详与平和，感觉到了一个令人开怀的新的现实世界。

在初来哈尔滨的一段日子里，奥尔默特一家人经济拮据，生活十分困难。我祖母玛丽娅靠经营一间小店贩卖牛奶和奶制品维持生计。那时谁能想到，80 年过后玛丽娅的孙子来到中国——不再是难民，而是以一个独立的以色列国家官员和农业专家的身份，在中国开展农业合作，其中一个项目竟是生产牛奶的现代化奶牛场。当年祖母的小店出卖奶品主要是供给俄罗斯来的移民，今日回过头来，她的孙子帮助建起了一座现代化的奶牛场，中国人可以消费越来越多的牛奶和奶制品了。

祖父在铁路局工作两年，随后在齐齐哈尔找到一份他喜欢的差事，于是全家搬到了齐齐哈尔。

父亲的合群和随缘性格，他的语言能力和多方面的业余爱好，使他很快融入中国的社会环境里。父亲同时会讲英语、俄语和汉语三种语言，有机会接触各方面各类型人物。他喜欢摄影，不光拍照，而且自己冲洗和翻印。我自小也喜欢拍照，但当时并不知父亲有此爱好，莫非是一种遗传？父亲还是运动场上的一名好手，每天下午都到住家附近的运动场上活动，和中国孩子广泛交游。父亲和中国小朋友在一块儿生活、学习、游玩，共同成长，和许多中国年轻人结下深厚友谊。他在书中写道："这群孩子都是好小伙儿，他们有很强的爱国心，为他们的学校感到骄傲。"

多年下来，父亲大大加深了他对中国文化和对中国人心性的了解，他的血脉里也渐渐融入了许多中国元素。记得小时候我看父亲打乒乓球，奇怪他握球拍好比拿钢笔或铅笔，方法与西方人完全不同。我问他为什么有如此握法，他不假思索地说："这是我们的方法。"

我追问："我们——你是说谁？"他回答道："我们中国人。"说来也是，这种握拍方法似乎是乒乓球运动中一种克敌制胜的法宝，难怪中国乒乓球运动员如此优秀，把持了世界冠军的天下。父亲应当为此感到骄傲。

至于说到父亲惊人的汉语能力，我想打一个不一定恰当的比方：现今在中国特别出名的加拿大籍老外"大山"，也未必能赶得上他。父亲说中国话的地道东北腔，连许多普通中国人都不得不佩服。

但是，父亲和我们的家族也像住在齐齐哈尔的其他犹太人一样，依然保持着自己民族的传统和宗教。我们家不属正统宗教徒，虽然遵守犹太教的基本教义，但也仅此而已。父亲长大到 13 岁，我们家也曾邀请一些亲友举行家宴为他举办"成年礼"。"成年"是指孩子已到了能够履行基本教义的年龄，按照以色列犹太教的说法，孩子不到 13 岁是不受宗教教义约束的，但到了这个年龄，他就要承担犹太教规定的所有义务了。对犹太人来说，这个年龄至关重要。顺便说一句，伟大的犹太科学家爱因斯坦并没有接受“成人礼”。

锡安主义思想启蒙

正当父亲进入成年的时候，在 20 世纪 20 年代初，圣城耶路撒冷开办了第一间犹太人大学——耶路撒冷希伯来大学，这在犹太人社会和世界科学教育界引起强烈反响。

1925 年，耶路撒冷创办大学的消息传到哈尔滨，齐齐哈尔不大的犹太人社区决定庆祝这件喜事，举行盛大会餐，由我父亲在会上致辞。父亲在他的自传中写道，来参加会餐的宾客看到那满桌丰盛的菜肴和酒水，乐开了怀，而他自己则另有所思。他在会上发言慷慨激昂，但大家似乎并不在意，只听见耳边响起一次又一次的碰杯声，伴随着一阵阵欢呼：“干杯！”说来也巧，多年之后这间大学已是最有名的大学学府之一，而我也成为曾经就读该校的一名大学毕业生。

不过这次会餐最重要的意义在于，社区主管对致词的年轻人印象尤深。会后他过来请我父亲去一趟教堂，说是要让父亲看一些对他十分有用的东西。到了教堂，主管领他进到一间屋子，里面堆满了一箱箱书籍。他告诉父亲说，这里的东西“全归你了”，“任何一本书你想读都可以拿走”。由此在我父亲面前展开了一个全新的世界，这些书本内容涉及犹太传统和文化的方方面面，谈到新兴的犹太复国主义运动。父亲一头扎进书堆里，废寝忘食，成为了书籍的“奴隶”。他发现的最重要的一本书便是赫茨尔的《以色列国》。父亲是第一次听说这个名字，第一次知道这位人物。

赫茨尔被誉为犹太国的先知。他是奥地利犹太人，在大学攻读法律，毕业工作一年后就觉悟到，他所在的国家奥地利存在的反犹主义思潮是一道障碍，犹太人要想出头毫无可能，他于是投身新闻事业，成为一名记者。赫茨尔后来派驻法国，发现反犹主义不仅存在于他的国家奥地利，而且在法国也相当盛行，于是得出一个结论——只有建立一个独立的犹太国家，犹太人的问题才会得到解决。赫茨尔甚至预见到欧洲的犹太人可能出现灾难，50年后的事变果然证实了他的这一预言。

赫茨尔最先撰写文章论述重返锡安即重返以色列的问题，并于1896年出版了他的《以色列国》，成为现代锡安主义即犹太复国主义的创始人。他在书中论述为犹太人建立一个独立国家的问题，从此开始出现“锡安主义”这个用词。锡安是希伯来圣经对耶路撒冷的代称，并且也泛指整个以色列地，锡安主义主张犹太人返回以色列地建立一个独立的犹太人国家，亦称“犹太复国主义”。因受到锡安主义的影响，父亲后来回到以色列，为他自己以及他所抚养的家庭掀开了一生中最重要的篇章。

然而，我的祖父母却并不喜欢他们的儿子醉心于这一块极端落后、名叫“巴勒斯坦”的地方，但父亲矢志不移，他继续不停地读书。在他的头脑里，犹太人民的唯一出路就是要有自己的土地。

父亲从齐齐哈尔学校毕业后，决定到哈尔滨工学院深造。这所学院声誉很好，进入该校要事先经过考试，按成绩择优录取。父亲顺利通过考试，就读于电气工程系。系里另有三名犹太人、几位俄罗斯人和12名中国人。父亲和这些犹太人或者俄罗斯人不同，他的汉语能力让他与中国同学打成一片。学院附设一个预备班，供希望投考该校的学生在此进修。校领导要为进修班找一名既讲汉语又讲英语和俄语的老师，父亲是最佳人选，于是成为了进修生的老师。

与此同时，他日益频繁地参加一个组织的活动：这是一个犹太人的锡安主义组织，名叫“贝塔”，其任务是教育该组织的成员热爱以色列，把以色列当做犹太人民的家园，将来移民回到以色列。父亲是组织里的积极分子，加上体育运动出色，被安排担任各种项目的辅导员，大家都对他有非常好的印象。

2001年当我第一次访问哈尔滨时，黑龙江省社会科学院的朋友领我去参观他们举办的哈尔滨犹太人事迹展览。我在展览会上偶然发现一张照片，上面站着几位年轻人，敞着上身，紧握拳头，其中一位正是我的父亲。看见父亲是那样年轻、健康、英俊，不由得一股暖流涌上心头，我为有这样一位可敬的父亲感到骄傲。此时此刻，当我书写这段经历时，我依然抑制不住内心的激动，在电脑键盘上敲打的十个指头禁不住轻轻颤抖。

▲ 父亲（后排左四）是早年哈尔滨犹太人“贝塔”组织拳击队成员。

黑龙江省社会科学院历史学家李述笑教授告诉我，我父亲组织一伙年轻的犹太人练习拳击，为的是保护犹太人的安全，防备仇视共产党并归罪于犹太人的白俄分子的攻击。根据父亲在回忆录中的记述，他们常常将一位小伙儿派到街道当中，大部分人躲在不远的地方守候，一旦俄国人过来要揍我们的小伙儿，大家便一涌而上给俄国人一顿教训。我一向认为父亲是个和事佬，不会和人较劲，从未听说他有这种个性。这时我才恍然悟出，父亲身上也不乏犹太人个性中强悍的一面，临危时刻不惜动用武力，套用中国人常说的一句话是，“该出手时就出手”。

志在从事农业

在工学院学业有成，但父亲还是决定移民回以色列。这意味着中断他的电气工程学业，但他并不觉得可惜。他知道，做一名电气工程师回到以色列对国家的贡献不会太大，当时以色列需要的是发展农业。

当时对父亲来说，农业其实是件不着边际的事情，但是通过读书，他逐渐明白这个行业对以色列犹太人的重要意义，最终下定决心去当农民。他帮我祖父在齐齐哈尔办起一间不大的农场，养了四头牛、两匹马和许多鸡，生产所得全供家庭吃用。父亲喜欢鸽子，后来又在农场增设了鸽舍。听起来有些奇怪，父亲将一生大部分时间主要奉献给了以色列的农业发展，竟然源自中国齐齐哈尔这个小小的农场。

这时正好遇上一个选送荷兰进行农业培训的机会，父亲于是打算通过这条途径，经荷兰回以色列。不过要实现这个计划首先要筹集必要的资金，于是父亲将自己的打算告诉我祖父母，未料到惹来他们一腔恼火。祖父母要他完成学业，有了学位再考虑下一步何去何从，但父亲不听劝阻。祖父知道筹钱是件大事，便告诉我父亲说他无能为力，让父亲自己去想办法。祖父以为，这样一来我父亲就会走投无路，只好乖乖留在中国了。在一般人眼里，也许我祖父太不仗义了，他的做法甚至过于粗暴。但在我看来，父亲劝阻儿子，避免儿子将来可能失足，倒是人之常情。未来的发展证明，父亲的选择并不像祖父担心的那样毁掉自己的前途，但谁又能完全预见到未来呢？

天无绝人之路。一个寒冷的下雪天，正当课间休息时间，同学们都到室外去了，唯独父亲一个人孤零零地站在教室里，他为自己的处境冥思苦想。突然有人从背后拍了一下他的肩膀，来人是班上特别要好的一位中国同学，名叫孙阿旺。小孙问他为何如此心绪不宁，父亲把事情的原委告诉了他，小孙微微一笑，兴冲冲地说他自有办法。

“你说什么办法？”父亲问。小孙说他叔叔在附近镇上一家学校当校长，正在物色一位俄语教员。“你俄语很好，到这间学校去当老师，还怕没有上路的盘缠吗？”小孙知道我父亲这一走是有违他父母愿望的，但他理解我父亲的心情，看在好朋友的分上决定帮忙。小孙具有中国人尊敬父母的传统意识，但同时也表现了人际关系中的友情价值观。

第二天小孙告诉我父亲，事情已经和他叔叔谈妥，要去的地方离哈尔滨大约120公里，是个小镇，只有父亲一个外国人。父亲坐火车到达时，已有人在站上等候，人称老严。父亲那年20岁，第一次离家远走，迈出了艰难的一步。

这是一所中国学校，所有学生和老师全是中国人。无论在学校还是在城里，父亲是仅有的一个外国人，引来当地孩子和大人们的无穷好奇。父亲说，每当他走到街上，后面总会跟着一大群小孩。现在中国对外开放，一般看不到这种现象了，虽然在农村和边远的地方，我还不时碰见孩子们的这种好奇心理，他们跟在我的屁股后头高声喊叫："老外，老外！"

父亲和他的帮手老严建立起很好的交情。老严是山东人，他告诉父亲山东是个农业大省，有很多农民，但每家只有一小块地，很难获得足够的收成。那些年，交通运输条件很差，不同地方之间很少往来，对生活在哈尔滨的人来说，山东简直是天涯海角，我父亲对老严所说自然不得而知。但说来也巧，没有多久父亲便去了老严的家乡，不过不为别的，仅是为回以色列临时路过。时隔60年，他的儿子也来到这个地方，却是为了当地农业事业的发展，不过这是后话了。

学年快要结束了，校长要我父亲再留任一年，说他的教学很成功。父亲同意多留一些时间，但到不了一年，因为他已计划好要回以色列。1930年的最后一天，父亲乘火车离开哈尔滨赴大连，接着又从大连到上海和青岛。青岛是他告别中国的最后一站。

返回以色列

父亲在返回以色列的路途上走了整整两年多。

前面曾经说过，父亲在哈尔滨是学电气工程的，但他认为，在像以色列这样不发达的国家里，当一个有知识的先进农民会有更大贡献，因为发展农业是当务之急。所以他决定先留在荷兰一段时间，学习该国的先进农业技术。他到了瓦绪宁根市，当地有一家世界著名的农业大学。他在城市附近一家奶牛场找了一份粗活，同时到大学的专修学校上夜校。在奶牛场工作是为了积累从事农业的实际经验，在大学听课，则是要获得农业科学的基础知识。于是，哈尔滨工学院的一名高材生当上了荷兰的一名农工。

经过农业大学的艰苦学习，他终于获得了封面上印有荷兰女皇头像的该校毕业证书。听父亲说，我两岁的时候，这份证书不巧落到了我的手里，大概是因为喜欢女皇，我一把将证书扯掉，将女皇头像牢牢抓住不放。说来可笑，希伯来语“女皇”一词的发音是“玛尔卡”，和我后来夫人的名字不谋而合，仿佛我自小喜欢女皇是一种中国人常说的“缘分”。

回到以色列，父亲便在巴勒斯坦西北边远的地方安置下来，开始务农。

父母亲的离奇姻缘

父亲离开中国了，放弃了中国国籍，丢掉了学业，离开了锡安运动青年组织的岗位，把父母和亲朋留在了身后。不过他作出的这些牺牲，对于他心中的远大追求来说是微不足道的。他坚信，任何牺牲都值得。

但令他最难忘怀的是后来成为自己妻子的女友。离别之前父亲和女友商定，她日后将追随我父亲返回以色列，然后两人在自己的家园结婚。这是一段离奇的姻缘，一个罗曼蒂克的奇迹。

须知当时履行他们的约定谈何容易！那时以色列属英国托管，进入以色列必须有英国当局发给的签证，叫“特许证”。获批这种签证非常困难，一位男士只有结了婚而且已经获得这种签证，他的配偶才有可能随同获得签证。父亲和他的女友只是订婚的一对年轻恋人，好比中国美丽传说中的牛郎织女，中国东北地区和以色列两地之间几千公里的山山水水，是一道难以跨越的银河，他们只能相隔两地，引首相望。

我的母亲出生在俄罗斯，孩提时期来到中国。她父母（也就是我的外祖父母）后来移民到了美国，不久外祖父去世，外祖母于是又回到哈尔滨和她的亲友团聚。母亲是参加锡安主义运动“贝塔”组织以后认识我父亲的。母亲在组织里活动很积极，学习成绩很好，以优异学分毕业于商业贸易职业学校。我至今保存着她的毕业证书，上面记载着她所有各科成绩均属最优。母亲的名字被篆刻在

“金榜”的牌子上，每年最优秀的学生名字都荣登其上。我到哈尔滨时曾找过这间学校，想看看刻有我母亲名字的“金榜”，但很可惜，在文化大革命中一切看似旧制度象征的东西都被毁掉了，“金榜”也未能幸存。

还在几年之前，我遇到我家一位也曾在哈尔滨住过的亲戚，他提起我的母亲，亲口告诉我一桩奇闻。据说有一天，我母亲在哈尔滨街上路过，碰上一位吉普赛女郎给她看手相。吉普赛人告诉母亲说，她会很快在哈尔滨结婚，但这不是真结婚，因为以后她还要嫁给她真正的心上人，那才是她的终身伴侣。我母亲哈哈大笑，暗自以为白给了这位吉普赛女郎冤枉钱。但过后事实证明，吉普赛女郎的预言应验了。这事一直让我百思而不得其解。

事实终归是事实。当我任职农业发展公司总经理的时候，公司在世界许多国家开展农业技术合作项目，我经常到这些地方出差，其中就有南非。以色列驻南非大使也是早年从哈尔滨出去的，是“哈尔滨人”一族当中一分子，我与他相识已久。每次我到南非视察项目，他总会设宴招待我，参加宴会的有来自当地政府和社会各方的宾客。一次宴会正在进行当中，主人看了我一眼，接着转身对在座的宾客说道：“大家看见这位奥尔默特先生吗？我是他母亲的丈夫，但我不是他的父亲。”

这话一出，在座者一片愕然，同时也想听个究竟。大家瞧着我，使我感到格外尴尬。大使接着讲起一段往事：“我在哈尔滨长大，是锡安运动组织的一名成员，该组织的首要任务是动员大家移民到自己的国家以色列。在座的奥尔默特先生的父亲，还有他父亲的女友，也就是他父亲日后的妻子和在座的奥尔默特先生的母亲，同是这个组织的成员。他父亲回到了以色列，但女友拿不到签证，无法回去。唯一的办法是找一个人结婚，然后她就可以拿到签证。我是他们俩的亲近朋友，于是建议由我同她结婚，等回到以色列以后再办离婚。如此办理，我们作为夫妻回到以色列，接着就离婚分手。我的两位朋友终于喜结良缘，结果大家就看到啦：有了我这位客人奥尔默特先生。”

听了大使这一番话，大家不禁感慨万分，始知当年要进入以色列有多么困难！我想大使不是揶揄我，而是为了以他和我们家庭之间这段离奇和有些心酸的经历，证明今天以色列犹太民族的独立和尊严，是多么来之不易。

父亲在他的自传中也说，在他与我母亲举办婚礼之前，我母亲和他的所谓丈夫需要办理离婚。犹太宗教把婚姻看做至高无上的事情，没有拉比的批准，是绝对不能办理离婚的；而拉比要批准离婚，必定要百分之百确认事情已经到了无可挽救的地步。母亲的前夫同意办理离婚，但是必须到另外一个城市履行手续。他没有路费，只好由我父亲资助才得以成行。父亲、母亲和母亲的前夫向拉比说明了情况，拉比理解他们的处境，迅速而有效地尽守他的职责，批准双方离婚并签署了离婚书。

可是办理离婚不但要有拉比的批准，还要有另外两人从旁证明。我父亲有两位朋友答应前来佐证，但最后没有到场。父亲只好临时跑到街上找人，他遇到的头两个路人居然同意陪他到拉比办公室作证。多年过去了，我常想，这两位年轻人是否知道，他们的这一善举成全了一对夫妻，而这对新人后来给以色列带来了一位政府总理。

▲ 30 年代我父亲离开中国前与当时的女友（后来的妻子即我的母亲）在哈尔滨留影。

曾经在哈尔滨念书的母亲，来到以色列以后在一家柑橘包装场工作。她的任务是用一种特制的包装纸将鲜果包上，保护果实不受霉菌侵蚀。来自哈尔滨心灵手巧的姑娘知道，她在以色列需要卖劲工作，并且很高兴自己做到了。

我有时候会想，万一母亲的“丈夫”朋友不答应离婚呢？这并非完全不可能。试想我的母亲是位美人，母亲的名字叫“贝拉”，在一些国家的语言词汇里意思是“美丽”。我的确以有一位美丽的母亲而感到骄傲。

1930 年 12 月 31 日，我父亲踏上了返回以色列的漫漫征途，不久之后，我母亲也追随父亲的足迹离开了哈尔滨。不过奥尔默特家族与中国的联系并不因此结束。

奥尔默特家族的长途跋涉是犹太民族历史长征洪流中的小小波澜，千回百转，它注定依照犹太民族生息繁衍和迁移的轨迹，找到自己的归宿。

五、犹太人不会忘记

父母亲回到巴勒斯坦，却迎来了 20 世纪对犹太人来说最为悲惨黑暗的岁月。他们带着新出生的第一个儿子亚伯拉罕，经受德国纳粹分子疯狂迫害和第二次世界大战战火的历练。1939 年大战爆发时我三岁，1945 年结束时我九岁。

不同的民族，同样的苦难历史

20 世纪 30 ~ 40 年代，对世界、对犹太民族和中华民族来说是个灾难深重的年代。

1933 年希特勒登上元首宝座，直到第二次世界大战结束德国宣告投降时倒台。希特勒赢得大选之后，立即对犹太人实施各种限制，继而走到用煤气炉从肉体上消灭犹太人的罪恶地步。1938 年 11 月 9 日，发生臭名昭著的“水晶之夜”[①]：德国纳粹分子开始大规模摧残犹太人，400 座犹太教堂被烧，上万家犹太人商店被砸，2 万犹太人被捕，3000 人受伤，丧生者近百人！从此开启了对犹太人灭绝

① 也称“碎玻璃之夜”，是指 1938 年 11 月 9 日至 10 日凌晨，希特勒青年团、盖世太保和党卫军袭击德国和奥地利的犹太人事件。它标志着纳粹对犹太人有组织的屠杀的开始。——编者注

人性的大迫害、大屠杀的序幕。第二次世界大战期间共有600万犹太人被杀害，其中150万人是儿童，这个数字是当时犹太人全部人口的一半！纳粹分子在他们入侵和占领的国家里设立集中营，将犹太人投入其中，又由这里驱赶到煤气炉毒死。仅在波兰就有300万犹太人被杀害。

中华民族也经历了同样一段痛苦和悲惨的历史。就在“水晶之夜”的前一年，1937年12月13日，日本人在中国南京实施大屠杀，倒在日本人屠刀之下的中国人达30万！当犹太人在欧洲集中营被大批投入焚尸炉的时候，中国人在自己的土地上被活埋。二次大战中犹太人死了600万，中国人牺牲了8000万！德国法西斯连同他们加在犹太人身上的灾难，日本军国主义连同他们对中国人民犯下的罪行，同样被钉在人类历史的耻辱架上。

在我年幼的心灵里，一直笼罩着残酷的战争及犹太人民遭受苦难的阴影。在战争年代，生活十分艰难。后来父母经常提到，每次赶上父亲进城，我们都哀求他带些牛油回来，好让母亲在分给我们的面包上能抹些牛油。

那时的巴勒斯坦农村，没有现代的通讯手段，看不到听不到真实的情况，谣言和推测漫天飞。战争在欧洲进行，离我们居住的地方不远，有关德国、奥地利、波兰及其他地方发生的针对犹太人的暴行，传来十分恐怖。父母们都不敢将情况告诉小孩子，但是我们生活的圈子是那么狭小，没有什么事情是可以封得住的。我们终日生活在惶恐之中，一方面缺吃少穿，另一方面担心哪一天纳粹分子会突然出现在我们的家乡，我们也要遭遇欧洲犹太人的命运。这种担心并非毫无根据，德国人离巴勒斯坦已经不远了，恶贯满盈的德国将领隆美尔带领德军到达了北非的西部沙漠，意在征服埃及，下一步就是占领巴勒斯坦。如果隆美尔如愿以偿，巴勒斯坦犹太人将会落到和欧洲一样的被灭绝下场，我也不可能在今天撰写这些文字了。所幸历史没有按照德国法西斯的意愿发展。

巴勒斯坦犹太人也不会坐以待毙，他们以各种方式投入保卫自身的战斗中。我还记得，父辈们修建地堡和机枪掩体以防不测和抵御德军的可能进攻。地堡是用水泥浇铸的小型构筑物，一半埋在地下，为了防止飞机轰炸和炮弹射击；机枪掩体也是水泥构筑，高出地面，设有枪眼，可以自内向外发射子弹打击前来进犯的敌人。这些战争建筑外形很像当时售卖药丸的圆筒，所以叫它 pillbox，在英文里意思既是“药桶”也是“掩体”。

我们小孩子每天都进行飞奔进地堡躲避的演习。谢天谢地，我们没有赶上机会实际考验这些防御工事是否足够坚固以保全我们的生命。德国人要占领埃及和巴勒斯坦的意图泡汤了，败在了英国蒙哥马利手下。今天还能看到这些工事的遗址，让人们回忆起这场战争。每当我从这里经过，心底里便不免发出一阵暗笑。想当年是何等幼稚啊，我们这些孩子竟以为这些水泥疙瘩是铜墙铁壁，能保护我们不受伤害。

我的话友和我都是 20 世纪 30 年代生人，我们的童年都是在二次世界大战当中度过的，我们在不同的地方蒙受同样的战争苦难。不过他在中国家乡的经历，甚至比我在巴勒斯坦更为不幸。当隆美尔受阻于北非的时候，日军的铁蹄已经在蹂躏中国的半壁江山。他家远在南方小镇的房屋被日本人放火烧光了，没有了家园，全家人跟随大批难民流落在深山野林。

患难与共的救助

正当中国人民处在水深火热的时候，他们却为从德国纳粹魔爪下逃亡出来的犹太难民伸出了救援的双手。

欧洲犹太人为躲避迫害和屠杀四处逃散，换了一个又一个难民营，这些难民营一个比一个悲惨。在波兰，难民营是将犹太人赶往煤气炉屠杀的转运站。有幸逃出欧洲的犹太难民，却找不到栖身之处。在这个时候，西方国家拒绝接纳他们。只有远在东方的正在遭受日本侵略的中国，是他们有望获得生存的避难所。

这时上海已被日本占领，数百万上海居民自己也已沦为难民。即使如此，上海居民依然尽力以各种方式帮助犹太人。1937 年到 1945 年间，数以千计的犹太难民进入上海难民营。在最艰难的时候，虹口难民营的犹太难民和中国人相互为邻，尽管种族不同，却患难与共，互相帮助。犹太人一步一步熬过来了，逐步走上了生活的正轨，设立了基础设施，开办学校，出版报纸，组织运动队和设立剧场上演各种节目，在上海的难民营做他们想做的事情。

但是，上海的犹太难民未能完全摆脱德国和日本法西斯大屠杀的阴影。德国纳粹千方百计勾结日本军国主义分子，进一步迫害并妄图从肉体上消灭上海犹太人。1942 年，纳粹德国要求他们的日本盟友对上海犹太人实行各种限制，日本军事总督召见犹太人代表团，劈头就问："为什么德国纳粹仇恨你们？"参加代表团的犹太社区的拉比不假思索地回答说："很简单，他们恨我们是因为犹太人属于东方人，个子矮小。"拉比的答话是要表明，纳粹搞种族至上那一套，宣称白人优越，其他种族下贱。日本总督听得出拉比话中有话——日本人也和犹太人一样，同属亚细亚人，在纳粹眼里亚细亚人比起德国人来属于劣种。日本总督从中抓不到犹太人的把柄，没有办法，只好说声"你滚！"而不了了之。

不过灾难的威胁并未因此消除。1941 年 12 月太平洋战争爆发后，德国法西斯准备对上海犹太人下手了。盖世太保驻日本首席代表梅辛格上校专程来到上海，打算和日本人同谋对上海犹太人实施"最终解决"，企图利用上海犹太人在 1942 年犹历新年（公历 9 月）合家团聚之际，以突然袭击方式围捕所有在沪的犹太人，然后运至海上或者矿山折磨至死。后来由于走漏风声，引起上海和世界犹太人的强烈反抗，"最终解决"的屠犹计划宣告破产，上海犹太人总算逃过一劫。

1945 年 9 月日本战败投降，上海的犹太难民终于幸存下来，和中国人民一道重获自由，并在 1948 年以色列独立建国以后，迎来返回以色列家园或者移民其他国家的机会。

"天使"何凤山

在这个艰难时刻，出现了一位辛德勒式的中国英雄人物，他冒着丧失工作甚至生命的危险，营救了上万犹太人的生命，他就是当时中国政府驻奥地利使节何凤山先生。人们感谢他的救命之恩，称他为“天使”。

何凤山37岁那年，派赴维也纳担任中国总领事。他像所有其他外国大使和领事一样，曾经接受过希特勒接见。过后他记述这次会见的印象时说：“他是个小个子，留着一撮怪异的胡髭，毫不耐烦的样子。”战争开始之前，犹太人企图逃离在纳粹控制之下的德国和奥地利，但是机会微乎其微。何先生心里明白，纳粹不但对犹太人实施各种限制，而且要消灭他们。他坚决反对纳粹的暴行，对任何一个犹太人申请签证一概给予批准，从此成百上千犹太人前来中国领事馆领取签证。

后来驻柏林的中国大使得知此事，要求何凤山立即停止发放签证。当时蒋介石领导下的国民党政府与纳粹德国保持良好关系，蒋介石本人还派他的小儿子到纳粹军队接受训练。何凤山拒绝听从柏林方面大使的要求。大使为此派专人到维也纳调查何凤山是否在当中接受贿赂，但找不出这方面的任何蛛丝马迹。何领事继续为犹太人发放签证，甚至不惜与纳粹发生纠葛，纳粹对他无可奈何。最后驻柏林的中国大使馆停止向维也纳领事馆拨发资金，断绝他们向维也纳当局支付税收和其他款项的能力。何凤山被迫停止付款，维也纳当局于1939年初将领事馆关闭。

如果有人以为，关闭领事馆可以制服何凤山，这就完全错了。他后来想办法筹钱支付重开领事馆所需费用，而且自掏腰包维持领事馆的运作。1940年5月中国政府正式向奥地利宣布，免去何凤山驻维也纳领事职务。1941年美国对德宣战，领事馆关门大吉，何凤山不得不离开维也纳。

何凤山在任两年期间给犹太人一共发放了多少份签证，一直不得而知，但可以肯定的是，当时来到上海的犹太人至少有1.8万人。何凤山发出的签证数量，肯定大大超过这个数目，因为拿到签证的犹太人有许多还去了别的国家。可以说，作为一个个人，他拯救的犹太人比其他任何一个人都要多。我们以色列有句名言说，拯救一个人的生命就等同拯救了成百上千人的生命，何凤山不啻于拯救了成千上万人的生命。

何凤山晚年在美国生活，逝世时享年 96 岁。数以万计的犹太人依靠这位见义勇为的大无畏的英雄人物获得生命，但他生前从来没有再见过任何一个被他挽救的犹太人。他给上万犹太人发放签证救助他们的事迹，也从未对外透露，长期以来不为人知。他的所作所为，直到他去世之后，才由他的女儿将这一传奇公诸于世。

2007 年 9 月 28 日，以色列驻中国大使安泰毅先生代表以色列国政府，为表彰何凤山博士的功绩授予其以色列国荣誉国籍。授籍仪式在何凤山的故乡湖南益阳举行，他的女儿何曼丽亲自参加。安泰毅大使说："对我的国家以色列国来说，最重要的是向帮助过我们的人士表达敬意，对他们永记不忘。"

一个拒绝反犹主义的国家

对犹太民族的同情和支持，是中华民族的一个可贵传统。

很少有人知道，早在 1918 年的时候，当时的中国副外长曾给居住在上海的著名犹太人嘉道理先生去函，称中国支持在巴勒斯坦建立一个犹太人的家园。另一件更为有意义和重要的事实是，1920 年孙中山先生致函上海《以色列信使报》总编埃兹拉先生，信中说："你们民族对世界文明作出如此多的贡献，在世界各族人民大家庭中理应占有值得尊重的一席位置。所有热爱民主的人们都会支持你们恢复美好历史国家的运动。"希特勒的反犹运动开始不久，孙中山夫人带领一个代表团会见德国驻上海总领事，强烈抗议纳粹暴行，代表团中包括中国人权同盟的所有重要领导人。还有一件事是我前所未知的，据说当时的中国政府打算在云南划出一部分土地，用以安置欧洲来的犹太难民。

反犹主义在世界各地普遍存在。这种对犹太人的敌视态度，乃是犹太人在漫长历史时期多次受到迫害的原因，也是纳粹分子要消灭犹太人、实行恐怖大屠杀和设立焚尸炉的重要根源。千百年来，犹太人作为一个少数民族散落在世界各地，不断受到排斥和限制，在一次又一次的大迫害大屠杀中历尽摧残。德国是所谓“文明先进”的国家，它在第二次世界大战中犯下的大屠杀罪行将反犹主义推进到登峰造极的地步。世界上没有出现反犹情绪的国家，寥寥无几。

为什么犹太人遭到仇视？宗教信仰是一个重要原因。一些地方产生反犹主义是因为宗教偏见，尤以信仰基督教的欧洲为甚。但也可能是因为犹太人聪明，别人不愿意看到这样一个人数很少的民族拥有自己的文化和宗教而又能生生不息。

中国从来没有出现过在许多国家特别是西方世界屡见不鲜的反犹活动。中国拒绝反犹主义，这当中自有它的道理。中国人主要受儒家思想、道家思想以及佛家思想的影响，和犹太人的文化有许多共同之处。两种文化均重视家庭价值，都把教育看成是文化中非常重要的因素。另外必须指出的是，中国人和犹太人一样屡遭苦难，这使他们对遭受同样命运的犹太人民深表同情，反对任何形式的反犹主义。两个不同的民族，有着同样的古老文明，经历过差不多相同的历史苦难，同样面临着生死存亡的命运，决定了他们之间相互理解、相互同情和支持。犹太民族永远对中国人民深怀感激，因为中国人民拒绝反犹主义，而且为逃避大屠杀的犹太难民提供庇护。

六、与中国人民并肩战斗的犹太人

犹太人在中国避难，但他们从来不是消极的等待恩赐，他们和在世界其他地方的犹太人一样，融入中国人的当地社会，参与社会的发展，和中国人共命运。犹太人当中的许多人，成为了中国人民独立和解放斗争中的坚强战士。

我在中国工作期间，怀着极大的好奇心探寻我们犹太同胞与新中国建立的历史联系，结果使我十分惊奇。中国现代革命历史上流传着许多外国人积极参与中国革命斗争的佳话，最有名的有加拿大的白求恩大夫和印度的柯棣华，但是，还有不少鲜为人知的无名英雄，而这当中就有我的犹太人同胞。

犹太人参加中国人民争取独立解放的斗争，有许多动人的故事。这是任何一本涉及中国和以色列关系的著作都应当加以记述的。一些犹太人与中国人民合作，参与地下的或公开的斗争，甚至献出了宝贵的生命。

犹太人对中国革命事业的献身精神是很好理解的。犹太人是一个人数很小的民族，历史上不断遭受磨难，充分理解他人的苦难，对中国人民的艰难处境深表同情。因此毫不奇怪，我父亲在他的回忆录中谈到中国农民的悲惨处境时，表示他十分理解毛泽东的基本观点。

那些和新中国缔造者合作的犹太同胞，以他们的努力和贡献帮助铺垫了通向今日中国和以色列友好合作关系的道路，他们的高贵人品和对中国人民的深厚情谊，对我产生直接或间接的有益影响，我将永远记住他们。

获赠爱泼斯坦回忆录《见证中国》

我自小就知道有一本著名的著作——斯诺的《红星照耀中国》。读者是否知道，这本著作的写作和出版，有爱泼斯坦的一份巨大功劳？

爱泼斯坦是出生于波兰华沙的犹太人。极少数非华裔外籍人士成为中国共产党员，他是其中之一。

他父亲被沙俄政府以领导工人起义的罪名投入监狱，流放到西伯利亚，后来被送到远东地区，后来他们一家来到中国并定居天津，当时爱泼斯坦仅有两岁。幼年的经历对爱泼斯坦后来的一生有着重要影响，促使他走上革命道路，投身于最终导致新中国建立的伟大斗争中。

爱泼斯坦长大到 15 岁时便开始了他的记者生涯，为在天津出版的英文版《京津时报》撰写文章。1938 年 23 岁时加入“中国反战同盟”，这是孙中山的遗孀宋庆龄创建的组织，主要任务是动员国际力量支持中国的正义事业。1941 年他编造一则有关他死亡的假新闻，骗过正要抓捕他的日本人。假消息传到国外，《纽约时报》做了报道，许多人都以为他真的已经不在人世。后来爱泼斯坦又神不知鬼不觉地冒了出来，而且和爱德华·斯诺成了私交甚笃的朋友。斯诺将他最有名的著作《红星照耀中国》出版前交给爱泼斯坦过目，爱泼斯坦被书中内容深深打动，为斯诺担任出书前的校订工作。

对我来说这本书特别珍贵，因为它不但被译成了我的母语希伯来文，而且我父亲手头收有一本，它第一次让我可以感知我的父母生活过的那个国度。我当时还小，对这样的书本没有太大兴趣，但父亲坚持要我阅读。父亲并不是共产党人，他在哈尔滨加入犹太复国主义运动的“贝塔”组织，事实上是与国际主义相背离的。我相信，父亲所以要买这本书并且督促我去阅读，这和他的经历有关，也因为他赞同作者谈到的关于中国已经发生和将要发生的许多事情的观点。写到这里，我的眼前依然出现该书封面上那闪闪发光的红星。

爱泼斯坦70岁退休之前，一直担任《今日中国》杂志的编辑。他于1957年加入中国籍，1964年加入中国共产党。1983年爱泼斯坦成为中国人民政治协商会议常务委员会委员。他在世时，曾受到毛泽东、周恩来、邓小平、江泽民和现任国家主席胡锦涛的接见。爱泼斯坦2005年逝世时多人前来参加悼念，其中有胡锦涛主席、温家宝总理以及党的其他政治局常委。

虽然有重大贡献和众多关系，爱泼斯坦在文化大革命中依然不能幸免于难，只因受到怀疑而被囚禁于北京秦城监狱达五年之久，但他至死忠诚于共产主义理想。

爱泼斯坦原配夫人是美国人邱茉莉，她是为中国乃至世界整整一代学生所熟知的编辑，她是在中国出版的一部著名英汉字典的编辑成员。爱泼斯坦在前妻去世后与一位中国女士结婚，我有幸得到她亲手赠送的爱氏所著《见证中国——爱泼斯坦回忆录》。2006年6月6日她在书的扉页上签署：“亲爱的奥尔默特教授惠存。黄婉碧·爱泼斯坦谨赠。”我非常激动，书的作者可以说是中国人民和犹太人民之间友好关系的象征。他在书中写道：“在历史为我设定的时空中，我觉得没有任何事情比我亲历并跻身于中国人民的革命事业更好和更有意义。”

爱泼斯坦应当为自己头上的两只桂冠感到骄傲：一是作为犹太人，二是作为建立新中国的支持者和合作者。他同时属于两个文明古国。

与沙博理取了同样的书名——《我的中国》

1996年1月26日，沙博理的夫人凤子因病逝世，沙博理在追思会上说：“我爱上了凤，也爱上了龙。了解和热爱中国龙，使我更加热爱和珍视我的中国的凤。”这句话凝聚了他对中国的热爱之情。

我和沙博理一样热爱中国，而且我感到高兴，我在以色列出版的关于中国的书籍，和沙博理撰写的同样题材的一本书不谋而合，都取名《我的中国》。

西尼·沙博理是出生于美国的犹太人，自1947年迁居中国，1963年加入中国籍。他是中国人民政治协商会议委员。

第二次世界大战期间沙博理在美国军中服役，1947年到达上海，从这个时候开始与中国结下了不解之缘——和新中国而不是旧中国。他邂逅了一位著名的女演员，她在共产党夺取政权之前就参加了党领导的地下活动。凤子在文化大革命中遭受迫害，罪名是反对毛泽东夫人江青。后来她成为中国最卓著的戏剧评论家之一。

沙博理在中国生活了58年，担任一家杂志的编辑，并从事翻译和写作工作，出版了大量中国文学名著的英文译作，为向世界介绍中国文化作出巨大贡献，备受中国人民的尊敬。他的目标之一就是帮助外国人士了解中国——了解中国的过去和现在。他在自传《我的中国》一书中回答了各种问题，例如为何国民党统治走向灭亡，为何新中国经历了如此多的挫折和磨难。

除了别的题材，他还撰写古代中国的犹太人历史。沙博理对中国的犹太人历史进行深入研究的有关著作，在这个领域里产生了极大影响。1984年，沙博理的《中国古代犹太人》（英文版“Jews in Old China—Studies by Chinese Scholars”）

在美国出版，后被译为希伯来文，1987 年在以色列面世。2008 年，中国有关出版社为纪念沙博理 92 岁生日和来华工作 60 周年，出版了他编著的学术著作《中国古代犹太人：中国学者研究文集点评》。

人们称呼沙博理“沙老”，他的许多中国同事说他“比中国人还中国人”。在他的书中，字里行间充分表达出他对中国人民的深厚感情。他说：“我对中国的依恋之情，比对生我养我的国家的感情还深。”沙博理在自传中如此总结他对中国的看法：“中国革命对中国乃至世界的影响是不言而喻的。它给中国人民带来好生活，给其他国家人民带来和平和繁荣的机会。”

像李顿白一样向往中国革命圣地

西尼·李顿白是美国犹太人，从 1944 年到 1979 年在中国总计生活了 35 个年头。战争期间，他密切配合毛泽东、朱德、周恩来以及其他共产党领导人工作，是参加中国共产党为数不多的美国人之一。他在延安和这些中央领导人在一起，对毛泽东及其战友的生活了解甚多。

许多外国人并不清楚延安这座城市在中国共产党夺取政权的漫长道路上所起的作用。延安位于陕西省北部地区，是 1935 年到 1947 年中国共产主义革命的中心和圣地。毛泽东等伟人的生平事迹强烈吸引着我，我每次到中国都对自己说，一定要去访问延安这个地方。我还曾经到韶山拜访过毛泽东的诞生地和家乡。

李顿白在延安第一次接触中国共产主义运动，他亲眼看到，他在这里遇到的许多知识分子都非常崇拜毛泽东。他在延安认识了一位中国姑娘并产生恋情，为此他险些被赶出延安。这是他第一次与中国共产主义接触的体验。

与其他领导人相比，李顿白与周恩来有着更好的朋友关系。他认为，周恩来善于与人交友。李顿白常对别人提到一段经历，说明周恩来如何对待不同的人。有一天，周恩来要到延安礼堂看演出，那里为他固定保留了六张座位。未想进来一位农民，看见位置空着就坐下去了。等周恩来到场，保卫人员要求农民让出位置，但让周恩来止住了，他让那位农民留坐在他的身边。保卫人员认为，不好让一位农民坐在这么重要的人物身边，周恩来说："那我换个地方。"李顿白说，周恩来一向不摆架子，而且不喜欢听别人对他恭维。

李顿白还爱提到，他曾经两次将毛泽东的口信带给美国，两次口信的内容相同。毛泽东说，他希望做美国的朋友，让两国保持良好关系。李顿白解释说，这有两个理由：第一，因为只有美国能给他重建国家所需要的钱；其次，毛泽东不想依靠苏联。当时的美国总统罗斯福对这两次口信都不予回答。李顿白认为，假如罗斯福当时决定和毛泽东对话，朝鲜战争和越南战争就可能避免了。

尽管李顿白和中国领导人有着良好的关系，而且他是中国共产党党员，但也曾被怀疑是间谍，有整整一年时间被关在一间黑屋子里。此后他在监狱里坐了五年牢，1955 年获得释放。不过这还不是他唯一一次经受铁窗之苦，文化大革命期间李顿白遭受批判，1968 年 2 月与其他外国人一同遭到逮捕。这次的罪名是他对当局的专政和官僚主义提出批评。他还被指控与刘少奇相勾结。直到 1977 年才获得释放，1980 年 3 月被遣返美国。

眼下他在美国开办一家咨询公司，依然自视为中国的好朋友。这是又一个例子告诉我们，一批投身中国革命的外国志士，虽饱受苦难，却依然不改理想，继续相信和支持中国。

在罗生特墓前献上石块

有意思的是，在投身中国人民正义斗争的犹太人士当中，有不少人是医生，这大概是因为医生的天职是治病救人。他们当中有约书亚·霍恩大夫，有汉斯·米勒大夫，我们在这里特别提到的是雅各布·罗生特。

雅各布·罗生特出生在奥地利，在维也纳获得医学学位。他是奥地利社会民主党党员，参加过抗议活动并因此数次被逮捕和禁闭。因为是犹太人，他也和许多犹太人一样被送往集中营，面临被投入焚尸炉的命运。不料福从天降，由于中国天使何凤山领事破天荒发给签证，他得以奔赴中国。

罗生特在1939年到达中国，因为有社会民主党党员身份，不久便理所当然地加入中国共产党新四军，成为一名医务人员。他在山东时受到陈毅元帅接见。罗生特献身人道主义事业，有时甚至不顾生命危险，这种精神使陈毅深受感动。陈毅为此特别安排他的职位，授予他医疗队长的头衔，这是中国共产党授予外国人的最高职位。

罗生特1949年回到奥地利探望家人，1951年转往以色列，打听在以色列有没有幸存下来的亲人。这期间他多次希望返回中国，但是由于当时的历史条件而不能如愿以偿。1952年，罗生特带着无法返回中国的遗憾，在特拉维夫因心脏病发作不幸去世。死后安葬在这个城市附近。到以色列访问的中国代表团成员，多次前往他的墓地祭拜。

我到过罗生特的墓地，在他的墓前献上一粒石块和一朵玫瑰花，向这位将信仰与宗教结合于一身的先人致敬。在坟墓上摆放石块，是犹太人的一种传统习惯。据说古人死后下葬是不封坟墓的，后人只是在棺木上面摆些石头。年复一年，坟墓上摆放的石块越来越多，渐渐堆积成石堆，最终演变成以大理石板来代替石块。所以今天用大理石封存坟墓，并在上面刻上纪念先人的铭文。

今天，在罗生特曾经工作过的山东省原八路军山东军区旧址和哈尔滨犹太新会堂前，树有他的塑像，纪念这位犹太人战友对中国革命事业的贡献。

"双枪科亨"传奇

中国读者无不熟知革命伟人孙中山先生一生的光辉事迹，但是很少人知道孙先生的一名忠诚贴身卫士是个犹太人。他就是莫里斯·科亨——一个颇具中国文化特质的豪杰式传奇人物。

莫里斯·科亨是犹太士兵出身，生于波兰，长在英格兰，到过加拿大，年轻时终日出入伦敦的剧院、市场、食肆和拳击场，作为赌徒被抓到监狱里度过数年时光。他一生以冒险为乐，表现出对犹太人并不典型的双重性格。

科亨在加拿大浪迹天涯的时候，偶然遇到一批来加拿大太平洋铁路干活的中国流放人员，同他们相处融洽，经常在一起用餐，逐渐喜欢上中国人的饭菜。有一天，他遇上一家中国餐馆老板被抢，便毅然上前相助，将劫犯打倒在地并拖到街外。一个白人出来搭救一个华人，像这样的义举在当时闻所未闻。当地华人界热烈欢迎科亨同他们交往，邀请他参加孙中山领导的反对满清政府的组织，于是科亨开始加入中国人民的斗争行列。

第一次世界大战期间，科亨是派驻欧洲的一名加拿大战士，他的部分职责是监管中国士兵。当时英国的经济状况很糟，于是他决定转向中国去寻求自己的前途。他帮助孙中山与美国“北方建筑公司”打交道，办成一桩与铁路有关的生意，因此成为孙中山后来的贴身卫士。中国同事称他“马昆”。他的任务是贴身保护孙中山，陪同孙先生参加会议和视察战区。他不会汉语，只会一些广东话，不过他同孙先生和孙夫人讲英语。科亨积极训练孙先生的军队，集中精力指导他们练习拳击和枪法。他在一次战斗中被子弹射中负伤，从此身带两支手枪，因而得名“双枪科亨”。

1925 年孙中山先生因癌症病逝，科亨转为当时南方的国民党领导人工作，因而认识了蒋介石。但他与蒋介石的接触很少，主要是为南方反蒋的领导人服务，帮助他们搞到枪械和炮舰，被授予将军军衔。1937 年日本侵略中国，科亨参加抗日战争，于 1941 年 12 月到达香港。时逢日本进攻，他成功协助宋庆龄姊妹搭乘最后几班飞机离开香港。科亨自己留在香港继续进行斗争。12 月底香港陷落，他被日本人投入监狱直到 1943 年。战后科亨回到加拿大，但经常访问中国。1949 年新中国成立后，科亨是少数可以在大陆和台湾之间来往的人物之一。他曾经给孙中山当过贴身卫士的光荣经历，是他有可能同时与台湾和大陆两方面保持良好关系的原因。他最后一次访问中国是在文化大革命开始之时，受到周恩来的款待。

科亨生前最后的居留地，是他开始一生事业的地方——英格兰。科亨于 1970

年去世，安葬在英国一家犹太人墓地。科亨的父母是虔诚的宗教徒，而他本人难说遵守宗教教义，但他从不否认是个犹太人。1948 年，他曾经协助以色列获得军火并帮助训练以色列军队。他竭尽毕生精力帮助中国和中国人民，但同时忠诚于自己的犹太民族，在需要的时候出手帮助自己的兄弟——犹太人民。

七、犹太裔原中国居民在以色列

我的父母亲在锡安主义号召之下，于 20 世纪初期随同流散世界各地犹太人回归“上帝应许之地”的滚滚浪潮，返回以色列。他们和同胞们用双手迎来了一个独立自主的犹太民族国家的诞生。1948 年 5 月 14 日以色列宣布独立。从中国返回以色列地的犹太人，成为创建自己家园的一支力量。

犹太民族的现代“出埃及记”

自从 1897 年赫茨尔提出在巴勒斯坦地建立一个自由独立犹太国家的主张以来，锡安主义犹太复国运动不断高涨。第二次世界大战中希特勒纳粹德国对犹太人的残酷迫害和大屠杀，更加突出了建立一个安全和有保障的独立自主犹太人家园的必要性。1939 年，英国为了安抚阿拉伯人和纳粹德国，不愿意看到犹太人实现国家独立，声明不支持犹太人在巴勒斯坦地建国。英国不但有一支强大的军队控制着巴勒斯坦，而且千方百计限制获得许可进入此地的犹太人人数，阻止犹太人移民巴勒斯坦。我的父母亲也曾经吃过这个苦头。

但英国人的倒行逆施阻止不了锡安主义运动的迅猛发展，阻挡不了犹太人回归“上帝应许之地”的移民浪潮。以色列的犹太人民决心为争取自身的自由独立而斗争，为此成立了三个不同的组织：最大的一个称为“哈加纳”，意思是“保卫”；第二个称“埃泽尔”，是希伯来几个字头的缩写，意思是“军事国民组织”；第三个称“列赤”，也是几个字头的缩写，意思是“以色列自由斗士”。三个组织各自担负不同的任务，哈加纳是最温和的一个组织，其活动主要是公开发表书面和口头言论，鼓动人民进行军事训练，要人民准备好迎接以色列独立的到来。埃泽尔更为活跃和激进，所谓激进，并不是指现代恐怖分子的所为，如用人体炸弹去伤害性命，或发射炮弹攻击城市居民点杀害尽可能多的平民。埃泽尔的重要活动是袭击英军营地，夺取武器弹药，并通过电台广播和在街道散发、张贴传单开展宣传。以色列人在各条战线上，为实现犹太复国主义理想展开了隐蔽的和公开的斗争。

美国作家列昂·尤利斯的小说《出埃及记》，描写的不是犹太民族几千年前为求生存而在西奈沙漠跋涉的历史事件，而是这个民族20世纪初叶为求返回家园建立独立国家进行的现实斗争。他把犹太人民的现代复国行动比喻为古代的出埃及壮举，这是十分恰当的（尤利斯曾因他的《愤怒的群山》中译本在中国出版，而为中国读者所熟知）。这是近代犹太人为建立一个独立的犹太国家而发动的锡安主义运动的胜利。

我父亲是锡安主义运动的支持者和参与者，他为此贡献出毕生精力。他回到以色列致力发展农业，参加建立集经济和军事于一体的基布兹社会组织形式；后来又曾经重返中国，为犹太人民争取独立的武装斗争筹集资金；立国之后，以农业界代表的身份参加以色列国会，为治理和发展一个强大的以色列贡献力量。

父亲作为埃泽尔成员重返中国

1948年，我父亲接受埃泽尔组织派遣返回中国执行一项重要任务。

那时离以色列国宣告独立已不久，联合国作出决定，在巴勒斯坦建立两个独立国家：一个犹太人的国家，另一个是穆斯林的国家。以色列方面同意了，但是阿拉伯国家反对这项决议，相邻的阿拉伯穆斯林国家准备发动战争。很明显，以色列要作好准备，以应对不期而至的战争。我想，要不是由于这个原因，我父亲也不太可能再回到中国了。我父亲是埃泽尔成员，他受到这个组织委派，前往中国犹太人社区筹集捐款，资助以色列购买军火，准备战争。埃泽尔组织在英国当局的眼里是个非法组织，他们随时有被捕的危险。

当我父亲1948年回到中国的时候，中国还在进行国内战争，旧政权还控制着中国的大部分地区，毛泽东领导的共产党部队正在与蒋介石政权的军队进行最后搏斗。斗争尚未结束，但是结果已经可以预见，中国的前途就要改变，一个新中国就要出现。

上海的犹太人社区捐出了大量款项，在派遣父亲的组织看来，这次任务完成得非常成功和意义重大。当时在上海和天津的犹太人当中，有人为鼓动大家捐献作出过巨大努力，这位人士现在仍在以色列身居高位。许多年以后我遇到一位妇女，她告诉我说，她父亲总共捐出了10万美元。我估计她未免有些夸张，但这毕竟反映出我父亲这次回中国募捐相当成功。到了天津，父亲也像在上海一样，遇到犹太人社区慷慨解囊。

父亲在他的自传中还谈到重返中国的另一个情节。一天他乘火车从上海去天津，从车窗往外看去，只见沿路田野里农民架着牛耕种他们的小片土地，见不到拖拉机等任何机械设备。这时他想起他的中国朋友老严，想起他所说的中国农民的状况。父亲写道："如果中国农民的状况不改变，中国的前途会面临巨大危险。"

在此我不得不遗憾地说，回顾我父亲当年所说的中国农民状况，今天在中国的一些地区依然如故。中国为改变农民生活状况和提高农村经济水平，作出了巨大努力并取得显著成就，但仍有许多事情要去做。

"哈尔滨人"的莫沙夫[①]"阿米卡穆"

以色列建国初期，新移民大量涌入，国家面临如何养活猛增人口的严峻问

① 莫沙夫是一种合作农庄，由80～100个分散家庭组成，在产销方面尽享有组织的合作。——编者注

题，建立新的农业定居点是唯一出路。这项至关重要的大事落到了我父亲的肩上。

以色列国独立之后，父亲受命筹建一个组织，负责推动农业定居点的建立，安排移民的生活和工作。于是，过去的哈尔滨电气专业学生、荷兰奶牛场的打工仔、以色列的庄稼汉，承担起了一份艰巨的重任，需要安排好那些从来没有到过农村、对农业一无所知的人们，把他们培养成优秀的农民。父亲在建立先进有效的居民点方面，取得了巨大成功。其中一个居民点和父亲生活过的哈尔滨关系密切，这就是上面谈到过的莫沙夫“阿米卡穆”。

2008年的逾越节期间，中国驻以色列大使馆人员应邀访问了“阿米卡穆”莫沙夫——位于以色列西北部的一个农业定居点。这家由哈尔滨贝塔成员创建的莫沙夫，成为中国人常去的游览地，它是中国—以色列两国人民友好的鲜活证据。遇到别人不了解村庄的来历，我就骄傲地告诉他们，我父亲是这个莫沙夫的创办人。

第二次世界大战过后，我们第三次搬家来到一个新地方，这段生活对我后来的人生道路，有着决定性的影响。我父亲一心要在农业方面搞出点名堂，他希望组织一批人建立一个新的农业定居点，坚信这样做他就会如愿以偿，证明他离开中国回到巴勒斯坦是对的。他考虑另辟一个更好的地方，以利全力发展农业。

记得一个假日，父亲一大早就问我愿不愿意跟他出去，说这天要让我玩个够。“上哪里去？”我问父亲。他说：“我有好些同伴要从中国的哈尔滨回来，我要召集他们建立一座农庄，今天我们就去找个合适的地方。”我们来到一片山地，那里长满树林和各种植物。父亲对我说，这里就要出现一个新的村落，从中国哈尔滨赶来的人们要在这里安家落户，这一带将成为充满活力、高效丰产的先进农庄。父亲满怀深情地继续说道：“你知道，这批人很快就要回到以色列来定居了，而当我离开中国回来的时候，他们都认为我发疯了，说我去的地方是一片没有任何希望的荒漠。现在他们也回来了，当初看似发疯的人却要出来指导他们如何当个好样的农民。我们给他们足够的土地和适宜的生产工具，还会派专家培训他们，教会他们正确使用技术。”

过了一段时间，父亲在当地办起了一个新的莫沙夫，起名“阿米卡穆”，主要吸收从哈尔滨回到以色列的犹太同胞。“阿米卡穆”在希伯来语里的意思是“我的民族腾飞”。自它建立以来，最盛时期共有150户农户，大部分成员是农民，主要种植果树。

这是在以色列仅有的一个以中国犹太移民为主建成的农村定居点。和中国农村相比，这样的定居点规模实在是太小了，但它是当时犹太社会的一个鲜活细胞，汇入整个基布兹和莫沙夫体系之中，构成后来以色列国的一个重要基础。这座不大的村庄现在非常有名，阿米卡穆这个名字已经在各种媒体上广为传播，在电视以及报刊上累见报道。就在我撰写本书的时候，新任命的以色列陆军中将约夫·加兰特也是阿米卡穆成员之一。他不是参加创建阿米卡穆的“哈尔滨人”，却在几年前加入了阿米卡穆。

阿米卡穆一直和中国驻以色列大使馆保持着非常良好的关系，还同黑龙江省以及哈尔滨市建立了联系，正准备与哈尔滨进一步开展合作。在以色列，每当提到这个村庄，都会特别指出这是“中国的地方”，中国客人在阿米卡穆受到热烈欢迎。在莫沙夫的犹太教堂，保存着从哈尔滨犹太会堂运回来的《妥拉》经卷。中国客人每次来访，都在这里接受莫沙夫拉比的欢迎和祝福，他诵读祷告，祝愿中国人民安康、幸福。

在以色列的犹太裔“哈尔滨人”精英

奇怪的是，世界上有许多著名大城市聚居着犹太人，他们中的许多人也都相继返回了以色列，但没有一个城市比得上中国的哈尔滨——它诞生了如此之多为以色列作出重大贡献的人物。和我父母一样从中国回到以色列的“哈尔滨人”，不少在国家公共事务、军事、政治和科学技术领域里发挥着重要作用。这部分犹太人和他们的后代，成为以色列独立事业当中一支引人注目的力量。我在这里引述其中几位的事迹：

约瑟夫·川佩多尔：我父亲年轻时在哈尔滨加入的青年犹太复国主义运动组织“贝塔”，就是以川佩多尔的名字命名的。川佩多尔被视为以色列的民族英雄，在希伯来语里，“贝塔”的意思是“约瑟夫·川佩多尔同盟”。

川佩多尔生于俄罗斯，曾在俄罗斯军队服役。日俄战争中他丧失了一支胳膊，但这不能阻止他重返军队并作出一些出人意外的勇敢行为。他还因为表现突出而被授予荣誉奖章，其中一枚是俄国沙皇直接授予的。后来他在战争中被日军俘虏，当了几年战俘。战后经释放来到哈尔滨，在当地创办了一家农业合作社，负责培训准备返回以色列的后备人员。以后又回到以色列，参加了以色列北部一个居民点的保卫战。在阿拉伯人的一次进攻中，他中弹身亡。临死前的几分钟他留下一句遗言，表现出他不愧为以色列的一位民族英雄。他说：“为国捐躯，死而后已。”

埃里瓦·兰欣：兰欣先生是我父母亲一位好友。如前所述，为了我母亲有机会返回以色列，他与我母亲在哈尔滨假结婚。我所以在这里谈到他，并不是因为这段离奇的姻缘，而是因为他作为一位“哈尔滨人”的贡献。

英国控制巴勒斯坦的时候，把这个地区当成自己的领地。以色列人起而反抗英国人，兰欣先生是抗英组织的领导人之一。他后来成为以色列国会议员，并出任以色列驻南非大使。他的兄弟雅各布也来自哈尔滨，是戈达·梅厄夫人——以色列历史上唯一一个女总理的主要顾问。

约瑟夫·特科雅：是以色列驻联合国大使，被认为是以色列驻联合国的最佳大使之一。许多国家的外交人员也认为，他是在各国驻联合国大使中比较出色的一位，甚至当许多国家都在批评以色列的时候，他的高尚人品仍为人们所推崇。后来他派任以色列驻巴西大使，并出任以色列最富盛名的大学之一——贝尔谢巴大学校长。

我与他也有私交。通过他的斡旋，我与印度尼西亚一位重要人物建立了联系，使我有机会几次访问这个至今与以色列尚未建立外交关系的穆斯林国家。

大卫·拉斯科夫将军：拉斯科夫从俄罗斯到哈尔滨，又从哈尔滨到以色列。他在以色列军中服役，并在长期的军旅生涯中逐渐升任将军。他在军中服务直到逝世，享年86岁。他负责研发作战技术装备，在这个领域里作出极具创造性的贡献。吉尼斯纪录将他列为世界上军中服役期限最长的老兵。

埃里·马龙少将及其兄弟摩西·马龙准将：马龙两兄弟有一半中国血统。埃里·马龙少将是现任以色列海军司令。摩西比埃里岁数大，也在海军服役，在中国与以色列正式建交以后，被派到以色列驻中国大使馆担任首任武官。

埃里有一个绰号叫“中国佬”，他的兄弟摩西在军中服务时也有同样的绰号。这个绰号从何而来？他们的父亲是犹太人埃立克，而母亲是中国人，两兄弟继承了一副母亲的长相。埃里在以色列海军学校上学的时候，同学看他长得像中国人，所以叫他“中国佬”。他的兄弟摩西也因此摊上了这个绰号。

两兄弟的父亲埃立克生于德国，由于有中国领事何凤山的积极协助得以到达上海。他在上海认识后来的中国妻子，结婚后一同移居青岛，在那里开办一家餐馆。新中国成立后财产被收归国有，他们于是决定返回以色列。回国初期，一家人来到一处农业定居点生活，成为在以色列乡下务农的庄稼汉。他们共有六个孩子——四个儿子和两个女儿，埃立克的四个儿子都在军队任职，最小的儿子现任以色列海军司令。父亲为他们感到骄傲，并要求在他去世的时候四个孩子都身穿军装佩戴军衔参加葬礼。

几年之前，斯里兰卡从以色列购买一些导弹舰只，谈判非常缓慢，拖延了很长时间，快到最终签订合同时，斯里兰卡派出一个代表团来以色列进行检测，其中一项是航行测试。埃里·马龙当时已是海军的高级军官，他随舰航行。斯里兰卡方面误以为埃里是中国人，航行完毕之后他们对以色列人说：“我们会买这些舰只，但我们理解你们已决定卖给中国人。”后来经过以色列方面的澄清，说明马龙的身份，他们才在这桩买卖的合同上最终签字。

特迪·考夫曼和以色列原中国犹太居民联合会

我的这些可敬的先辈和他们的后裔，成为了今天联系以色列和中国的一条强韧纽带。

现在有许多国家居住着从中国过去的犹太移民，他们建立协会、举办各种活动和出版刊物，保持着与中国的联系。1951 年 6 月，来自中国各个城市的以色列新移民，共同组建了“以色列原中国犹太居民联合会”，特迪·考夫曼是该会的创始人之一和现任会长。联合会的总部设在特拉维夫，由志愿者组成一个很小的工作班子，负责完成所有任务和活动。

联合会的任务是为来自中国的新移民提供帮助。最初几年，联合会还在中国移民居住的不同地方设立若干分会。同样，在世界的其他地方——只要有来自中国的犹太新移民，也都设立了和以色列联合会类似的组织。他们在以色列联合会处境最困难的时候向其提供不少协助。现在联合会拥有 2000 多名成员，包括来自 500 多户曾在中国上海、哈尔滨、青岛、大连等地居住过的家庭。在各方面的支持之下，以色列联合会每个月都能为有关人员发放生活补助，甚至为需要的人士提供利率很低的小量月期贷款。给来自中国的学生家庭发放的助学金，至今已达 3000 笔。每逢节日，来自中国和在军中服役人士的儿女，都会从联合会获得一份礼物。联合会的活动一直延续到今天，而且规模更大。

1954 年，上海市进行市政改造和开发，将该市的一座犹太会堂拆毁。中国政府通过中国和以色列驻瑞士伯尔尼的两家大使馆，向以色列转交了一笔相当于被拆会堂价值的款项，考虑将这笔钱用来在以色列新建一座会堂。后来利用这笔从中国汇来的款项，加上另外募捐得来的善款，在特拉维夫建成一座会堂，用以纪念中国犹太人社区。

在中国和以色列建立正常外交关系后，得联合会和中国驻以色列大使馆的推动，在以色列成立了“以色列中国友好协会”。这个组织开展各项社会活动并接待来自中国的各个代表团，出版《友谊之声》（The Voice of Friendship）简报。该友协以英、俄、希伯来三种文字在以色列和其他国家向来自中国的犹太人出版发行，其主要任务是与中国原以色列居民保持经常的联系，以整理并发表有关犹太人在中国的丰富文化史料，保留已经离世的旅华犹太人的回忆。协会活动主要是靠志愿者完成。承蒙以色列以及世界其他地方的原中国居民的资金赞助，协会方能顺利运作。

特迪的父亲亚伯拉罕·考夫曼生于俄罗斯奥卡琳娜，在瑞士就读医学，并在当地认识了他后来的妻子。两人于 1912 年来到哈尔滨。特迪一岁时，母亲不幸逝世。其父亲不但忙于医疗事务，而且从事犹太人的社会活动。他在日本占领中国东北时期曾经是这一地区犹太人复国主义运动的著名领导人。我的话友说，中国学术界对他这个时期的有关活动存在着不小争议。不过作为一名大夫，老考夫曼认为自己的职责是帮助任何一个患病的犹太人或者中国人，并常常谢绝穷苦人特别是中国人付费就医。1945 年考夫曼大夫在俄罗斯被投入监狱，并在集中营里度过十多年生涯。他于 1956 年获释后回到以色列，开始在以色列一家医院当大夫，一直工作到 85 岁，于 1971 年离职，三个月后去世。

特迪·考夫曼 1924 年生于哈尔滨，现年 85 岁。他的几位亲人都安葬在哈尔滨，近年来他多次访问这座城市并到他亲人的墓地扫祭。考夫曼著有《哈尔滨犹太人社区在我心中》一书，充分和详细地描写了哈尔滨犹太人社区的情况。考夫曼在联合会的忠诚助手约西·克来因，也出生于哈尔滨。他 12 岁时回到以色列，一直配合考夫曼从事对华的友好活动。考夫曼和他的团队辛勤播撒以中友好的种子，受到以中两国人民的尊敬和赞扬。

特迪·考夫曼对中国友人深情地说过：“国家是有界限的，但家庭没有界限。我的心永远跟中国人民的心跳跃在同一个家庭。”

八、身为犹太民族的子孙我引以为傲

人类文化历史上最为令人称奇的事情，莫过于犹太人这个人数微小但又苦难深重的民族，竟然对人类文化作出如此巨大的贡献，为世界奉献了如此众多的天才人物。

我在中国任职以色列农业和科技公使期间，就反复听到中国朋友赞扬说："犹太人民是非常智慧的人民。爱因斯坦是犹太人，马克思是犹太人，弗洛伊德是犹太人，基辛格也是犹太人。"说这话的有政府部长，也有出租车司机。

犹太人对人类文明的巨大贡献

有关对人类作出巨大贡献的犹太人的介绍材料，多不胜数。按照美国作家迈克·夏皮罗所著《犹太 100 人》一书的表述，中国朋友最为推崇的上述几位犹太精英，除了基辛格，前三位都排在对世界产生重大影响的犹太历史伟人名单的最前面，而基辛格是为中美建交立下汗马功劳的人物。事实上，对世界经济、政治、科学技术和文化艺术作出重大贡献的犹太名人数不胜数，上面提到的只是中国人比较熟悉和经常说到的而已。

全世界犹太人的总数估计约为 1400 万，其中居住在以色列的为 600 万，在美国的为 500 多万，剩余的分布在其他 101 个国家。世界总人口估计为 67 亿，这就是说犹太人只占全球人口的 0.2%。相比起来，中国人占 20%，印度人占 17%，美国人占 5%。

人们经常引用诺贝尔奖金获得者的名单来证明犹太人的智慧。这份名单的确耐人寻味。至今至少有 178 名犹太人曾经获奖，这就是说从 1901 年开始创立奖金开始到 2008 年为止，在全世界获奖人数当中犹太人占 23%。请注意，0.2% 的世界人口占诺贝尔奖金总量的 23%。还有其他一些著名的国际奖项，如"京都奖"获奖者的 26%、"沃尔夫奖"的 34% 以及美国"国家科学奖"的 38% 均属犹太人。在诺贝尔奖金中，犹太人获奖者占经济类的42%、医学类的28%、物理学类的26%、化学类的20%、计算机科学类的26%。看过这些数字，不得不承认在犹太人种族身上有些不可思议的东西。

1899年9月，马克·吐温在一份杂志上发表文章说：

> 如果统计资料没错，犹太人仅占人类的百分之一，这无异于是沧海中之一粟。犹太人的声音大概是很难听到的，但还是听到了，而且一直能够听到。犹太人也像地球上的其他民族一样重要，而且我要说，甚至大大超过其他民族。犹太人在文学、科学、艺术、音乐、金融、医学的世界伟人名单中的分量，与她微弱的人口数量相比，不能同日而语。

相隔100多年，马克·吐温这段话今天听来依然十分真切。

我在最近一份美国杂志中读到过一篇文章，它专门谈到犹太人在全球人口中的地位问题。文中指出：

> 今天犹太人占全球人口大约0.2%，但纵观历史，这个数量很小的民族却以其难以想象的强大影响力，为人类和现代社会作出如此之多的贡献。虽然有过臭名昭著的反犹主义，犹太人还是取得了非凡的成就和胜利。在犹太人当中，有数不尽的伟大发明家、思想家、改革家、作家、艺术家、科学家和实业家。

我的民族属性让我分享这个伟大民族的光荣，我身为犹太民族的一分子感到骄傲。

犹太人的智慧来自奋斗

或许有读者以为，我这里是想说犹太人比其他民族优越。不是的，我为身为一个犹太人感到骄傲，并不是出于什么民族的优越感。在我看来，任何民族都没有什么优越可言。希特勒认为他们雅利安人是优等人类，而犹太人是下贱可耻的民族，这简直是一派胡言。

要是有人问我，为什么犹太人聪明，历史上会出现这么多耀眼的人类智慧的明星，我的回答就是：一是教育，二是由教育培植起来的人的素质——他们的知识和奋斗精神。犹太人的成就后面有着一个决定性的推动力，这就是为生存而奋斗，而拼搏。犹太人在他们生活的各个地方都是很小的群体，他们只有奋斗才能求得生存。他们要表明，即使人数很少，他们也能获得成功。事实证明了这一点。

就在我们书写这段文字的时候，2009 年诺贝尔奖金的评奖结果出来了，又一位以色列犹太人获奖。这是一位女士，她荣获化学研究成果奖。她的成功经历很有代表性，或许能告诉我们有关犹太人智慧的一些秘诀。

获奖者亚当·约纳特教授出生在耶路撒冷，家境十分贫寒。自小父亲病重，一家人全靠母亲为别人洗衣服糊口。她 11 岁那年父亲去世了，她小小年纪便要帮助母亲承担生活重担，到各家当清洁工洗衣服、擦地板，同时给比她年幼的孩子上课，此外还到一家毛巾厂打工。但她不停止学业，仍然勤奋好学，是一名成绩优秀的高才生，由于学习成绩优异被推荐进入大学。在大学学习期间，她的卓越能力得到大家的一致公认，最终以优异的成绩毕业，从此成为一名科学家，并获得多种奖项直至获得诺贝尔奖。一位曾当过清洁工、为母亲挣饭吃的小姑娘，今天傲居化学领域的世界之巅。

在几乎所有有成就的犹太名人看来，艰难的环境和危机感是驱使他们奋斗和取得成功的一种强大动力。大投资家索罗斯说过：“长大后我所遇到的种种危机，以及对货币及市场变动所下的赌注，与我十多岁跟随父亲逃难遇到的危险相比，不值一提，这些不过是小菜一碟。”

知识和教育重于一切

犹太人被誉为“爱书的民族”。对犹太人来说，读书看报不但是习惯，而且是一种美德。以色列人均拥有图书馆和出版社的数量居全球之冠，以色列人受高等教育的人数比例也位于世界前列。在田地里和泥水打交道的农夫，常常是高等学府毕业出来的农业、水利或电子技术专家。基布兹的社员一半以上（有的高达70%）具有大专以上教育水平，其中许多人就是在政府部门和科研单位任职的科学家。

教育，自古以来就是犹太社会最重要的一个价值观念。犹太宗教的圣经“塔纳克”的不同章节，一次又一次奉劝父母教育孩子，让他们发奋读书。犹太人明白，他们人数很少，为了求得生存，唯一的办法就是发挥他们的智慧优势，始终在才智、从业和经商方面保持高水平，为此只有多受教育、重视教育。

因此不足为奇，犹太人不论走到哪里，也不论人数多么少，他们聚居的社区总离不开两种设施：犹太会堂和学校。在犹太人的观念里，建立学校和犹太会堂是生活中的头等大事。犹太会堂是犹太人与上帝交流的场所，而学校是犹太人与大地接触的地方，上帝的子民从这里获得智慧和力量。在学校里，老师给我们讲解犹太圣经，传授圣经上有关重视教育的训喻。从老师的身上，我们能深刻体会到《塔木德》中一句名言的分量：“教育和宗教一样神圣。”

父母是我们最好的老师。我们从小生活在一种良好的学习环境中，身边到处

▲| 母亲贝拉荣获“拥军模范志愿者”称号，总统赫尔佐克前来祝贺。

是书。父母要我们多读书，做到学业有成。他们特别鼓励我们多写文章，参加各类有奖的作文比赛，一方面可以满足我们的好奇心，另一方面可以了解更多的新事物，获得更多的知识。在父母亲的督促下，我们自小努力学习，不断追求上进和成就。记得我十岁的时候写过一篇文章参赛，谈到宇宙，谈到其他星球上是否存在生命。那一次全国共有好几百名儿童参加比赛，结果我获胜了。我弟弟约西九岁的时候，喜欢读有关英国首相丘吉尔的书籍。我想，我们四个兄弟今天所以能够学有所成，应当感谢父母对我们教育有方。顺便说一句，我的母亲就是一位品德优秀的妇女，她曾经获得过以色列政府颁发的“拥军模范志愿者”奖项，赫尔佐克总统亲自到场祝贺。

中华民族同样以重视教育著称。值得提到的是，多年以来，在美国大学求学的最优秀学生是犹太学生，而最近 15 年到 20 年，中国留学生达到了与犹太学生一样高的学业水平，现在是中国留学生和犹太留学生平分秋色，学习成绩共同名列前茅。

有意思的是，儒家思想有关重视教育的教导往往和犹太圣经的训谕不谋而合。犹太小孩自小听惯一个典故：一旦你家遭灾被迫逃命时，你要带在身上的不是金银财宝，而是头脑里的知识和智慧——智慧永远丢不了抢不走。《塔木德》说：“只要活着，智慧将与你终身为伴。”中国有句俗话说“家有千金，不如一技在身”，两句箴言异曲同工，一个道理。

我的长征

一、“奶与蜜之乡”的村童

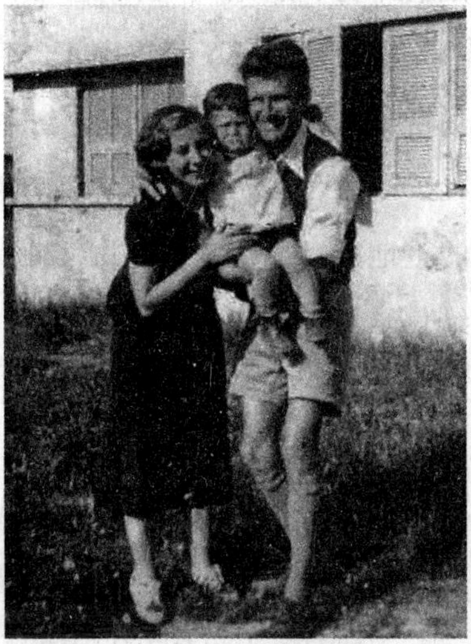

我是1936年9月21日出生的，在我十来岁年纪开始懂事时，留在我脑海里最深刻的记忆，是我生活所在接近巴勒斯坦西北部的可爱的农村。我说“可爱的农村”，是因为那里有城市所缺少的美丽而自由的自然环境，那里是纯朴和充满生机的劳动的乐园，那里给了我智慧和为社会作贡献的志向和能力，并孕育出一批批国家需要的优秀人才。

▲ 父母亲怀抱着出生不久的长子——我，亚伯拉罕，在巴勒斯坦的一个基布兹。

罗马古堡和鳄鱼河

我的父母亲经过长途跋涉回到巴勒斯坦，首先定居在一个小山村，一个过着初级共产主义生活的农村公社，在以色列叫做“基布兹”。

假如把长约450公里、最宽处约135公里的狭长巴勒斯坦地划分成南北两大部分，南半部是干旱的内格夫沙漠，北半部是起伏舒展的撒马利亚山原和犹地亚高地，逶迤延伸着地中海沿岸平原。我们生活的农村，就在这西部地中海沿岸地带靠近北端的地方。这里不像马克·吐温笔下那样荒凉，有400～500毫米降雨量，到处点缀着山林和溪流，分布着田园农舍。我想，上帝赋予巴勒斯坦“奶与蜜之乡”的美名，不是没有道理的。

我们最早居住的村庄，位于一座非常偏僻的山地上，周围是大小山峰，只有一小片土地可供耕种。这个地方有个优点，就是风景优美。对我们这些小孩子来说，这个地方简直就是天堂。周围山谷里的溪水、漫山遍野的鲜花和小鸟、自然的美景和种植场给了我们无限乐趣。我之所以喜欢拍摄鲜花，想必是从小时候的生活环境中养成的。当然这还不是在这个地方生活的主要收获。

我们前后搬了三次家，最后一次是在战后的1946年。我父亲在找到一片更适合发展农业生产的地方，创办了专门吸收来自哈尔滨犹太移民的一家农村合作社，即莫沙夫，它就是前面谈到的“阿米卡穆”。这个地方的最大优点是有足够的土地可以种植各种作物，可以修建奶牛场和禽舍。我在这里度过的童年生活，给我的一生留下了深刻的烙印。

这是一处古罗马城堡的遗址。古旧的罗马时期的城堡构筑物，虽然时间已经久远，但保存得相当完好。遥想2000年前，就是罗马人的入侵，迫使犹太人开始了漫长的大流散的苦难历史。现在，犹太民族的后裔又回到了这片属于他们的土地，用自己的汗水创造一个属于他们自己的美丽家园。

这是一个真正的考古的好地方，我一直热衷于寻找古罗马钱币。每当下过一场大雨，你就可以在地里找到几枚古币。找到2000年前人们使用过的钱币，那是令人喜出望外的事情。在中国的古玩市场，人们常拿一大堆古币的赝品来欺骗顾客，但你也可以为找到真正的古币而高兴万分。我小时候的确收集了不小数量的古钱币，心想长大以后卖掉可以赚一大笔钱，但后来才逐渐明白，我们找到的每一件古董都属于国家，都是要交给负责掌管古文物的政府部门的。与其我自己保留，不如交给博物馆，让大家共同欣赏这些收藏品，这才是我的最大乐趣。

对孩子来说，最重要的是附近有一道河水。据说我们来到这里之前，有人在河中看到一条鳄鱼，于是大家就给这条河起了个名字叫“鳄鱼河”。我们常到河边钓鱼和游泳。记得有一次我在水中险些被淹死，是身边一位小朋友伸手把在水面上拼命扑打的我拉到岸边，救了我一命。

我在鳄鱼河逃过了一劫，但是我家的骡子却没有那么幸运，有一匹就丧生水中。说起我家的骡子，有一段饶有兴趣的故事。父亲最初买了一头骡子，并给它起名叫“福骡”。为何父亲在我们的农场里不是养马而是养骡子？原来骡子是由公驴配母马，或者公马配母驴交配生下的。大多数骡子都是公骡，骡子是不能生育的。

我问父亲，为何他不买马而买骡子，而且叫它“福骡”。父亲说，骡子和驴相比，寿命长，有耐性，能干活，更聪明利索，而且不犟。比起马来，还吃得少。听父亲这番话，我觉得他就像是一名畜牧科学专家，经过一番研究才得出结论：养骡子胜于养马。

“但是名字呢？”我问。父亲说，骡子有这么多优点，有赖于上天赐福，所以我叫它“福骡”。

第一头“福骡”在鳄鱼河中淹死了，父亲又买了另一头骡子，叫“2 号福骡”。2 号也没活多久：那时是以色列独立之前，从距离我们村庄不远的英国军营里开出一辆英军坦克，将 2 号撞死了。我父亲又买了另一头骡子——3 号福骡。3 号随我们迁到了我们莫沙夫合作社的所在地，过了多年老死了。这就是我家三头“福骡”的结局。幸好过了几年我父亲买了一辆汽车，我建议给汽车起个名字叫“4 号福骡”。

我相信，生长在城市里的我的同年朋友都不会有这样的故事。我很幸运能生长在农村，不然哪里去寻找这番有趣的经历呢？

以色列的基布兹和莫沙夫

基布兹和莫沙夫的农村社会经济组织形式，对以色列的社会发展起到意义重大的作用。

很少有人知道，以色列的一位开国元勋、这个新生国家的第一任总理本·古里安是务农出身。他早年从波兰移居以色列后，就来到寸草不生的内格夫沙漠，和其他伙伴一起创办起沙漠上最早的基布兹，发誓要用劳动在这里开辟出良田。晚年离开总理职位之后，本·古里安重归故里，再次返回他在内格夫的希德博克村重操旧业，直至1973年作为一个普通农民在当地逝世，在沙漠的一处绿洲里找到了自己的归宿。

我和我夫人列金娜对本·古里安总理深怀敬意和感激之情。1958年，这位在以色列历史上功勋卓著的重要人物，亲自参加了我和夫人的婚礼仪式。我至今珍藏着本·古里安总理与我们在婚礼上的留影，这是我毕生保留着的最珍贵的照片之一，是对我们一生服务祖国的最大激励。我今天可以无愧地说，我和我的家人忠诚地继承了本·古里安总理开创的事业。

以色列的开国总理和基布兹的这段情缘，是颇具象征意义的。犹太人实现复国梦想的实际步骤，可以说是从农村基布兹开始的。没有农业和农村经济发展的强有力支持，就不可能有今天的以色列。

早期犹太人从各个国家移民巴勒斯坦，一开始主要是从事农业，建立基布兹和莫沙夫形式的农业定居点。以色列建国初期，大批犹太移民汹涌而至，建立基布兹和莫沙夫的问题更显突出。1948年在以色列生活的犹太人为60万左右，经过11年到1959年新增移民达100万，总人口增加一倍多。回到以色列的犹太移民，遇到吃住方面的严重困难。当时以色列面临这样一个严峻的问题：如何养活突然猛增的160万人口。为了让中国读者清楚问题的严重性，我们做一个简单的计算：假定中国人口在同样时间内也以同样比率增长，那么13.3亿人口将变为35.38亿，设想一下如何来养活这么庞大的人口！

要靠农业，但是单靠当时的农业是无法解决全部问题的。只有把移民分散到以色列的不同地方，教会他们务农，让他们自食其力。然而谈何容易！这些移民不说全部，至少也是大部分从未干过农活。他们不是商人就是学者，不是银行家就是科学家，唯独与农业无缘。他们大多数是年轻人，此前没有任何做农活的经验，必须依靠良好的组织通过合作才能求得生存和发展。这一时期移民回到以色列的犹太人，基本都投入到农业居民点的建设中，成为基布兹和莫沙夫成员，用双手自己养活自己。新移民将自己的命运同新生的祖国紧密相连，都希望报效国家，他们在基布兹和莫沙夫的组织下，辛勤劳动，共度时艰。

当时犹太人在巴勒斯坦所处的国际环境，也迫使他们采用基布兹这种半军事的组织形式。从区域图中可以看出，凡在以色列控制区边界的居民点，都按照规划办成了基布兹，这是一个集农业、工业和军事防御三者于一身的综合体。基布兹的军事意义，还可以从如下事实看出来：至今全国后备役军人有一半以上来自基布兹，以色列的空军飞行员基本上都是基布兹成员。

莫沙夫的每个成员都有自有房屋和一块土地，土地的用途和要种植什么庄稼自主决定，但各家各户使用的农业用品和收获所得的产品，均由莫沙夫统一购入或销售，以降低服务成本和争取到较好的价格。基布兹则完全不同，它是按照共产主义理想建立起来的以经营农业为主的农村公有制经济，全部财产归公社所有，实行各尽所能、按需分配的共产主义原则。在基布兹里没有任何私人财产，成员没有任何工资，住房以及其他生活必需品和服务如医疗、教育、食品等实行分配。妇女从事和男子同样的工作。孩子们同父母分开居住，下午和周末回来探望父母，也不同父母住在一个屋檐下，而是在专门的宿舍过夜。

以色列只有不到 3% 的人口居住在基布兹，但是基布兹的重要性远远超过它在以色列的人口比例。以色列农场的 80% 由基布兹和莫沙夫拥有和经营，其余 20% 主要是国家中部地区的柑橘园，归私人公司所有。

后来基布兹逐步游离原来纯粹的农业性质，积极发展其他经济活动，如工业和旅游业。基布兹设计和开发自己的农业技术，并不断输入市场。滴灌技术就是在基布兹研制成功的，现在所有主要滴灌设备生产厂家都立足于基布兹。现在基布兹经营的工业企业布及农机制造、发电、计算机、生活用品等多个行业，以色列的全部农用机械包括先进的计算机和滴灌设备，都由基布兹制造。

以色列的基布兹在某种意义上是实现人类共产主义理想的一次成功实验。但是随着时代的变迁，这种社会组织形式逐渐丧失其原有的严密性，组织成员日益独立，他们可以自己从事其他工作并领取工资了。不过基布兹的工业、农业和服务业依然是公有财产，为全体成员所享有。

以色列基布兹的成功引起全球的注意，世界各地许多年轻人不断前来考察学习，他们志愿留在基布兹生活和劳动一段时间，实际体会这种有意义的社会理念和生活方式。

中国朋友对以色列基布兹这样的社会组织形式一直表现出极大兴趣，我就经常被问到有关这方面的问题。这不奇怪，中国有过农村人民公社，这和我们的基布兹有着许多共同之处，最根本的是都奉行共产主义原则。基布兹相当于中国过去的人民公社，而莫沙夫就是过去的农业合作社。据我了解，中国的人民公社是大跃进期间产生的，人们放弃了手中的一切，生产工具、牲畜都归公社所有。学校、托儿所、医疗服务、文化娱乐以及生活所需的一切，都由公社负责提供，老年人被送进公社的养老院。在这些方面，人民公社和基布兹非常相似，但是两者的规模无法相比，而且中国的人民公社只存于特定的历史时期，而以色列的基布兹自上世纪初出现以来依然生存至今。

基布兹的人都喜欢这种共同的生活方式，自愿遵守有关规定，因为他们从一开始没有丧失任何属于自己的东西，却获得了集体给予的生活保障。而中国人民公社的社员，要抛开他们世代相传的一家一户的生活方式和传统，失去了他们赖以独立生存的手段，而公社的生产力水平和经营体制尚不足以保障社员的生活所需，无论从精神方面还是物质方面来看，都难免会失败。

我在中国参加一次宴会时，中方一位部长问我对这个问题的看法。我给他讲了一个故事：一位公共汽车司机被控超载，法官说他车上装了180位乘客，违反规定。汽车司机反驳说："不可能，汽车不可能塞进180个人。"他建议法官到街上实地乘车了解一下，法官同意了。于是两人来到街上，他们选了一辆同样大小的公共汽车，找来 180 个乘客往车上塞，怎么也塞不进去。法官回到法院后当庭宣布汽车司机“无罪释放”。司机自由了，他离开法院之前对法官说：“你既然放了我，现在我敢说实话了。告诉你，车上的确挤进了 180 个人！”法官说：“不可能，我刚刚在街上亲眼看见了，汽车不可能挤进 180 个人。”司机说：“这要看什么样的人和怎样上车。乘客不愿上车，你是塞不进去的，而我的乘客完全出于自愿。”

父亲的农活小帮手

我们村子的社会结构和纯粹的基布兹不完全一样，它给每个家庭和个人更大的自由，让他们自愿集中精力于某些他们乐意做的农事。我就是在这里开始干起了真正的农活。

我 12 岁那年父亲被派回中国，受命到犹太人社区征集捐款。我是家里男孩子中的老大，我下边是三个年龄更小的弟弟，于是我们家在莫沙夫的农场就交由我顶替父亲管理。没有了年长的家人从旁指点，一切全靠自己，我意识到一副重担压在了肩膀上。

我们的村庄又小又偏僻，没有学校，孩子们只好走远路到附近城市上学。我那时在上小学，每天早上 7 点钟就离开家步行到学校，8 点钟上课之前到达教室。父亲走了，我为了不耽误上课，每天早上 4 点就要起床，7 点半时就已经坐在学校教室的课桌前了。我常常想，凌晨 4 点钟的时候同学们还睡在被窝里，不定做着什么美梦，而我已经赶着骡子到野地里割草喂牲口，在场院里给四头牛挤奶了。

我的同班同学都是城里人，只知道牛奶是用塑料袋现成装好的，从未见过如何用双手从牛身上挤下奶来。一天我上学迟到了，老师问我什么原因耽误了上课，我把事情的经过说了。老师听了十分惊讶，将情况告诉全班同学，并安排第二天到我家农场参观，看看我如何挤牛奶，也嗅一嗅农场的“气味”。第二天早上7点，一辆大客车载着一班同学来到我家农场，大家要亲眼看一看他们班上的一位同学如何挤牛奶。那天我没有照常给奶品厂送牛奶，因为刚刚挤下的新鲜牛奶分给每位同学一杯，已经所剩无几了。

好多天过后，同学们还不断提到这次参观的事，都说一辈子忘不了。我不知道他们这话是真是假，但我对自己当年挤牛奶的日子仍记忆犹新。

军事根据地的锻炼

我们生活的地方，不仅是一个农业村落，而且是一个重要的军事根据地，是抵抗巴勒斯坦英国驻军的一个犹太人地下组织开展活动的据点。我父亲和其他村民一样，是埃泽尔组织成员，我们的住地也成为该组织成员的交通和训练基地。

记得我那时还是个十二三岁的孩子，是贝塔组织的成员。“贝塔”，就是我的父母还在哈尔滨时加入的那个组织。我们所有的同学和小朋友都一同参加了。这是一个青年组织，是参加埃泽尔组织的预备阶段。我们知道长辈们参加埃泽尔的活动，也清楚我们长大以后也会成为该组织的成员。但我们未曾料到，不等许久我们也就加入埃泽尔了。

有一天，指导员领我们一群孩子开会，把我们带到离居住地不远的一座山上，将大家分成两个小组，一个小组的人员年纪大些，另一个小组年纪小些。年纪小的一组被派到附近一座小山头，让他们观察周围情况后回来报告。他们走了之后，指导员从背袋中掏出一支手枪，告诉我们不要害怕，他要教给我们如何使用这种玩艺儿。他说：“我所以这样做，是因为你们已经长大了，可以使用这种工具了。我们想，你们总有一天要用得上它，而且这一天不会太远了。”

我们非常高兴和激动，因为这说明我们已不再是小孩，我们已经长大成人了，可以投身到争取国家自由独立的伟大斗争中了。我感到，我向积极参加国家事业的道路上迈出了第一步。关于此事，我对父母一直守口如瓶。我天真地以为，这是个军事秘密。其实一切均在父母的眼里，而且事前曾经征得他们的同意。

从这一天开始，我们自视为军队中的战士，以解放以色列为已任。有时候我会想，我之所以热爱中国，其中一个原因就是我们都是在同一个时期进行同样性质的斗争——争取民族自由独立的斗争。事实上，我们两个国家也是在相近的时间里宣布建国的：以色列在 1948 年，中国在 1949 年。

这是参加组织活动的开始阶段。到了第二阶段就给我们每个人分发传单和糨糊，让我们带到村子附近的小镇上张贴。但这仅是后一阶段活动的开张锣鼓而已。最激动人心的时刻是向组织宣誓忠诚。我们被一个个分别领进一间黑屋子，里面摆着一张桌子，桌上立着一面以色列国旗，国旗的一面写着《妥拉》语录，另一面绘着一把手枪。每个人都轮流说一遍“至死对参加组织一事保守秘密”，并说一但国家需要，我们将不惜牺牲自己的性命。经过宣誓，我们也就成为了该组织最年轻的成员。我们每个礼拜集合两三次，听领队讲解犹太人的历史和建立独立国家的必要性——让每个犹太人都能有自己的家园，可以在其中自由生活。

那时我们居住的小村子周围，包围着一道砖墙，村中心矗立着一座高塔。围墙和高塔不是为了抵抗德国人，而是为了防御穆斯林恐怖分子。战争已经远离我们，但恐怖分子的袭击近在身边。围墙把村子圈得严严实实，进村必须经过中央大门，那里日夜都有人看守。塔有大约 20 米高，可以瞭望全村。在那些日子里，我们儿童都被委派放哨的任务，轮流到塔上守望。我每天都要到塔顶蹲上两个小时，担当主要责任的则是一个成年人，我是他的助手。儿童们自认为重任在身，后来长大了，才明白这对我们不过是一种训练，为的是培养我们的责任感。

我们年纪还小，没有参加实际斗争，但我们都意识到，我们参加了争取国家独立的伟大运动，这使我永生难忘。我想，为新中国独立而斗争的中国年轻人，也有着和我一样的荣誉感。

农村是人才的摇篮

1989年到中国访问时，记得从洛杉矶起飞之前，我与以色列外交部总司长有过一次重要会见。我听说他在此之前曾任以色列驻香港总领事，在发展对华非官方关系方面做过许多工作，我知道他会给我提供一些指示。

一见面他就笑着对我打招呼说："咱俩好久未见了。"这使我大为惊讶，我根本记不得与他有过交往。他解释说，小时候他住在城里、我住在乡下，每逢学校放假，他就到我们村子附近的树林和山野来度假。"你可能记不得我了，"他说，"但是我记得你，还记得村边那棵大树。"是啊，我一下子想起了那株高高的桉树，那是谁也不会忘记的大树，和我们的童年生活难解难分。

大树在山野里傲然挺立，它记载着我烂漫的少年时光，也是我由此养成一生重要性格的象征。

回想那时村上没有更多的去处，大树就成为我们孩子们经常聚会和游玩的乐土。每天我们都要到这棵树下和小朋友相会，在一起追逐玩耍，一起梦想未来。就在大树的附近，小伙子和姑娘们开始萌动他们心中的爱情。儿时的乡村生活，近乎与世隔绝，物质极端匮乏，有说不出的艰难困苦，但又是那样自然质朴和令人沉醉，充满着尊严、希望和欢乐。

从小生活在艰苦农村的社会环境中，养成我们日后非常独立的性格，这是一种不同于一般城里人的性格。环境迫使你学会艰苦奋斗，习惯于勤奋、忙碌，时刻想到要为社会做些有益的事情。就我个人来说，艰苦奋斗不是坏事，每个人都有适合他自己的生活方式，但我也清楚，这种性格和脾气有时候也会困扰与你一道工作的他人。

村上的人相邻而居，大家彼此认识，互相关心，每个人都是朋友。在这样的环境里，谁都不会觉得自己有丝毫优越于他人的地方。也许还因为过去在中国受到的教育和生活熏陶的影响，父母亲经常告诫我们，要平等待人，不要显得高人一等，要多为他人和社会着想。我想，农村的生活环境加上父母的教育，给了我们的童年生活一个最为珍贵的东西，这就是平等待人，尊重他人，对每个人如同对待你自己一样。从小种下的这种深刻理念，让我一辈子受益匪浅，使我在许多国家包括在中国开展合作的时候，给予了我极大的帮助。

▲ 母亲带着我的三个弟弟——大弟伊尔弥（后排左一）、二弟埃胡德（后排右一）、三弟约西在莫沙夫合影。

联想到许多国家，包括在中国，常常看到“城里人”表现出一种对“乡下人”的优越感，以为自己比乡下人生活更富裕，更有教养。其实不然。以色列的情况就大不相同，农业本身就是建立在现代先进技术基础上的经济活动，生活在农村里的大多数农民都是受过高等教育的“知识分子”，他们有很高的知识水平和文化修养。再者，在农村环境下长大的年轻人，更具有独立性和奋斗精神，更富于经验和更加成熟，因此也往往更有知识。不足为奇，我在军队里见识过各个阶层来的不同人士，而表现最为优秀的往往多是来自农村。

我们的村子只有 28 户人家，连孩子加在一起也不过 100 来口人。但是令人称叹的是，这样小的一个社区，竟然贡献出如此之多的重要人物，他们在以色列政界、军界、国家机关以及专业机构担当重任。其中出了一位政府总理、一位政府部长、一些重要国家机构的领导人以及知名的农业技术专家。我和我的兄弟在村子里长大成人，和其他人一起最终成为以色列社会的有用人才。回想起来，我们的村子就像是一个人才孵化器、一个人才的摇篮。科技孵化器是培养科学技术的地方，而人才的摇篮则是为社会培育担负重任人物的地方。我们村不愧是一个农村中的人才摇篮。农村是锻炼人才的广阔天地。

二、战地烽烟

我们以色列犹太人一生从未离开过战争。

读完小学，我顺理成章地进入农业中学。农中毕业以后，我 18 岁应征入伍，在军中服役三年并升任军官，参加过三次战争。

在以色列，服兵役是适龄青年男女必须履行的社会义务，但实际情况并非每个年轻人都到军队服役。女孩子只要宣称她信仰宗教就可以免除服兵役，因为在信教的人看来，军队是女孩子和男性自由接触的理想场所。女孩子既然不住在自己家里，就会有机会去干许多他们与父母住在一起时不能干的事情。不单女孩子，男孩子也有可以不当兵的。他们是一些正统教徒，是非常虔诚的宗教徒，在专门的宗教学校里学习圣经，可以免除服兵役。我既然生为男儿，又不属宗教徒，中学毕业后理所当然就走上了当兵的道路。

当兵，对于想上大学读书然后进入"市场"的人来说，也许是浪费时间。但我认为，在军队里服役是非常可贵的事情。年轻人在军队里能获得任何其他地方都无法得到的锻炼，使人臻于成熟。对年轻的男、女孩子来说，在军中能获得其他人在同样年龄时期得不到的经验和责任感。当你成为一名军官，成为一群小伙儿的领导人时，你会感到你要为他们的生命负责，你会更加关心他人。我想，大多数以色列年轻人经过军队服役后再进入大学学习就要成熟得多，因此也比别的国家上完中学就上大学的年轻人有更大作为。事实上，以色列的许多技术成就都是由当过兵又担负相当责任的年轻人创造出来的。

对我来说，服兵役还给了我意想不到的收获，带给我弥足珍贵的幸福爱情、婚姻和家庭。

入伍后的基本训练

入伍以后，最初三个月进行基本训练。

▲| 我（队列第一排右一）在军官授衔仪式上接受达扬将军（左前）检阅。

你刚刚从高中毕业，顺利完成了毕业考试，自觉是一名了不起的英雄。你知道再过两三个礼拜就要到部队去了，不过感觉像是遥遥无期，至少还有20来天工夫享受生活。不到步入兵营大门成为真正的士兵，你还可以尽情地去逛电影院、酒吧和餐馆，可以到海边或者任何地方干你想干的任何事情。想睡觉吗？请便，想什么时候起床就什么时候起床，没有任何人管你。你仿佛是一位巨人，站在高空之上俯览尘世。直到步入兵营大门之前，这一切看来都是那样的合理自然。突然之间，你从天堂掉进了地狱，你想做的事都要立即停止下来了。你要服从命令，当官的要你干什么你就得干什么。你一下子从一位巨人变成了一个矮子。没有人欺负你，但要锻炼你，让你学会按时间和依照一定规矩做事。

最初三个月叫做基本训练。我自愿参加一支特别分队，训练科目要艰难和复杂得多，这相当于参加一场比赛，胜者可以留在分队里，败者就要离开分队下放到不那么体面的其他部队里去。我非常认真地参加了这场比赛，尽了我的一切努力，最终成为一名出色完成训练的优秀分子。训练期结束之前的最后一天，要连续徒步急行军 80 公里。马拉松赛跑只有 42 公里，我们最后的急行军相当于跑两次马拉松，困难可想而知，但走完后的心情却是无比的兴奋和激动。急行军开始时是 80 个人，最后到达终点时只剩下 45 个人了。我是这 45 名战士之一。

训练期结束后，士兵们的家属应邀到部队参加庆祝活动。我父亲在他的自传中写道："我们收到一封邀请信，去部队参加训练结业仪式。我和夫人满心高兴，为儿子终于实现了我们的愿望，但我们对真正叫我们吃惊的事情毫无精神准备。会上念到了三名最优秀战士的名字，我们的儿子亚伯拉罕的名字排在第一位。"应当说，我也是惊讶不已。我知道我是尽自己所能做我应做的事，但我从未敢想会是三名最优秀战士之一。因此，我当时的欣喜之情真是难以言表。

我想当伞兵。那时候，头戴红色贝雷帽、双肩佩上伞兵的特殊标记，是一种极大的光荣。但是进入伞兵军种，要经过非常严格的挑选。我未被录取，不是因为考核不及格，而是因为我是平足，考官说将来会成为问题。我非常懊恼，军方只好先将我安排到伞兵训练队进行培训。

跳伞叫人心花怒放，你从超过 1000 米的高空朝地面望下去，那景象有说不出的美妙。从飞机上往下跳的那一瞬间，有些胆怯，但当机仓门一打开，纵身腾入空中，就什么也不想了。经过几秒钟的时间降落伞张开了，你环视身下的大地，感觉强大的气流扑面而来，此刻你会因为有这种特殊的体验而感觉幸福。试跳五次过后，成绩合格，我感到特别骄傲。

以色列"乌兹"半自动步枪是一款非常有名的步兵武器，它是根据发明人的希伯来名字而得名。世界上有 30 多个国家都在使用这种枪械做为个人的自卫武器。从 1960 年到 1980 年，乌兹半自动步枪在军队和警察市场上的销售量超过其他任何种类的半自动武器。乌兹所以如此扬名于世，一部分原因归功于詹姆斯·邦德拍摄的电影。他在电影中扮演的角色使用的正是这种半自动步枪。

部队里有一项训练是快速拆卸和重新组装枪支。部队为此组织比赛，以推动士兵尽量提高操作速度。我在连队里比赛获得冠军，后来代表连队参加全军比赛。以色列国防军的高级将领都到现场观摩，结果我获得优胜。我在比赛中拆卸和重装乌兹自动步枪的时间共计 11 秒，现在我无论如何也达不到了。我为此得到的奖励是与军队的最高将领共进晚餐，这对一个普通士兵来说是莫大的荣耀。

牵手于硝烟过后

我后来升任副连长。一次部队进行野营训练，我到兄弟连队找一位也担任军官职务的朋友聊天。我们在帐篷里谈兴正浓，他突然压着嗓子轻声嚷道："这边瞧！"我转过脸来往帐篷外面望去，只见闪过一位姑娘的身影，但一晃之间也能看出她动人的美丽。"这是我们营地里的大美人。"我的朋友兴奋地说道，"不少军官都想和她接近，但没有一个成功的。"

▲| 列金娜（最左边）曾在以色列军中服务，由此成就了我们的战地姻缘。

回到连里，我准备带领战士出发到营地外围的山野进行各个科目训练，为期两周。这期间只能在狭小的帐篷里过夜，在坚硬的地面上铺一张毯子权当床铺。我心中涌起一种莫名的伤感。战士们一整天在山上山下摸爬滚打，晚间歇下来多么渴望回到最近的“家”啊！但现在只有那打地铺的狭小的帐篷。当你躺下时，身下是坚硬的野地，头顶是冷漠的帆布顶棚，这时你多么渴望另外的最近的“家”——营地的住所。而当你回到营地了，你又该想念另一个最近的“家”了——和亲人居住在一起的家。

每天都有后勤往山里给我们送给养，来人不断提到大本营司令部新来了一位当秘书的女兵。这消息一下子炸开了，从未听说营地里有过女兵的影子啊！我下意识地问长得怎么样，回答说：“那是一个迷人的漂亮姑娘。”我突然想到了那天在朋友那里看到的姑娘，难道是她？一分钟过后我又打消了这个念头。

野练未过两天，突然接到上级紧急命令迅速撤回营地。我——用中国人的话说，丈二和尚摸不着头脑，领着手下士兵匆匆赶回大本营。当晚司令员通知我说，部队要带上全套装备离开营地，向以色列南部开拔。有消息说，埃及人准备进攻以色列，我们要作好迎战的准备。这时，迎面碰上我在朋友帐篷边上见到过的漂亮姑娘，我心里咯噔一下，但在这紧急时刻顾不上和她过多搭茬儿，只简单说了一句：“我是部队的副司令员。”

几个小时过后，我们分乘几辆卡车奔赴南方前线。新来的姑娘也上了我们的汽车，静静地坐在车厢后头，一路上不断招来士兵们艳羡的目光。我们到达离埃及边界不远的地方下车，当夜就地宿营。第二天一大早我因忙于各项战事准备，也无暇顾及看上姑娘一眼。到了晚上，我们很快就要投入战斗了。我临时将她叫到一边，将随身携带的一个小皮夹和几张家人照片递给她，并嘱咐说：“如果我这一去回不来，请将这些东西转交给我父母，告诉他们，我爱他们和我的弟弟们。”我看见她眼睛里含满泪水，她摇摇头说：“别这样说，你会回来的，到时候我将东西交还给你。”

战斗非常激烈，持续了一整夜和第二天的大半天。我们有好些兄弟阵亡了，还有不少战士负伤了。我不愿在这里描绘当时战场上的惨状，我只想说一句：战争是非常可耻和肮脏的事情，我们只是因为遭受攻击才被迫投入战争。《摩西五经》有句名言："谁要来杀你，你就先对他下手。"我想，任何一个民族都会照此办理。

▲| 在我与夫人的结婚仪式上，一位以色列的重要人物前来祝贺，他就是后来的总理贝京。

战斗的硝烟刚刚散去，与女兵战地重逢，我的心情分外激动，禁不住牵住她的双手，给了她第一次亲吻。自那以后过了两年，我们俩步入了婚姻的殿堂。从此，奥尔默特家族新添了列金娜这个新成员。

▲| 我的妻子列金娜（左二），成为了奥尔默特家族的新成员。

西奈战场上的战斗

西奈战争也称苏伊士危机，发生在1956年10月29日。这是英国、法国和以色列共同对付埃及的一场战争。

当时埃及决定将苏伊士运河收归国有，接着战争打响。对我来说，这是第一次以战士身份投入战争。当时我已当上军官，是一名排长，负责指挥40名战士。全体人员从战士到我这位排长，都是平生第一次面对一场真枪实弹的战争。

当兵以后，你无时无刻不在进行训练以备战斗。但真实情况往往和训练不同。趴在光秃秃的地面上，炮弹的呼啸声从耳边飞过，身边的战友中弹受伤，你眼睁睁看着几分钟前还在和你交谈的小伙子死去，真叫人无法忍受。但愿别人永远都不再看到这样的悲惨景象。

但我是40名战士的指挥官，我要对他们下达命令——可能对、也可能不对的命令，这事情就非同小可了。作为一名指挥员和领导人，你要让手下看到你毫无畏惧，看到你心中有数并且充分信任你的指挥。战斗当夜，我几次感觉死到临头。说真的，我像手下任何人一样有些害怕了，幸好他们谁也看不出来。他们眼中的长官，领着他们在布满地雷的战地里冒着漫天炮火冲锋在前。我们终于抢占了埃及人的阵地。胜利过后，我才真正感到我终于成为了一名名副其实的指挥员，我经过了真正的训练和考验——我合格了！

我记得那最悲惨的瞬间，听到我下面两个战士相互交谈，其中一位对另一位说："你听说'小胖脸'被打死了吗？"我问谁叫"小胖脸"，听了他们的回答后，我才明白这是我自幼相识的一位同村好友，他在这天晚上不幸牺牲了。他有些发胖，所以部队里的战友都称呼他"小胖脸"。他是独生子，可想而知他的父母该是多么伤心。

第一夜过后战事并未结束，第二天夜里我们继续攻占埃及人的另一片阵地。营长给我派来一名年轻军官协助我指挥战斗。我认识这个小伙儿，他和我在同一间农业中学上学，比我小一岁。我知道，在我们和埃及人阵地之间的整个地带布满了地雷，十分危险，只要碰上埋在沙土里的地雷，就会丧失一条或者两条腿，甚至整个生命。我叫他过来，告诉他如何使用一种特种匕首试探何处埋有地雷。他的任务是走在我前面几米，用匕首插到土里试探地雷，试探 10 ~ 15 米后，战士们便匍匐前进。动作进行得非常迅速，队伍成功通过地雷区，没有任何伤亡。另外一个排没有采取我们的防备措施，碰上了地雷，遭到 4 死 5 残的惨重代价。

那位走在我们前面的年轻军官，后来在军中升任很高的职位，在赎罪日战争中担任旅长，领军占领了叙利亚军队在赫蒙山头的一座极其重要的阵地。每次当我们相遇时，他总会对我说，加沙战场的那次经历对他来说是非常重要的一课。他在军队中服役多年，建立了不少功勋，退休时是位将军，后来当上以色列考古协会的领导人。这就是以色列的一个代表人物——一生中大部分时间把保卫国家的未来作为己任，而后又埋头于发掘以色列过去的历史。

斯科普斯山上的“总统”

斯科普斯山位于耶路撒冷东部，与南面著名的橄榄山隔谷相望，中间横亘着一道巨大的溪谷。橄榄山除了相传是耶稣基督布道的地方，还分布着古老的犹太人墓地。斯科普斯山上有两处重要地点：希伯来大学和以色列总医院——哈达萨赫医院。这是犹太人千百年来怀念的一片神圣土地，今日构成耶路撒冷的一处重要旅游景点。

▲ 在后备军中服役的我——亚伯拉罕·奥尔默特上尉。

前面谈到，1948 年以色列独立战争过后，耶路撒冷被分为两半：城市西部归

▲| 在后备役部队进行战地训练。

以色列人，东部控制在约旦人手下，包括犹太人一些最重要的圣地，如哭墙或称西墙。但是东城区有一处地方仍保留在犹太人手里，虽然它被约旦军队包围得严严实实，这就是斯科普斯山。

以色列和约旦达成停火协议以后，斯科普斯山划为非军事区。后来根据协议规定，由以色列在斯科普斯山派驻警察部队，每四个礼拜换防一次，由新派人员更换原有人员。事实上以色列派出的并非警察人员，而是后备部队的士兵。于是任务落到了我的头上，我当时是后备部队里的上尉军官。

1962年的一天，我应召到达部队司令部，上级通知我两个礼拜内带领40名士兵上山，要我在山上担任司令官一个月。那时掌管斯科普斯山的司令员有个绰号，叫“总统”。到了科普斯山上，无异于与世隔绝。我们的四周布满了约旦士兵，与家人无从联系。因此，从一方面说，你可谓大权在握，如同当地的太上皇，任何人都敬你三分，听从你的呼唤，只要你一声令下，他们随时为之赴汤蹈火。但从另一方面讲，这个月内山上一旦出现什么问题，就要由你完全负责，“叫你吃不了兜着走”。我毕生没有过这样一个时期感到责任那么重大，那么诚惶诚恐。晚上睡不好，白天吃不好，一个月后下了山，体重掉了整整8公斤。但是不管多么难熬，等到任期届满，我还是觉得非常开心，因为自己从来还没有担负过如此责任重大和激动人心的任务。

我在斯科普斯山上每天都写日记，记录我的感受和印象，以及我对妻子和幼儿的思念和牵挂。下山的时候，我将这些日记留在当地存放。1967 年爆发六日战争，以色列成功控制了耶路撒冷所有地区，包括哭墙以及通往斯科普斯山的各条道路。战争过后一年，我偶然翻阅到一本书，书中记述斯科普斯山的有关情况和该地的历史故事。读到书的末尾，我惊奇地发现有我在山上撰写的材料，材料的题目是“总统日记摘录”。

六日战争的战地照片

1948 年 5 月 14 日宣布成立以色列国，这是以色列的“独立日”，相当于中华人民共和国 10 月 1 日国庆节。这一天人民大众都放假，纷纷到野外、山林游玩，吃野餐。各个城镇都举办形式多样的节日活动。部队过去还举行阅兵，在阅兵式上展示各种武器。这是 1948 年独立日的习惯做法，但是 1967 年另外一个“独立日”则不然。

▲| 我的六日战争摄影画册专集封面。

以色列另外一个“独立日”是 1967 年 6 月 5 日，当日爆发了著名的六日战争。几天战争的结果，是以色列大大扩展了它控制下的领土，同时将耶路撒冷统一掌管到自己手下。

1967 年独立日这一天之前，传来埃及正在准备对以色列发动战争的消息。埃及领导人纳赛尔宣布，对以色列设在红海城市埃拉特的南方港口实行封锁，禁止任何船只进入。与此同时，他迫使联合国部队撤离西奈沙漠，调返欧洲，又从埃及派出大量军队进入西奈并且与叙利亚、约旦和伊拉克签订协议。这些国家相继进行准备，要追随埃及投入针对以色列的战争。

以色列不能束手待毙，坐等挨打，决定先发制人。以色列军方派出空军进入埃及领空，于是战争打响。以色列空军仅用三个小时的时间，便一举消灭了埃及和叙利亚的大部分喷气式战斗机，摧毁了各大机场，让对方飞机无法使用。以色列政府非正式要求约旦不要卷入战争，但遭到拒绝。约旦投入战争，大规模炮轰以色列居民点，以色列被迫开辟针对约旦的新战线。

这时我和许多以色列青年一道，跟随部队去了位于以色列东边的约旦前线。我们连续两个礼拜蹲在离边界不远的一片大森林里，静观以待。当时觉得，即使爆发战争，约旦也不大可能卷入。由于这个缘故，我随时把照相机带在身上，心想这里来了这么多人，应该能捕捉到一些有意思的人物。我没有想到，战事爆发了，我在炮火中拍下的镜头成为宝贵的战事图片，战后收进了军方出版的专门画册里，并参加了政府举办的一次大型图片展览。

我在六日战争东线拍下的照片，无意之中成为了我对以色列另一个独立日的珍贵纪念。

死神从我身边擦过

这是我亲身经历过的一次境外游击战事。

故事说起来并不愉快，但它告诉我们战争为何物，我们在军中服役会遇到什么样的危险。我们有一次接受战斗任务，是因为另一个国家收集了对我军备关重要的情报，恐怖分子要从该国潜入以色列从事恐怖袭击。我们要反复深入该国活动，主要危险是可能遭遇伏击。

潜入活动都是在漆黑的夜间进行，伸手不见五指。有一次我们陷进了一伙恐怖分子的伏击圈中。他们等我们非常靠近的时候才开始射击，接着举着步枪刺刀朝我们冲了过来。周边一片漆黑，我们只能听见他们朝着我们的方向边跑边喊。

突然间我发现身边扑过来一个敌人，他手里举着一柄尖刀正要朝我刺来。我感到脸上挨了一刀，说时迟那时快，我扳动手中乌兹自动步枪的扳机，一梭子弹把敌人撂倒了。我满脸鲜血，只好伸手抹去血污，勉强睁开眼睛，拿出身上携带的绷带将半边脸裹得严严实实。至今刺刀在我脸上留下的伤痕虽然已经大致褪去，但依然依稀可见。事情发生的时候，是在一瞬之间，根本没有工夫考虑，我只是本能地作出反应。后来每当我想起此事，总觉得对方本可以给我一枪子儿的，但他更想直接用双手将我解决掉。他已经接近达到目的，但我的本能或者说是我的训练给他来了个迅雷不及掩耳。

以色列独立以后，一直处在生存不断受到威胁的境况之中。以色列建国60年来一直战争不断，这个事实本身就是证明：伊朗总统声言以色列必须从地球上消失，这也是对我的这一说法的最好证明。

感到不断受到威胁——这就是以色列必须发展军队和军队战斗力的主要原因。到军队服役是必尽的义务，每个青年男子年满18岁就要参军，只有在特定学校里学习的正统犹太教人士是个例外。因此，在年轻人的眼里，服兵役不只是一种必须承担的义务，它更是对国家和社会的一种贡献。进入军队的很大一部分年轻人，都希望能够被训练成为直接从事战斗的勇士，而不愿留在远离前线的后方部队。以色列先进的技术水平，无疑对以色列拥有一支高水平的军队作出了巨大贡献，但是，战士们具有为国建功的志向，是增强军队战斗力的一个更重要的因素。

三、我心中的耶路撒冷

犹太人回归上帝赐予有锡安之称的以色列国的愿望，是顺理天成。他们不管生活在何处，都自认为是锡安主义者。他们可能生活在纽约、伦敦或者北京，但他们始终把耶路撒冷看成是自己的圣城。

耶路撒冷永远在我心中，因为耶路撒冷是我们家族以及我自己生命历程中的重要起点。我所以在此稍费笔墨讨论耶路撒冷，不只是因为它是我们的首都，是我们最神圣的圣地，还因为我们的家族和我自己与耶路撒冷有着不可分割的联系。

分裂的圣城

耶路撒冷是以色列的首都，无论人口还是土地面积都是以色列最大的城市。它是世界上最古老的城市之一。据考证，这座城市的开发可追溯到公元前 3000 年，至今已有 5000 多年历史。

耶路撒冷是世界上同时尊崇三种一神教信仰的唯一城市，这就是犹太教、基督教和伊斯兰教。对基督徒来说，耶路撒冷是耶稣生活和去世的地方；在伊斯兰教徒看来，先知穆罕默德神奇地从麦加迁移到耶路撒冷，并在这个地方升天。建于 7 世纪的阿克萨清真寺和圆顶清真寺，成为仅次于麦加和麦地那的伊斯兰教第三个圣地。但是耶路撒冷早在 3000 多年前就已经成为犹太人的圣地，而对基督徒和穆斯林来说，这个年代要晚许多，分别在 2000 多年前和 1500 年前。

耶路撒冷最老的市区称为大卫城，是根据大卫王的名字命名。大卫王在公元前约 1000 年建立以色列王国并定都耶路撒冷。犹太民族和耶路撒冷犹太宗教的联系从未间断，3000 多年来，耶路撒冷一直是犹太人民的犹太信仰中心。耶路撒冷被罗马占领后，大批犹太人流散到世界各地，但他们从来没有忘记耶路撒冷。耶路撒冷成为各地犹太人返回家园理想的象征。《圣经》里有一句话："假如我忘记耶路撒冷，我的舌头会粘死在嘴里。"

1948 年联合国通过关于建立犹太国和巴勒斯坦国两个国家的决议。根据这项决议，耶路撒冷被划为国际城市，由联合国实行控制，不属以色列国或者阿拉伯国的一部分。由于阿拉伯人拒绝这项联合国决议，因此在当年以色列宣告成立不过 24 小时，埃及、叙利亚、伊拉克和约旦便联合入侵，与新生的独立小国以色列之间爆发了战争。战争的结果是，小小的以色列军队打败了四个国家的大军。但是耶路撒冷的情况比较特别——老城区被约旦军队占领。

老城区分布有犹太人一些最神圣的古迹。哭墙——2000多年前被罗马军队摧毁的犹太人圣殿遗留下来的一段残墙，就位于老城当中。它是犹太人和许多国家的朝圣者祈祷和朝拜的地方。因为被约旦占领，致使犹太人不能靠近耶路撒冷。另一个对犹太人非常重要的地点，是位于橄榄山上的犹太人墓地——它非常古老，已有大约2000年历史。许多住在其他国家的犹太人也都埋葬在这里。根据圣经塔纳克的预言，犹太人怀有一种信仰：当救世主弥赛亚降临时，在这里安息的人们都会复活。同样由于被约旦占领，这片墓地也像哭墙一样不让犹太人前去瞻仰。很不幸的是，约旦人不尊重犹太人的这片圣地，将许多墓石挖出来当建筑材料。

从1948年到1967年，耶路撒冷被一道墙分成两半，这使人想到将东西柏林分开的柏林墙。1967年六日战争过后，以色列军队占领耶路撒冷，哭墙重回以色列怀抱。犹太人兴高采烈，因为每个人又可以有机会看到这片圣地了。是1967年的六日战争打开了耶路撒冷历史上新的一页，也为我们家族与这座伟大的城市建立了直接联系。

到哭墙来祈祷通常有一个习惯：每个人都将一张纸条塞进墙上巨大石块之间的狭缝里，纸条上写好个人的祈愿、要求和信仰。每年塞进墙缝里的纸条千千万万，哭墙管理处将这些纸条收集起来，运到墓地掩埋。纸条要经过分类整理，外人不得带走。我禁不住想，假如有人从墙上收集到几千张纸条，他尽可以编出一大本畅销书，罗列出众生百态，反映他们的种种心愿、信仰和希望。而且来哭墙的不只是犹太人，还有各个国家上至总统或总理的许多游客和专程的访问人士。要是知道他们都写了些什么，那该多么有趣!

但是耶路撒冷问题依然没有最终解决。耶路撒冷老城是巴勒斯坦人和以色列之间的主要分歧之一。不解决耶路撒冷问题，以巴双方有关和平协议的谈判绝不会有结果。巴勒斯坦人对耶路撒冷有何主张？归纳起来主要有三点：保有阿克萨清真寺；巴勒斯坦人在老城区以及东耶路撒冷周边地区占大多数；巴勒斯坦人要求将东耶路撒冷划为巴勒斯坦国首都。

阿克萨清真寺是位于老城区里的伊斯兰圣地。穆斯林相信，伊斯兰宗教的创始人穆罕默德一天夜里从麦加清真寺回到了耶路撒冷阿克萨清真寺。现在老城是在以色列控制之下，但清真寺仍归巴勒斯坦人管理。除了清真寺之外，这片地方也有犹太人心目中非常神圣的地点——犹太信仰中的圣殿。在犹太信仰里，耶路撒冷是个圣城，大卫的儿子所罗门于公元前 960 年在城里建造了第一圣殿。其后在公元前 515 年，犹太人再次建成第二圣殿。

谈到圣殿，我想告诉读者，我写这段话的时间是在 2010 年 7 月 20 日，按照犹太历是亚布月（犹太历 11 月，相当于公历 7 ～ 8 月）9 日。这在犹太信仰里是个神圣的日子，这一天犹太人实行斋戒，终日不加进食。就在亚布月 9 日这一天，第一圣殿和第二圣殿相隔 600 多年先后被毁。第一圣殿存在了大约 400 年，毁于巴比伦人；第二圣殿存在了大约 600 年，毁于罗马人。罗马人不但毁了犹太人心目中最神圣的地方，而且将犹太人赶出以色列。罗马人害怕犹太人的聪明智慧，处心积虑地把他们打散到世界各地，尽量消除他们的影响。

历史往往作出不可思议的惊人之举。亚布月 9 日在犹太民族的历史上非同寻常。这一天不仅两座圣殿被毁，同时还先后发生过与犹太民族有关的更多事件：

公元 132 年：耶路撒冷被罗马恺撒焚毁；

公元 135 年：犹太人领袖率部奋起抵抗罗马人的地点贝塔城被毁；

公元 1290 年：英格兰犹太人被国王爱得华一世驱逐出境；

公元 1306 年：法国犹太人被菲利普国王驱逐出境；

公元 1492 年：犹太人被驱逐出西班牙，上演了犹太人历史上最悲惨的一幕；

公元 1670 年：奥地利犹太人被利奥波德国王驱逐出境；

公元 1942 年：纳粹分子在华沙“隔都”杀害数千犹太人。

如此之多的灾难，在不同年份的同月同日落在犹太民族的头上，的确不容忽视。而我又正好赶上犹太历的亚布月 9 日这天撰写到这些灾难事件——事先完全没有计划。难道这一切不是颇为神奇吗？

农民国会议员

耶路撒冷这段历史不但对国家具有重大意义，而且与我们的家族以及我自己有着非常紧密的直接联系。

我们的家族与耶路撒冷的关系始于 1925 年。当时我父亲在齐齐哈尔主持仪式庆祝建立耶路撒冷希伯来大学。继而我父亲当选为以色列国会议员，每个礼拜要到耶路撒冷办公，我自己到耶路撒冷大学上学。后来是我弟弟埃胡德当了十年耶路撒冷市市长，以后又成为以色列政府总理并作为政府首脑在耶路撒冷设有办公室。回想这段家史，是耶路撒冷引导我父亲走上了锡安主义运动的道路。我有时想，假如没有在齐齐哈尔庆祝创办耶路撒冷大学这件事情，我父亲和我们家庭的一生又会是什么样子呢？

20 世纪 50 年代，我父亲代表农业界当选为以色列国会"克奈塞特"议员，耶路撒冷是我父亲从政的场所。那时父亲每个礼拜来这里待上三天。每次来耶路撒冷，他不但参加国会的活动，还总要到城里的各个角落转转，和出生在耶路撒冷的本地人会面。当地人会给他讲老城的故事，带他去看许多有历史价值的地方——在耶路撒冷到处皆是。我后来到耶路撒冷上大学，有机会经常见到父亲。每个礼拜天和每逢假日，我们兄弟喜欢到父亲工作的地方，借机会瞻仰以色列国会所在地，瞻仰那神圣的蜡烛台——以色列国的象征。我聆听父亲讲述对耶路撒冷的印象和感想，以及他从当地居民中收集到的有关这座圣城的许多有趣的历史故事，受益匪浅。

1955 年以色列国会通过一项重要法律——《水法》。这是我的父亲莫德查·奥尔默特——来自哈尔滨的犹太人，负责制定并将它提交国会讨论通过的。面对严峻的缺水局面，以色列人从小就养成节约水资源的强烈意识，“节约每一滴水”成为每个人的自觉行动。在政策上，实行生活和农业用水配给和相应的收费制度。最重要的是通过《水法》立法，明确规定水是国家资源，只有国家有权决定对水的开发利用。这就是说，任何个人不得自行掘井取水或者到河里设泵抽水。这是以色列国会颁布的最重要的法律之一，我为此感到骄傲——它出自我父亲之手。

有一年，父亲以国会议员的身份参加一个以色列官方代表团访问荷兰。访荷期间，他决定去拜访他曾经干过农活的农场和农场主。主人看到来客，不胜惊讶，以为是在做梦：一位陌生的小伙子来自遥远的中国，在这里当过小工，后来离开去了中东一个落后的国家——现在已一跃成为一个农业技术极为先进的国家，而小伙子居然又当上这个国家的国会议员回来了。就是这位昔日在荷兰受雇的农工，后来成为在荷兰受到尊敬的外国贵宾，以一个独立国家国会议员的身份，受到荷兰所有领导人的接待，其中也包括女皇。这是多么不可思议！

步入耶路撒冷大学殿堂

军中服役完毕，我进入耶路撒冷希伯来大学攻读农业。

耶路撒冷希伯来大学位于东城的斯科普斯山上，开办于1925年，发展至今已成为世界名校之一。耶路撒冷大学的建立，是犹太人社会复兴和以色列建国历史进程中的一件大事。我同许许多多犹太青年一样，到这里上大学不仅是学习技术知识，更是准备参加维护以色列的生存和发展的伟大斗争。我怀着崇敬和自豪的心情，在以耶路撒冷这座圣城的名字命名的犹太人自己的大学里，度过了五年的学习生涯。

我在这里选读农业。我在一生中曾多次问自己，为什么我决定攻读农业而不是其他专业，每次总会得到同样的答案：我是在农村长大的，是受到父亲的影响。父亲看到，农业是以色列立国和寻求发展的根本。他终生坚信，具有先进知识和能力的农民是社会的中枢。父亲从来没有劝我从事这一专业，但是当我告诉他我要选择农业时，他的脸上露出了笑容。

▲ 我是耶路撒冷希伯来大学农业系毕业生联谊会主席。这是我代表毕业生在系 50 周年庆祝大会上讲话。

耶路撒冷大学现有学生两万名，设有理学、社会科学、医学、农学等七大学院，包括多个专业科系，如水土科学、植物病理学和微生物学、生物化学、食品科学和营养学以及基因中心等。农学院院址设在雷霍沃特市，是以色列唯一的一家农业高等学府，为全国培养具备最新科学知识的农业技术和管理人才。大学的研究人员在农业革新领域里，有过许多发现、改进和应用。大学的农业系承担以色列 25% 以上的农业研究任务，在根本改进干旱农业并提高以色列农业产量和可持续发展方面，发挥着技术引领作用。水的回收利用、滴灌、提高仓储能力等技术，也是完全或部分地归功于希伯来大学有关专业人员的开发。

我在希伯来大学的学习过程中曾担任该校农业系毕业生联谊会主席。大学的五年学习不但为我后来所从事的职业打下了坚实的专业基础，而且为我一生有效服务祖国进行了充分的思想和精神准备。

耶路撒冷大学是犹太民族在其祖先发源地获得文化复兴的象征。学校第一届董事会均由世界上著名的犹太精英组成，其中有爱因斯坦和弗洛伊德两位世界科学界的泰斗人物。1923 年元旦，正值爱因斯坦在中国上海进行访问，他在当地的一次犹太人招待会上曾说：“这所犹太学府是传播犹太精神的活动中心，犹太学者可以从中找到自己的方向。这不仅是莘莘学子潜心攻读的场所，更是犹太学者荟萃的地方；它是表达犹太人思想的权威中心，帮助向广阔世界阐明我们的观点。”以色列的年轻人都以成为耶路撒冷大学学子而感到幸福和骄傲，我当然也不例外。

从足球场走向政坛

在我们的家庭中，我父亲、兄弟和我自己都是体育爱好者，特别是爱好足球。全家人坐在一起吃饭时，常聊的话题就是体育和政治。我本人曾经是一名足球队员。不敢说我的足球踢得很棒，但我至少有一个巨大优势，那就是能用脑袋顶球，而且非常有效。我在场上一般用头将球顶入球门，多次破门得分。因此论踢足球，我的脑袋比两脚要管用得多。

我另外两个弟弟也喜欢足球，最小的弟弟从来不踢足球，但成为以色列非常著名的足球评论员。他是研究伊斯兰问题的教授，不过以色列大多数人只知道他是主持足球赛事广播的评论员。四个兄弟当中埃胡德才是真正的球星，16 岁那年就被吸收参加成人球队。关于他和足球的缘分，有一段十分有趣的故事。

话说有一次参加比赛，埃胡德摔坏了胳膊。大夫说他手受伤了，得打石膏，要静养三个月。埃胡德怎么也不干，他怕耽误踢球。他告诉大夫说，他不感到痛。其实他痛，只不过疼痛不久就消失了。他继续踢球，不知不觉之间，骨头断裂的地方也就接合痊愈了。后来他应征入伍，志愿到我几年前所在的部队。经过一段时间的严酷训练，他发觉原来受伤的地方疼痛难熬，于是到部队医院就医。医院给他做过仔细检查，通知他说，骨折的地方接合情况非常糟糕，要动手术，但由于受伤不是发生在军队服役期间，手术要到民间医院去做，有关费用自付。于是，他有一年多时间脱离部队，在耶路撒冷医院做了三次手术。此时他碰巧给一名国会议员当了一阵助手，这对他后来认识许多议员和传媒人士大有帮助，并最终促使他走上从政的道路。他因此不再踢足球，但也没有完全抛开足球，而是渐渐成为“耶路撒冷贝塔”足球队的忠实球迷。每逢这支球队参加比赛，他必定到场观战，而且为该队捐款赞助。当上政府总理以后，他不便在人多的赛场露面，便只好留在办公室或者家里观看电视现场转播。

耶路撒冷的年轻市长

耶路撒冷的风风雨雨，与我弟弟埃胡德·奥尔默特有着最密切的联系。耶路撒冷是埃胡德开始走上从政道路并驰骋于以色列政坛的一个重要起点。

弟弟埃胡德也在耶路撒冷大学上学，在校时就积极参加政治活动。他与妻子婚后有四个孩子，全是在耶路撒冷出生。埃胡德年仅 28 岁便进入以色列国会克奈塞特，是国会中最年轻的议员。他担任国会议员历时 20 年，而后参加竞选耶路撒冷市长职位，并在 1993 到 2003 年间担任耶路撒冷市长。

离开国会参加耶路撒冷市长竞选，对埃胡德的政治前途是个巨大挑战。他的竞选对手是已经连任 28 年的一位老市长。每个人都说，要想战胜老市长赢得选举是异想天开，我弟弟一定会败在这位不可战胜的强人手下。许多人还对他说，离开国家政界转向地方舞台会降低他的形象，使他丧失跻身国家级别政界的机会。他回应说，体验一座有重要意义的大城市的现实，会给他的信任度添分，带来更多的支持者。

那些日子我也曾经问他，干吗非要离开国会去参加一场毫无胜算的竞选？他回答我说，耶路撒冷是犹太人、穆斯林和基督徒的圣城，在许多人看来是世界的首都，当耶路撒冷的市长要比当国会议员强得多。他坚信能打败老市长。

埃胡德打出的竞选口号是："市长先生，我们喜欢和尊敬您，祝愿您身体健康，望您多与家人团聚。"老市长已经 82 岁高龄，人们一听就明白话中的含义：他们所尊敬和爱戴的人已经年迈，应该另选一个年轻有为的新市长了。

我的弟弟最终当选。以色列各大城市都在同一天进行市长选举，埃胡德·奥尔默特在耶路撒冷胜选的消息引起最大震动。与此同时，奥尔默特家族的另外一位成员也在以色列另外一个城市当选市长，这就是我的另外一个弟弟伊尔弥。当天晚上和过后连续几天，各家媒体充满了奥尔默特家族两兄弟同时当上市长的消息。

伊尔弥是家里的老二，比我小比埃胡德大，也毕业于耶路撒冷大学农学系，从事农业专业。在将要获得博士学位时，爆发了赎罪日战争，他和我们一道奔赴战场。战争结束后，他志愿留在军中服务，经过一段时间晋升为准将，担任师指挥员。按照以色列军队的要求，任何一级部队的指挥员都必须指挥在前，对自己的士兵只许说“跟我来”，不许说“向前冲”。伊尔弥在一次战斗中冲锋在前，不幸两腿中弹负伤。尽管如此，他依然留在部队，并被提拔为国防部军事顾问。过了几年他决定退休，想重返研究岗位从事农业技术工作。但在所在城市居民的强大要求下，他只得参加该市市长的竞选活动，最后成功当选。

埃胡德担任耶路撒冷市长十年。在两届任期内，耶路撒冷发生多起自杀性爆炸事件，许多人死于非难，更多人受伤。每当悲剧发生过后，总会看到一个人去看望受害群众家属，去找军队和警察讨论局势，此人便是市长。但大多数人并不知道，这个人自己在一次自杀性爆炸中也险些丧生。

事情是这样的：埃胡德手下有位副市长是宗教人士，代表一个宗教政党，埃胡德和这位副市长及他的家人非常要好。不料有一天祸从天降，副市长遭遇车祸。从这一天起，埃胡德一直负责关照他家的生活。他知道，过去副市长每个礼拜五都要到一家面包店去给家里买新鲜面包。这是为犹太人礼拜六和过节特制的，所有宗教人士逢礼拜六只吃这种面包，而且许多普通人也养成了这种习惯，到了礼拜六非这种面包不吃。因为老副市长已经去世，埃胡德便代替他每个礼拜五亲自到面包店为他家人选购面包。保卫人员告诉他，这样很危险，因为每个礼拜同一时间来往于同一地点，会引起恐怖分子的注意。保卫人员说，他们可以代为办理，可是埃胡德不同意，说一定要亲自看到要买的面包，给他们挑上最好的面包。

出事的那个礼拜五下午，他像往常一样前去面包店，选好面包之后回到汽车上，就在这一刹那发生一阵猛烈爆炸，面包店当场被炸毁，店主倒毙在地上。恐怖分子引爆炸弹晚了几秒钟，我弟弟幸免于难。事后埃胡德下达命令，要求立即重建面包店，保证第二天重新营业。下个礼拜五他照常来到面包店，给亡人的家里送去他亲自选好的面包。

▲奥家四兄弟，自左至右：埃胡德（以色列前总理）、我、伊尔弥（以色列将军）、约西（美国教授）。

在耶路撒冷担任市长十年之后，埃胡德决定重返国家政治舞台，相继担任以色列政府副总理和总理职务。可惜此时我的父母已经去世，他们未能亲眼看到他们的三儿子在政治道路上取得的更大成就。

致力于结束以巴冲突的以色列总理

埃胡德在任耶路撒冷市长期间，城市的基本建设同时获得巨大发展。在这个时期，埃胡德的一个主要目标就是让犹太人和阿拉伯人和平共处。他改变观点重新考虑与巴勒斯坦人达成谅解的途径。埃胡德心里明白，以色列方面不作出非常痛苦的让步就不可能达成任何和平协议，冲突就会一代接一代延续下去。

埃胡德后来担任政府总理，开始在以色列和巴勒斯坦当局之间进行十分重要的面对面谈判。一般是由巴勒斯坦当局领导人阿巴斯到以色列总理府来商谈，双方就所有问题展开讨论。埃胡德拟就具体建议并提交给巴勒斯坦当局领导人，表示以色列不但同意建立一个独立的巴勒斯坦国，而且同意将巴勒斯坦人占居大多数的耶路撒冷老城及周边居住区视为巴勒斯坦国的一部分，耶路撒冷属于巴勒斯坦国的这部分将作为巴勒斯坦国的首都。以色列继续留在西岸一些犹太人口众多的地区，作为补偿，以色列从其领土中划出同等面积的土地给巴勒斯坦国。

以色列总理和巴勒斯坦当局领导人阿巴斯之间已经非常接近达成一项历史性协议，但是以色列举行新的总理选举，我弟弟此时结束了他的总理任期，会谈中断，结果错过了以色列和巴勒斯坦之间终止冲突的良好时机。

以色列媒体有文章谈到，假如埃胡德·奥尔默特继续他的任期，他将不愧为以色列历史上的一位伟大总理，而且即使现在也有人认为他是一位伟大总理。我不想对这种评价做何评论，但是我认为，这种评价也许能够说明，埃胡德为之努力的结束以色列与巴勒斯坦冲突的事业，是多么深入人心。假如要我谈我对埃胡德弟弟的看法，我不妨在此引述该篇文章的一段话：总理刚刚辞职不久，媒体对他的长兄亚伯拉罕进行采访。询问他对他的总理弟弟有何看法，大家本以为他会对弟弟颇有微词，但“亚伯拉罕作出了一个兄长对自己兄弟所能作出的最好回答：我爱我弟弟，我相信他，我对他全力支持”。

四、到农民中间去

我经过五年寒窗之苦，获得农学学士学位，专长是灌溉和土壤科学。我要考虑选择什么工作，考虑我一生的去向了。

做个农业技术推广工作者

同期毕业的许多同学都搞研究工作去了，而我觉得应当到农场去和农民一起劳动。我选择从事农业技术的实际工作，受聘到农业部的一个特别部门——田间水土服务局，做个农业技术推广工作者，职责是推广不同作物的有效灌溉方法以及土壤施肥的有效途径。我从此开始了一段繁忙而又充实的生涯。

经过几年努力，与农民有了经常性的直接接触，我被晋升为技术推广局的地区部门主任。我主管的农业技术推广地区，是以色列最大的农业区，我手下拥有农业方面的各类专家。我在这个岗位上工作了整整八年，积累了大量经验与知识，不但大大增进了对农业各方面问题的了解，也获得了管理手下一批专家、和农业界以及政府各部门机构建立关系的丰富经验。担任推广局主任和经管这个地区工作的时期，是我毕生专业生涯当中最具挑战性的时期之一，它为我后来担任更重大的任务进行了必需的锻炼和准备。

我渐渐成为以色列与其他许多国家之间进行国际合作的知名专家，是著名的滴灌系统的开发者之一。这些成就完全得助于与农民的直接接触和联系。中国的情况和以色列不完全相同，但我认为，通过技术推广使科学和田间农民的实践相接合，其原则无论在中国还是在以色列都同样正确有效。

棉花试验田首战告捷

到农业部工作以后，我就开始考虑如何帮助农民解决各种作物的灌溉和施肥问题。这时我开始接触棉花，棉花既是我的专业爱好，又是以色列的一项重要经济作物。开发节水高产的棉花试验田，成为我在以色列农业战线上迎接的第一场遭遇战。

棉花是世界农业的最重要作物之一。我们每个人身上穿的衣服，至少有一件是由棉花纺织的棉布制成。我读过一份如此描写棉花和人类之间关系的材料：“棉花是我们日常生活中不可分割的一部分：早上起来洗脸要用毛巾，然后穿衣着裤，晚上睡觉盖被都离不开棉花，从早到晚，吃饭还用得上棉花籽油。”

没人知道棉花的年代有多么久远。科学家曾在墨西哥的洞穴里发现过棉布的碎片，经考证至少有7000年的历史了。他们还发现，这些棉花和美国今天种植的大致相同。巴基斯坦早在公元前3000年也就是至今5000年前就开始种植棉花了，与此同时埃及尼罗河的居民已经用棉花纺布。棉花进入欧洲不过是1300年前的事。利用机器的工业化棉纺业大约300年前始于英国，完成这项作业的工业设备称为“Gin”（轧棉机）。自从轧棉机来到世上，纺织业就成为许多国家的一项强大工业。

中国是世界上最大的棉花生产国，棉花在国民经济中占有十分重要的地位。关于棉花什么时候来到中国的问题存在着很大争议。有人说，1000多年前犹太人从土耳其来到中国，带来一批棉花种子献给开封；另外据说有证据证明，2000多年前中国南方引进过矮株棉花品种，这些品种后来传播到全中国，而最早出现这类棉花品种的地区是长江和黄河流域。

以色列引进棉花的历史很有意思：20世纪20年代，从俄罗斯过来一批信仰社会主义的年轻新移民，满怀热情要在他们的新国家设立农业定居点，但他们知道自己的农业知识十分有限，于是决定派人到美国加利福尼亚去学习现代农业。派去的小伙子名叫萨姆·汉堡。他后来在加利福尼亚开办了一家大农场，种植各种庄稼十分成功，其中就有棉花。1954年他回到以色列探望家人和老朋友，还会见以色列首任总理大卫·本古里安。他对总理说，你们为什么不在以色列种棉花？以色列的气候和土壤跟加利福尼亚的一样，种植棉花一定成功。从此以后以色列开始种植棉花，而且成为最重要的作物之一。以色列的棉花种植取得了巨大成就，其单位土地面积的棉花产量达到世界最高水平。

为了棉花试验田取得成功，我特别注意在两个关键环节上下功夫：灌溉和施肥。在灌溉方面，我不但设法减少用水，而且要减少灌溉次数，但同时不降低反而增加产量。我特别感兴趣的另一个问题是，用什么方法可以让棉花不但高产而且同时达到质优。

推广局里的朋友对我说，这类事情只能交给研究实验室去搞。我同意，基本研究是要在实验室里去做，但我说，这类研究的应用得依靠“田间试验”。怎么讲？这就是说，要到农民的地里，根据当地农田的实际条件对每种处理方法进行大规模的试验。通过这种“田间试验”来判断研究方法的实际效果，要可靠得多，才有充分把握推广到全国。做这样的试验要依靠农民，吸收农民直接参加，要向农民讲清楚试验的目的和方法，告诉他们，试验的结果不但在当地应用而且要推广到全国。为了获得有代表性的试验结果以利于向全国推广，我们不但在一个地方，而且要在多个地方进行试验，并且试验不只搞一年而是要搞好几年。

我们的办法是改变农民进行灌溉的时间习惯，根据棉花的生长周期选定适当日子安排灌溉，而且科学地控制水量。经过一番试验，我们终于成功将灌溉的次数从五次减少到三次，节约用水25%，与此同时棉花增产25%。这对我来说是一种莫大鼓舞。和这么多研究人员以及庄稼汉打交道，不但帮助研究人员证明了他们的建议方案，而且帮助农民减少用水和提高产量，既增加了他们的收入，又为国家作出了贡献。当你感到你的努力对社会各方面都有所裨益时，那种满足感是难以形容的。

我关心的种植棉花的另一个问题是施肥。施肥，就是给植物根部供应植物正常生长和获得高质量棉花纤维所需的矿物质。为给土壤添加矿物物质，就要充分考虑一个重要因素，那就是土壤中已有的能为植物吸收的矿物质含量，以便判断植物所需的矿物质总量。因此在施肥之前，需要对土壤进行采样并送到实验室进行化验。一个重要的问题是，要有合理的采样数量以保证最终获得可靠的分析数值。

我在农业部技术推广局工作期间，为土壤测定进行了大量工作，最终制定出了棉花正确施肥的一套土壤采样方法。我高兴地得知，我提出的棉田土壤采样方法已被批准在以色列全国推行。随后我进一步探索一种更加简单易行的方法来鉴别某些重要元素对棉花的适用性。通过航空红外摄影可以观察某种元素缺少的迹象。但是事情做起来并不简单：一方面要征得农民同意划出很大一片田地进行测定，另一方面要雇用飞机。正在加紧进行这个项目的时候，农业部长把我找去，宣布任命我为技术推广局长，我的航空红外摄影试验项目工作就此中断。

但是，新的职务并不能让我抛开对棉花种植的兴趣，更不可能让我脱离与农民的直接接触。与庄稼汉打交道，是我的激情所在。

技术村的故事

我的下一个行动是要在整个村庄进行试点，建立“技术村”。

技术现在简直成了一种魔术，深入到生活的所有方面，农业也不例外。但技术要不断进行开发和应用，而检验技术效用的一个方法是在不同的地方进行试验，取得成功之后再加以推广应用。农业技术如何进行开发和试验？如何经过试验得出全面的答案，促使当局拿出投资推动技术的开发和应用？

以色列和中国同是水资源短缺的国家，节水技术显得尤为重要。而农业又是耗水量最大的用户，农业节水问题具有全局性的意义。以色列开发出了农业灌溉的节水方法和设备，能根据植物的实际需水量给水，一但给水量满足了植物的要求，水源就会自动切断，无须人为干预。这样的方法和设备需要在大规模的范围内进行试验。

因为我被视为从事农业节水技术的专家，以色列国家节水技术委员会要我对这项技术进行评估，看看这种技术和设备是否有效，能否推广应用于全国。我建议不要像过去那样分别到不同农场试验，只搞些示范，而是选定一个大的村子集中进行实验。要选择以色列最大的村落，村里要有许多农户，有需水情况各不相同的各种类型的庄稼和林木。我们向每个农户发放新型设备和相关的说明材料，对他们进行培训。试验要进行一整年，最终观察灌溉用水和农作物收成的结果，将其与上一年的情况进行对比。我认为，当地的农民就是我的专家，他们最熟悉水源浪费和作物低产的问题，最会把握节水和高产的关键。但这需要一笔不小的资金，我上报了一个预算，未料到委员会并没有因为资金的问题打退堂鼓。

农业部指定我为试验项目的总负责人，部长给我提出一个要求：村子里同意在自己地里进行试验的农民必须达到 80% 以上，而且他们要听从农业部人员的指导。最终我们选定的试点位于以色列气候干旱的南部地区，这是一座名叫“阿维多”的村庄。阿维多是以色列复国主义运动的一位重要人物，他为各个村庄提供捐款发展农业，我们的试点村子就是以他的名字命名的。全村有 100 户人家，每户有大约 4 公顷土地，实行莫沙夫的合作社经营管理制度，主要经济活动是饲养奶牛和种植蔬菜、水果。这里因为气候干燥，饲养牲口所需的青草以及蔬菜、水果等经济作物又十分耗水，水资源的短缺问题非常突出。可以说，在这里滴水贵如油。

为开展项目，第一件要做的事情是召开大会，由我代表农业部说明来意，动员农民投入试验。我在以色列和世界各地做过许多报告，但是要算这次最复杂，叫我心中最没底。我面对 100 多个听众，他们都是知识和经验丰富的久经锻炼的庄稼能手，不会轻易改变他们传统的生活方式和耕作方法，而且不相信天上会掉下馅饼——难道政府会白送你值钱的东西，到头来会不会叫我们吃不了兜着走呢？因此我不但准备好了讲什么，还准备好了回答无尽的问题。预定开两个小时的会议进行了五个小时，结果对试验计划投赞成票的与会者高达 97%。我松了一口气。这时，我才抛出我的“上方宝剑”，向大家宣布农业部的决定：向每个农户赠送一套设备，外加价值 2000 美元现金以供购置农场所需的各种物品。我所以在投票之前没有透露这点，是为了避嫌，以免有人说我贿赂农民。

动员会的成功受到农业部领导的表扬。但这不过是第一步，更困难的工作还在后头。我们要逐家逐户帮助制定计划和推动计划的实施，同时对每片农田每种作物的生长和收获情况进行监督和测定。我和手下的农业专家组每天晚上开会，总结当天的工作并制定第二天的行动计划。

农作季节结束，该整理总结报告了，等着看收获结果的心情是多么紧张！结果比预期的还要好，节水达 40%，产量增加约 30%。这就是用新的技术和设备武装农民、并对他们进行充分培训带来的成果，是“技术村”的初步胜利。这次试验的重要意义是不局限于一个村子，它涉及整个国家农业领域的用水大问题。在此前后，我在以色列和世界其他国家包括中国完成过许多项目，但凭心而论，没有一个项目比这次复杂和充满挑战性，让我如此兴奋和激动。

这个先进项目完成多年以后，有人给我送来设在意大利罗马的联合国粮农组织发表的一份报告材料，其中论述了这个项目的内容和成果，建议面临水资源短缺的有关国家研究这一经验，并根据本国情况加以应用。有趣的是，在现在的以色列农村，“技术村”的概念发展到了有机农业领域并出现了所谓“有机村”——这是有机农业化的村庄。

“技术村”项目的经验最终告诉我们，政府当局和农民的直接合作，会给农民以及整个社会带来何等重大的利益。

五、走向世界

以色列的农业技术，从灌溉和有效水资源管理到施肥技术、种子及牲畜品种基因改良，大大提高了农业产量，为解决世界人口缺粮问题迈出了一大步。

以色列乐于与世界分享他们在农业领域里的实用技术成果。以色列专家目前在不少国家从事农业开发项目的计划工作，如泰国、菲律宾和巴西等。在土耳其的欧亚交界地区相当于半个以色列的土地面积上，以色列专家通过有效利用底格里斯河水改善当地农业。所有这些项目，都重在农业的持续发展。以色列的有关公司强调，不但要做到农业技术适合于特定地区或特定气候条件，而且要使当地农民训练有素，能有效利用和维护他们购买的系统。

以色列开展农业国际合作的机构主要有“马沙夫”和“阿格里德夫”。我在这两个机构曾经工作过，这对我后来出任驻中国公使起到重要的准备作用。

读者可能会问，以色列这么小一个国家，何以需要成立两个机构从事同样性质的工作？答案是：以色列处在一种特殊的国际环境中。以色列与一些国家的关系，过去（在某种意义上甚至现在）处在一种非常复杂的状态，与阿拉伯国家的冲突、与共产主义国家的政治关系，都是妨碍以色列同其他国家进行接触的严重障碍。农业合作是以色列越过障碍开展对外接触的一条途径。现在情况有了很大改善，以色列已经与大多数国家建立了外交关系，和 30 年前甚至 20 年前的局面已大不相同。不但以色列本国，许多与以色列没有正式关系的国家也都主张，为了建立合作关系，设立马沙夫和阿格里德夫一事至关重要。马沙夫负责维持与以色列有正式外交关系国家的合作，阿格里德夫这个机构的作用，则是让以色列在没有外交关系的国家里开展工作。

马沙夫——以色列国际合作中心

以色列的官方海外合作活动始于 1958 年，任务是与其他发展中国家分享促进以色列本国经济迅速发展的技术知识。一开始只是一项不大的项目，但是经过多年之后，逐渐发展成遍及各发展中国家的庞大计划，着眼于推动有关国家的持续发展和社会平等。

1958 年，戈尔达·梅厄夫人——当时的以色列外交部长和后来的以色列总理(直到现在也是以色列历史上唯一的女总理)，第一次访问非洲，看到年轻的非洲国家独立以后所面临的挑战，深有感触。回国之后，梅厄夫人意识到以色列应当发挥重要作用，帮助这些国家解决卫生、教育、农业以及资源方面的问题，决定建立一个机构——“马沙夫”来开展这项工作。马沙夫设在外交部，属于一个专门的国际合作部门，其活动集中在以色列具有比较优势和经验丰富的领域，主要是各类重大课题的人才培训和建设。这是马沙夫的主要优势。通过马沙夫的大力组织，以色列每年在国内和其他国家举办几百次培训班，内容包括农业、教育、经济、医疗、大众健康、科学技术以及社区和农村开发等。除了举办培训，马沙夫还在各个国家开发项目，主要是农业示范项目，其中有中国的北京永乐店示范农场，这点将在另外的章节专门谈到。

我和马沙夫有密切的关系。1976 ~ 1978 年间，我代表马沙夫出任以色列派驻中美洲各个农业工作组的总负责人。我们在这个地区的每个国家都设有示范项目。从 1981 年到 1997 年我担任阿格里德夫总经理期间，一直和马沙夫在许多国家开展合作，代表马沙夫建立示范农场。有不少著名项目设立在和以色列没有外交关系的国家，如南美洲的委内瑞拉和秘鲁、中美洲的危地马拉和尼加拉瓜、加勒比地区的巴巴多斯和安提瓜、非洲的埃及、喀麦隆和斯威士兰、亚洲的印度等国。

有些发达国家像德国和法国也有类似机构，但没有一个国家的机构像马沙夫一样健全，也没有一个国家具备像阿格里德夫这样先进的体系。马沙夫诞生以来，超过25万人参加过在大约140个国家举办的各类“现场培训”。这样的现场培训一般由以色列派出两名专家授课，有时候以马沙夫的名义，有时候则以阿格里德夫的名义举办。

在中国，这方面的合作一开始是以阿格里德夫的名义开展的。1992年两国建立外交关系之后，有关活动才转到马沙夫的名下。自此合作迅猛发展。我有幸成为在阿格里德夫名下与中国开启合作的其中一人，接着又一直在马沙夫名下继续这方面的合作。

马沙夫的另外一方面活动，是在其他国家设立“沙洛姆俱乐部”，目的是与参加过培训班的学员保持经常性联系。马沙夫向学员们派发有关期刊，通报在各个国家的活动情况，每年还举办一次学员见面会。我在中国任职期间，曾经在上海和北京举办过几次这样的聚会，前来参加的学员有机会与朋友交流情况，共同回忆过去。这颇像是中国常见的“同学聚会”。

我与农业发展公司——阿格里德夫

犹太人在干旱的沙漠中日夜跋涉，没有食物可以饱肚，没有房屋可以遮身，最严重的是找不到水喝。这时大家都来向摩西求救。上帝给了摩西一支神杖，只要将神杖在岩石上轻轻一敲，岩石就会冒出清清的泉水。每当摩西拿出神杖敲水时，饥渴的犹太人都围拢过来观看这个奇迹。

我在阿格里德夫上任总经理以后，要到加勒比海的一个小岛格林纳达去开发项目。当地气候干燥，缺水是该国面临的一个严重问题。格林纳达政府邀请我们帮助解决这个难题。为了庆祝项目开工，特地举行盛大仪式，岛国的总理亲临现场参加。总理向到场的群众发表演讲，他谈到水荒，谈到以色列拥有先进的节水农业技术，然后向群众介绍在座的我，并且让我发言。

我站起来首先便说，根据《圣经》，亚伯拉罕是摩西的祖先，而摩西是有本事在岩石上敲出水来的圣人。我说，我不敢保证能找到如此轻易的办法一举解决格林纳达的缺水问题，恐怕我在岩石上敲它一百次也流不出一滴水。但我承诺，我们要与大家鼎立合作，找到出水的路子。《圣经》的故事看来打动了总理和场上的听众，后来我们果然给格林纳达小岛找到了解决缺水问题的办法，当然不是靠摩西的神杖，而是靠科学技术。

▲ 作为以色列农业发展公司总经理赴意大利南部从事降雨作业，摄于西西里。

农业发展公司阿格里德夫是由以色列政府创办的，设在农业部，以私人公司的面貌出现，其任务是到各个国家开展农业合作，特别是和以色列尚未建立外交关系的国家。由于公司有着浓厚的政府背景，有关国家会认为比较可靠，另一方面，它又是一个私人企业，足以避开国与国之间官方接触之嫌。许多国家都希望与以色列在科技方面进行接触，特别是农业技术，既然没有外交渠道可以提供帮助，他们只有寄望于一个得到以色列技术机构支持的可靠实体，与之开展合作。农业发展公司正是他们想找的合作对象。

从马沙夫到阿格里德夫，中间我走过许多国家，见过许多不同国家的领导人，要把所有经历列举出来，足够写一部厚厚的书。因此我只想在下面引述一二，提供有关我在两家公司，特别是在农业发展公司出访世界各地的一些情况，意在告诉读者，这些经历是我来华工作的重要前期准备，让读者了解，一个曾经在中国长大和受到教育的犹太人的儿子，是如何周游世界之后又最终选择了中国。

代表和领导阿格里德夫公司的工作，是一件非常振奋人心的事。我为此付出了 16 年的辛勤劳动和心血。令人欣慰的是，我因此有机会在国际舞台上为有关国家特别是中国发展农业尽到一分力量，为我的国家以色列与其他国家广泛接触和合作开拓道路。下面引述的以色列媒体上的一篇文章，我认为不是对我个人，而是对阿格里德夫和这个可爱团队所有成员工作成绩的肯定和赞扬：

我想，奥尔默特家族以及阿格里德夫的事迹十分感人。以色列国通过阿格里德夫，在整整一代人的时间里向其他国家和地区输送先进的农业技术知识。中国是一个合作重点。亚伯拉罕在阿格里德夫一直工作了 16 年……我真想说，像阿格里德夫总经理亚伯拉罕·奥尔默特这样的人物，他们深知如何在不同国家之间实现真诚合作，他们创造新的现实，能与他们生活在同一片土地上是多么值得庆幸的事情。

六、出使中美洲

我在领导农业技术推广系统八年后，有一天农业部长和外交部长召见我。两位部长提出让我到中美洲工作，总管派赴该地区的各以色列农业专家组，推动以色列在这些国家的合作事业。他们告诉我，这次出使的基本目的是在这些与我国尚无接触的国家里，打下开展活动的坚实基础，实地锻炼开展这类合作的能力。他们还提示说，将来另一个目标会是中国。

在这之前我曾对一些国家做过短期访问，但这次出访的性质显然不同，让我觉得很有吸引力，再加上听说将来有机会去中国，更是喜上心头，我当场就同意了。我想他们知道我的家庭和出身背景，因此有意提到中国，以此争取我接受他们的安排。他们这着棋是走对了！从此在我心中埋下了有朝一日访问中国的梦想的种子。实际上，我大半生的农业活动舞台不是在以色列，而是在世界，最后是在中国。在世界其他国家的活动，实际上是为后来在中国工作所做的重要准备。

执行这类任务，主要问题不在于技术方面，而在于自己如何适应当地的人和事。与当地人沟通是最重要的因素，你要学会和高层人士进行沟通，无论在危地马拉，或者在尼加拉瓜甚至在中国，情况都一样。这次出使中美洲对我来说如同上了一个好学校，为我今后在农业发展公司的出国任务和到中国任职做了必要准备，奠定了一个扎实的基础。

危地马拉大地震

我带上夫人和三个孩子迁居危地马拉，当时夫人正怀孕在身。我经管的地区包括中美洲各个国家，即危地马拉、萨尔瓦多、尼加拉瓜、洪都拉斯、哥斯达黎加、巴拿马和墨西哥，后来加勒比海地区也归我管理。说是出使，实际像去度长假。这倒不是说我是冲着旅游去的，我的工作很紧张，但是既然来到了如此迷人的地方，你就无法完全沉湎于工作，不免还要享受其他乐趣。

在危地马拉期间，我们家添了一个女儿，她排行老四（前面是三个男孩），算是一桩喜事。但是不久就碰上了里氏 7.6 级的恐怖大地震，那简直是一场噩梦。

那是 1976 年，当时我有公事到尼加拉瓜首都马那瓜。这座城市曾在 1972 年毁于一次地震，震级达里氏 6.2 级。我与一位经历过那次地震的以色列农业专家见面，他给我讲了当时的情形。当天晚上我返回危地马拉家里，把听说的地震的事告诉了我太太。不料我们入睡之后，大约是深夜 3 点钟左右，一阵巨大的隆隆声传来，仿佛是炸弹爆炸，太太高叫一声：“地震！”我跳下床来，使劲往孩子们睡觉的卧室跑去，但是地面晃动得厉害，我无法动弹，身子左右摇摆，前倾后仰。晚上漆黑一片，伸手不见五指，摸不清前后方向。我随手抓住一把门扇，错把衣柜门当成了房门，整个柜子猛烈撞到了头上，我一时间晕倒在地，完全失去了知觉。事后我才知道，地震延续了整整 49 秒钟，但当时似乎看不到时间的尽头。感谢上帝，我们家没有人受伤，但是危地马拉全国有上万人死亡，几百万人无家可归。

就在危地马拉地震过后仅仅三个月，中国唐山发生里氏 7.8 级地震，也是在凌晨 3 点到 4 点之间，夺去了 24 万人的生命。

巧遇里根总统

在国外执行农业合作任务，你每天都会遇到普通农民和他们的带头人，你可以看到当地农民的现实状况、他们的问题和期望。与此同时，也有机会见到所在国乃至国际媒体头条新闻上多次出现的人物。这期间我碰巧遇见美国前总统里根，那是在加勒比海岛国格林纳达，里根到该地进行短暂访问。

1974 年格林纳达宣告独立，1979 年一次武装革命推翻了当权者，建立了人民革命政府，禁止一切政党活动，罢绝选举。革命政府与古巴以及其他共产主义国家建立了紧密关系。过后不久，再次发生反对政府的国内革命，导致美国入侵并占领该岛。最终古巴人撤离格林纳达，岛屿处于新政权控制之下。就在新政府上台不久，我收到格林纳达来信，要求由农业发展公司派遣一个农业和水利专家小组前去该岛解决缺水问题。

美国入侵一周年之际，该国举办活动表示对美国的感谢，里根总统作为贵宾应邀出席。里根到会并在岛上逗留了总共两小时。我也在被邀请参加该项活动之列，并经他引见与里根认识。

总理向里根介绍我们在岛上的工作情况，里根总统对我说，“我知道你们的农业技术很先进，所以我不奇怪这里的政府找你们进行合作。”我说：“总统先生，我们到许多国家开展工作，其中包括美国。”总统听我一说，十分惊讶，问我：

“在什么地方？”我回答说：“在加州中部河谷。我们种植棉花，在当地被誉为最佳棉农。”里根总统看着我，微微一笑说道：“太棒了。”他的赞语引起全场的注意。当然，总统身边跟着一大批电视和报刊新闻记者，有关这次见面和谈话的情况，特别是以色列人和他接触的情况，一时间广为流传。不瞒你说，这给了我们不小的帮助。

在美国种棉花是一段十分值得回味的有趣故事。上面提到，以色列的棉花是从美国传入的，但是谁能想到，时隔不到30年，昔日的“学生”超过了他的“老师”。

那是20世纪70年代，有一天我接到一个电话，对方说他是一家美国公司，公司的名字叫“派拉蒙”，要求与我见面。我只知道“派拉蒙”是一家著名的美国电影公司，不知对方见我是何目的。我自以为就要当电影明星了。我问对方有何贵干，那边说随便谈谈，这不由得使我更加起了疑心。那时我当农业发展公司阿格里德夫的总经理，搞的是农业而并非电影。后来见到贝尔顿·斯梯尔先生，方知他是一家美国农业公司的副总裁，公司的名字叫“派拉蒙农业公司”。这家美国派拉蒙公司，也就是本书一开始提到的和我们一同到中国开展柑橘合作项目的公司，老板正是贝尔顿·斯梯尔先生。

派拉蒙公司在加利福尼亚中央谷地（圣华金河谷）拥有巨大面积的果园和棉田。他们听说过阿格里德夫，而且斯梯尔先生本人访问过以色列的棉花农场，感受很深，希望我们派人到他们农场帮助管理棉花部门。得知他们的棉田规模非常之大，我深感任务异常繁重。我知道，将棉花引进以色列的萨姆·汉堡先生经营的农场，也位于同一处谷地。我后来到访这带地方时，曾经专门去看望汉堡先生的农场，不过先生已经过世了。

我派了两位棉花种植专家到派拉蒙公司工作，当年年底，诺大一个谷地的棉田全面丰产，两位专家受到特别奖励。斯梯尔先生和我成为了好朋友，后来我们一起去了中国。他很高兴——聘请我们的结果，证明他的决策正确。他告诉我，谷地里其他农场主批评他，说将以色列人带进来是个错误，因为以色列人会把他们的东西学走。

斯梯尔先生问我，我们成功的秘诀何在？我回答说，以色列和美国棉农的区别在于，美国人老讲“地块”——谷地里的土地面积分割成不同地块，每块大约150公顷，各家农场根据季节在各个地块上进行粗放作业。而我们以色列人则对作物进行观察，根据作物的情况在生长期采取适当措施。我说，我们那里的农民只有小面积土地，为此他们贴近作物，精耕细作。这种情况，以色列和中国十分相似。

尼加拉瓜的“莫沙夫”式定居点

1974年我到访尼加拉瓜，总统索摩查召见我们以色列农业专家一行。

索摩查是中美洲尼加拉瓜的独裁者，家庭声势显赫。他父亲曾是该国总统，后被刺身亡。索摩查的长兄继任总统，长兄死后，他经选举当上总统，任期到1972年止，不得再参选。但1972年末发生大地震，首都马那瓜遭毁，局势有变，他因势得以继续担当国家的统治者。许多人指责索摩查将地震之后世界捐献给尼加拉瓜的很大一部分款项据为已有，但这并不影响他在1974年的选举中再次当选总统。索摩查清楚，他要想办法解决地震中丧失家园、一无所有的灾民问题，于是想到了我们。

索摩查召见我们，对我们说他非常赞赏以色列的农业发展，希望与我们在该国西部合作建立新的定居点，让马那瓜的灾民到那里定居。问题太棘手了，我听说不少针对他的传言，听说他如何对付反对派。但是我国总统叮嘱我们要帮助人民，这个目标高于一切。我和索摩查见过几次面，深感他有一种强烈意志——决心解决在地震中遭受重大痛苦的人民面临的问题。

左派桑地诺分子和共产党十分接近，是索摩查的强硬反对派。他们开展反对索摩查政府的游击战争，但从未打扰过我们在西部开展的重大项目。我们依照以色列莫沙夫的模式，总共建立了23个新村落。

我们终于在这个地区办成了一桩大事，当地人来找我们，要求将该区首府定名为“以色列”，另一个村落定名为“耶路撒冷”，我们同意了。后来桑地诺派取得胜利，控制了全国，尼加拉瓜的独裁者索摩查，在共产主义革命之后逃往南美巴拉圭并在当地遇刺身亡。我们只好告别我们的项目，心中非常遗憾。我们没有卷入任何政治纷争，我们仅以帮助人民为己任。当地人民要求用以色列的地名为他们的村庄命名，证明我们在当地的活动取得了成功。

对委内瑞拉总统的“助选活动”

委内瑞拉是我们最早进入开展工作的拉丁美洲国家之一。

这个国家生产石油，拥有大量财政资金，其中一部分投入农业发展。我应邀到该国选择合作场地。对我来说，这次访问特别值得回味。就在这次访问过程中，我偶然遇到了委内瑞拉的前任总统卡洛斯·佩雷斯，同他有一次完全出乎意料的会见。

有一天，我来到离安第斯山不远的一座城市。经过一天的忙碌，晚间我到下榻的饭店咖啡厅稍事休息。我静坐在咖啡台边，把着一瓶啤酒，正在思考最适宜的合作场所以供当局选择。邻近的一张桌子边上坐着一位先生，他也像我一样正在喝啤酒。过了一会儿，他和我攀谈起来，问我从哪里来。我很高兴和他攀谈，因为我想锻炼一下我的西班牙语，于是我对他谈了谈我的情况，向他介绍以色列农业以及我们与委内瑞拉合作的可能性。

对方很专心地听我说，进而问我问题，例如什么样的合作，需要多少费用。

在这当中我问他姓名，他说：“卡洛斯·安德列斯·佩雷斯。”当时我听不出这个名字有何名堂，于是接着又问：“你做什么工作？”对方答道：“我是代表我们党的候选人，准备参加下一届总统选举，现在到各个地方走走，会见选民。”我说：“你不是在开玩笑吧？你意思是说，你有机会有朝一日当上这个国家的总统？”“不错，”他说，“当总统的机会很大。我了解你们国家的农业，但这是第一次遇到一个能代表你们国家的农业人士。我向你承诺，如果我当选委内瑞拉总统，我会聘请你做我的农业发展顾问。”

后来我才知道，我和他的会见以及他对农业发展的关心，成为他竞选活动的一个组成部分，我无意中参与了他的助选活动。佩雷斯走遍委内瑞拉的所有城市和乡村，行程超过5800公里，最终赢得了大选，当选委内瑞拉总统。并且，他不是一次而是两次当选总统。

我以为，他早已忘掉了我们那次会面和他对我的承诺，他的承诺不过是说说而已。没料到后来有一天，委内瑞拉驻以色列大使找我去见面，我按要求到了他们的使馆，但不知道他们为什么要见我。刚见面他就对我说：“奥尔默特先生，总统要我邀请你去访问委内瑞拉，总统要见你。”

这次访问很有意义，就在快要离开的时候，总统向我宣布，他已指示农业部和我们开展合作。委内瑞拉成为我们开展活动规模最大的国家之一。

给巴拿马一个省份带来甘霖

在巴拿马，我成为替奥马尔·托里霍斯将军的农场求雨的功臣。

奥马尔·托里霍斯当时是巴拿马的一号人物，他是巴拿马国民卫队司令，也是1968年至1981年巴拿马事实上的领导人。他在巴拿马从未建立过经选举的政府，事实上他从来不算是一个正式的总统。他因为与美国就巴拿马运河一案而声名鹊起：成功地与美国达成协议，收回巴拿马运河的全部主权。

托里霍斯的一生多姿多彩，死亡来得也不寻常：在飞行途中因飞机在空中爆炸而身亡。当时天气恶劣，飞机突然从雷达上消失，飞机的坠毁地点事后几天才被发现。这一事件引起来自各方的责难和猜测，都认为他是一次刺杀阴谋的牺牲品。有传言说，坠机事件的罪魁祸首是美国人。还有人更为明确地指控，是美国有关方面在飞机上埋下炸弹蓄意谋杀。根据这项指控，对埋设炸弹负有责任的是一个商人，他的作案动机同他与一批日本商人的商谈有关。我所以提到这段奇案，是因为有一次我曾经与托里霍斯同坐一架飞机。不管飞机失事是否是阴谋刺杀所致，我总该庆幸自己没有赶上那次与托里霍斯同机。

不过我在这里讲到托里霍斯，并不是因为飞机失事，而是另有缘故。我们与巴拿马政府合作开展一个大项目，为他们培训先进农业技术的各方面人才。不言而喻，为农民开办培训班要有一个地点，而这个地点就选在了托里霍斯出生的村庄。

培训班结业时举办活动，托里霍斯将军作为贵宾应邀出席。我和我国大使一同乘车前往，托里霍斯将军则坐他的私人直升飞机。活动完毕，他对我们一行人说，“把你们的汽车打发走，跟我一起坐飞机去首都。”飞行途中，他给我们每人一杯饮料，大使不愿意喝白酒，说他对白酒过敏。将军身边带着每个普通士兵都有的铁皮壶，他对大使说：“也好，你就用我的铁皮壶喝吧。”大使以为壶里装的必定是水。他想将军毕竟也是当兵人，所以随身带着大家用的铁皮壶而不是瓶子，于是接过铁皮壶张口喝了起来。刹那间大使倒地不醒，他哪知壶里装的全是烈性酒！而将军哈哈大笑起来，他很高兴——终于让大使喝了白酒而且把他给醉倒了！

有一天我收到以色列驻巴拿马大使馆的通知，说有要紧事要我马上去见大使。我赶到了巴拿马市，大使一见面就对我说：“这里有一个省份干旱严重，一年到头滴雨未下。”他稍停一会儿又郑重其事地补充道：“不过你要知道，在这个省份掌权的是个妇女，她是村里的一名教师。领导人来过这个村子，这位姿色迷人的女教师取得了他的欢心，于是他便将女教师收为自己的一名部下。”大使告诉我，后来将军决定奖赏女教师，任命她为该省省长。就是这位女省长找到大使，要求以色列派专家前来帮助抗旱。大使说：“现在她和将军非常亲近，我得满足她的要求。”我问大使：“那您要我做什么？我不是魔术师，我无法给他们召来雨。”大使说：“那倒是，不过我还是希望你尽力给她出些主意，提供农业方面的信息，告诉她有效利用水的途径。”

我去了那个省并见了女省长。她的美貌的确名不虚传，托里霍斯将军所以如此倾情于她，想来毫不奇怪。我尽我所能向她表示，我充分了解他们的问题，一定继续和他们保持合作。待到第三天我就离开了。信不信由你，我刚走天就开始下雨，而且不是洒几滴，而是下了一场大雨。我回到首都机场的时候，大使前来接我，一见到我他就走过来说，他接到托里霍斯将军的电话说“你的专家干得漂亮，他刚离开立刻就下雨，现在还在下。请转告你的专家，我要见他”。不只是将军，女省长也打来电话，说不尽地感谢，满口称赞大使派来了这样一位神通广大的专家。

大雨应时而至的奇迹，赋予了我一个“大男子汉”的声誉，我们在巴拿马的项目也多起来了。

哥伦比亚机场受辱

乘机飞行有时会陷入非常危险的境地。有一次，我正从巴拿马飞往委内瑞拉，机组突然宣布飞机出了点小问题，要临时停降哥伦比亚一座名叫卡塔根纳的小城，修理故障。

飞机落地之后，每人领到一张特别的身份证。我想在机场里随便走走，便下到地面出了机场大楼。突然间感到两腿之间一阵剧痛，仿佛被什么东西叮了一下，我将手伸到口袋里探摸，想确定被叮的准确位置。不行，抬头一看几米之外就是卫生间了，我连忙跑过去要扒裤子查看。进了卫生间正要关门，哪知怎么也关不上，有人正在往外拉门呢。

我用西班牙语嚷道：“Es occupado!”意思是“有人！”但外面传出一阵叫声：“abra la puerta!”（“开门！”）声音里带着愤怒，我只好将门松开，只见一柄手枪逼到我的脸上，两个人以怀疑的眼光直盯着我。我想说些什么，持枪人嚷道：“Cayate!”（“住嘴！”）我依然没有意识到处境的严重性，伸手要拿机场发给我们的身份证，不料持枪人扳开了手枪的保险吼道：“再动就毙了你！”我开始明白情况到了非常严重的地步。我本想告诉他们，我是外交人员和飞机的乘客，但一时惊吓得不敢吭一声。

他们命令道："把衣服脱掉！"我照办了，全身上下光条条站在那里。你能想象这种尴尬境况吗？一个外交官光身站在那里，旁边围着一群人睁大眼睛瞅着，而我所说的"人"有男有女。拿手枪的人将枪口对准我，我一动不动，一声不吭。我一生从未落到如此难堪的境地。另一个人过来搜查我的衣裳，等到查验完毕才通知我穿上衣服。这时我向他们出示我的外交证件，他们才表示歉意说他们怀疑我是恐怖分子，身藏手枪，还说算我走运，因为他们完全可以朝我开枪。

但是此刻情况翻过来了，我手中有了对准他们的"手枪"。我告诉他们，他们没给我机会证明我自己的身份，根据他们的所作所为，我可以向哥伦比亚政府提出严重控告。这两名探员有些害怕了。

我是满腔怒火，但私下对自己说："别急，一步一步来。"我最终想出了个主意，于是对他们说："你们有两种选择：第一，我要就此次事件进行外交交涉，我知道贵国当局会如何对待你们；其次，让机场全体人员和所有旅客到这里来，你们既然如此粗暴对待我，不让我说一句话，不让我证明我的身份，为此你们要当众表示道歉，你们要承诺永远不再干这样的坏事。"可以料到，他们选择了第二种方式。事情了结时，他们还举杯为以色列表示祝福。

▲| 访问印度孟买，与马哈什塔拉当地农民交谈。

七、亚非之行

前面谈到，以色列官方的对外农业合作活动，最早源起于非洲，后来逐渐扩展到拉丁美洲和亚洲其他发展中国家，形成了一种为世界瞩目的以色列对外开拓国际关系的气候。辽阔的亚非地区，始终是以色列开展对外农业合作最活跃的地区。

将滴灌办到埃及总统萨达特的家乡

埃及和以色列签订和平条约，这有力推动了两国之间的农业合作。当时的以色列农业部长是沙龙将军，而埃及农业部长是达乌德将军，两位将军过去在战场上兵戎相见，签订和平条约之后在农田里握手言欢。这一历史事实对加强两国农业合作意义非凡。

我有幸参加了双方建立关系的过程。直到今日，对两国开启关系时的某些情况，大多数人依然蒙在鼓里。

且说当时发生过一次非同寻常的绝密行动。有一天，沙龙部长收到埃及农业部长达乌德将军的来信，问能否近日帮助在埃及某地农场采用现代化的灌溉系统。沙龙不假思索，当即就说："没问题。"

第二天一个专家小组便启程奔赴埃及，傍晚时分到达萨达特总统居住的村庄，只见村里一头水牛正在围着一口水井转悠，缓慢地往外抽水。当时我们挑选了几位最富经验和最讲实际的优秀专家，他们在萨达特的村子里待了一天进行考察，第二天便返回以色列，准备好所需的滴灌系统全套设备。过了不几天，设备就运到目的地并安装完毕，还开出一片土地栽种葡萄。我们留下一人管理，要求他以最有效的办法发挥系统的作用和效益。所有这一切均是秘密进行。

萨达特夫人到农场一看，有说不出的高兴。萨达特得知整个行动完成得如此之快，更是惊讶不已，遂将埃及媒体请到农场参观这套滴灌系统，对他们说："你们看到这套现代化系统了吧？这是以色列人只花几天时间办完的事情。"

过后不久沙龙打电话找我，说让我立即到埃及去选个地方设立一座示范农场。后来这座农场就建在离尼罗河不远的地方。不久之后又在沙漠地区兴建第二个示范农场，地点介于首都开罗和亚历山大市之间。两个示范农场的成绩，对提高埃及农业的节水水平具有重要意义。

我还见过总统的首席顾问尤素福·沃里博士，他后来担任农业部长和执政党总书记。我俩成为至交，长时间保持合作。

和刚果（金）蒙博托总统游刚果河

我会见过扎伊尔（现称刚果民主共和国）蒙博托·塞塞·塞科将军，他是一个备受争议的人物，也是我见过的最具风采的人物之一。

蒙博托过去是扎伊尔总统。扎伊尔这个国家以前叫比利时刚果，独立之前一直处在比利时的控制之下。蒙博托执政超过 31 年，事实上是这个国家的独裁者。

20 世纪 80 年代初期的一天，我接到一位不认识的人士打来的电话，要求和我见面。会见时来人对我说，他是个以色列生意人，在扎伊尔从事各种生意已有时日，当地人很想和以色列农业界开展合作。他告诉我，那边有位富商拥有特别大的一片农场，希望有一家以色列农业公司为他担任农场的经营管理工作。我问他富商是谁，他拒绝回答，只是说协议和付费事宜由他经办。我对这位以色列生意人做了一番调查，弄清楚他颇有些名气，看来为人可靠，于是通知他说，我要亲自看看农场，以便决定在那里要做什么，要提供什么专业技术，应得多少报偿。

同我一起前去访问的还有另外两位专家，我们被带到离首都大约 1000 公里的边远地方，发现那里的确有一片巨大的农场，蔬菜水果、鸡犬牛羊，各类作物禽畜应有尽有。但是从农业经营的角度来看，情况非常糟糕。我看事情十分复杂，但同时也大有干头。初步估计，需要派出大约 20 名各类专家。对方答应付给我们的费用相当可观，但我心中有些打鼓，不能确定当地人是否真有足够资金，是否能够信守承诺。以色列生意人告诉我，只有非常富有的大富豪才能拥有这样大规模的农场，而这个农场的主人正是一位大富豪。

我将信将疑，回到以色列以后要求与当时的农业部长沙龙将军见面，向他汇报整个情况并征求他的意见。沙龙召见了那位以色列生意人，后来打电话告诉我说："干吧，没问题。"于是我们开始在那里开展工作，我自己每隔三个月去一次，专门看望员工并判断进展情况。

在一次访问当中，有人通知我农场主人要见我。我甚为高兴，因为直到此时，农场的主人始终是个谜。我下榻于首都金沙萨一家饭店，来人将我从饭店接走。出乎意料，我们来到了刚果河。

刚果河是一条大河，全长约4700公里，在非洲位居第二，仅次于尼罗河，是世界上最深的河流，水深超过200米。我被领到一艘巨大的豪华游艇上，它停靠在河边专门等我到来。上船后我被引到一间华丽的房间，不过几分钟蒙博托总统走了进来，让我大吃一惊。我这才悟出农场的主人是谁，为什么别人告诉我不必为付款的事情担心。

我们沿刚果河航行了一整天，在游艇上用过午餐和晚餐。蒙博托解释说，农场是他自己的，但是生产出来的所有东西都交给农民和当地居民。一开始我感到有些不知所措，只听他说，自己尽量不开口，不久我开始镇静下来，决心利用机会向他提出需要补充投资以增加必要的建筑和设备。他当即答应了，并下令手下人员满足我们的所有要求。我决定向前再迈一步，对他说我们要培训农场周围农村的农民，为此我需要多派来一些专家，要盖一些教室供培训之用。不用说，这项要求也被接受了。

一天的活动快要结束了，蒙博托问我对酬金是否满意，我放胆说："在我看来，我们该拿的数字要超过实际所得。"他问："给了你们多少？"我告诉他一个数字。他说："你开玩笑，按我拨给的酬金，你们只拿到了50%。"我刹那间明白了，以色列那位生意人为何不愿说出农场的主人是谁。

关于和蒙博托游览刚果河一事，我对这位先生只字未提，未料到过了一个月他来找我说，酬金将提高45%。这样一来，游刚果河不仅仅是休闲，而且还大有斩获！

尼日利亚飞机遇险

我任职期间飞行过千百次，其中一次终生难忘。

且说以色列和非洲的尼日利亚决定建立正式外交关系，尼日利亚政府邀请以色列外交部长前去该国访问，以便详细讨论并最终敲定建交的事情。鉴于问题的敏感性，且双方都不愿意让阿拉伯国家知道此事，因此此行严加保密，规定部长须有以色列方面的一名专家陪同。他们要求的专家是所谓“农业高人”。

一天我接到外交部电话，要我到部里办公室接受任务。到了部里，负责人通知我准备陪同部长去执行一项非常重要的任务，但不得泄漏有关情况，对家人和公司只说正常出差到中非考察农业项目。

部长领着他的私人秘书、一名保镖和我到达伦敦，随后从伦敦乘坐一架小型商务飞机经长途飞行抵达尼日利亚，我们的降落地点是新首都阿布贾。上了小

▲| 陪同以色列外长（右三）访问尼日利亚，在首都阿布扎受到该国外长欢迎。

飞机后，部长才向我交代我在这次访问中的任务。根据部长所说，尼日利亚的伊斯兰人口不少，和以色列建立外交关系要看这些人能否接受，为此考虑先由以色列在当地开展一项大型的农业发展计划。他们想听取以色列农业界代表人物的意见——如何做到使拥有众多穆斯林的农村人口受惠。

突然，机组宣布飞机出现技术问题，需要在尼日尔首都尼亚美降落。尼日尔是非洲一个伊斯兰国家，以色列过去和现在同它都没有任何关系。我们劝说机组改换降落地点，但是机长不同意，说情况非常紧急，飞机得马上降落。我们都很紧张，担心机场当局一旦发现我们的真正身份，不但会对我们进行搜查，而且还可能加以逮捕。我们用毯子将部长裹紧并藏到飞机的一个隐蔽角落里，给机长一大把美钞，吩咐他编说机上有严重传染病人，任何人登机都会受到感染，另外还要给领头人一纸口袋现金。事情就这样解决了，我真不知道其他国家的外交部长是否也遇到过同样的风险。

喀麦隆巧避色窟

喀麦隆共和国位于中非和西非。我们在该国开展造林，有两名专家到当地负责这个项目。

林场远离首都雅温得，一次我专程来此看望专家并了解项目的进展情况，喀麦隆农业副部长与我同行。看过项目现场和听取了双方专家的情况介绍之后，我方专家组长邀请我们用餐。在前往专家住所的路上，副部长说要给我一个惊喜。

“什么惊喜？”我问。听了他的回答，我非但不觉惊喜反而感到格外担忧了——他说要安排我去当地一家最好的妓院，我算贵宾。他还转达了据说是部长对我的专门问候，希望我这次访问愉快。“女老板答应我啦，”副部长兴冲冲地说，“保管给你最好的伺候。”我之所以担忧，是因为我没有估计到这突如其来的情况：一方面这种事在我来说简直匪夷所思，另一方面如果拒绝又等于驳了主人的面子。

餐桌上满是美味佳肴，但对我毫无吸引力，我一门心思琢磨如何应付面临的险境。专家组长问我为何心事重重，副部长从旁搭茬儿说，他不一会儿就能让我开心畅怀。在座的只有我一人明白他话里的意思。饭未用完，我已心生一计。

就要散桌的时候，我对副部长说，我有几个问题要同我们的专家商量，大概要个把小时，约好他先到饭店的咖啡厅等我，然后一道去他安排要去的地方。待副部长走了，我择机返回饭店并从后门溜了进去，匆匆窜回自己的房间一头钻进被子里，灯不开电话不接，一直蒙头大睡到天光大亮。

早上见到副部长，我劈头就问："昨晚你怎么啦？我到咖啡厅怎么也找不着你！"他解释说，有一会儿时间上洗手间去了，在走廊里遇到熟人闲聊了几分钟。我松了一口气，接着理直气壮地说："真个是阴差阳错。可惜我们要走了，下次再来一定奉陪！"

说实在的，后来再来喀麦隆我依然心有余悸。好在一打听，这位副部长先生已被派到国外工作，而且要待上两年，我才心中一块石头落地。瞧，出国在外，不但有飞机出事的惊险，也难免有身陷烟花巷的尴尬，还要有心计，善于随机应变。

鸡场火灾的秘密

这个故事发生在地球上某个国家，是真情实事，但鉴于事情的敏感性，恕我不说出国家的名字。这个国家要求我们帮助建立一座巨大的商业养鸡场。

我访问了准备设立养鸡场的地点，与当地人商谈项目的有关问题。我同意由以色列专家组长担任总顾问，当地人出任养鸡场场长。当地人原本要求我们专家组长担任经理，但被我拒绝了。

项目开始实施了，这个商业养鸡场的前景乐观。后来以色列顾问向我报告说，当地人同养鸡场经理合伙给项目买保险，保险金额比项目的潜在价值高多了，我告诉他去保险公司了解一下采用如此高额保险的理由。他们得到的回答是，该项目是全额损失保险，而且根据保险公司的看法，这和保险费用相符。我后来访问该地并与当地总经理讨论这个问题，他说他们那里有地震，一旦发生地震整个项目就遭破坏，此外还有恐怖活动的威胁，这也可能毁掉整个养鸡场。

可能有人会问我，这个问题为何叫我特别操心？我的回答是：项目的利润率至关重要，非必要的支出都会减少利润率。我后来拿定注意，既然养鸡公司属政府所有，保险公司也是政府的公司，我不必为此多加担心。

一天夜里我正在熟睡，突然接到我们的项目专家组长打来紧急电话，他说养鸡场发生大火，看样子整个项目要毁于一旦了。我的第一个念头就是保险，心想当地人的考虑毕竟周全，现在有了保险就可以抵偿损失了。但是再一想，我又觉得事有蹊跷，保险额如此之高，这么大的火灾偏偏在买完保险之后很快发生，不是太巧了吧？从我方来讲，主要问题是要另一方兑现所有义务，也就是给我们赔偿。我决定对火灾案件进行调查，便找了一家调查公司承担此项工作。

过了一个月，调查公司向我提供调查结果，原来保险公司头头和养鸡场总经理狼狈为奸搞了一场阴谋，两人串通定下高额保险，每人享有 15% 的费用分成。我问调查人员，他们如何拿到这笔钱，对方解释说，保险合同里有一项小条款规定，项目开始盈利之前的一年时间内，如果需要支付赔款，保险公司应当为抵偿首年产生的各种费用而支付额外赔金，但这部分赔付款应直接付给提供服务或供应设备的有关人员。

我还是不甚明白。我问："就算把钱付给了不同人员，这两个人又怎么将钱搞到自己手里？"调查人笑我天真幼稚，他说，哪里有什么额外开支和别的什么人员，他们用不同人名开下银行账户，提出赔付要求，经保险公司经理亲自批准，拨出款项，养鸡公司收到保险赔款，两人于是乎拿到 30% 的额外赔偿金。两人之间的协议甚是简单，养鸡场经理负责点火，保险公司经理负责批准"提供服务和设备的不同人员"提出的赔付要求，如是而已。

得知情况以后，我就想办法如何收回我们应得的全部赔偿。我们可以找政府要钱，但我知道，官僚作风会把时间拖得很长。最好而又最常用的有效办法是直接找两位当事人——保险公司总经理和养鸡公司总经理。我不想和他们直接接触，也不想他们知道我了解他们都干了些什么，我找到侦探公司做一笔交易。我对探员说，你可以对他们每个人讲明，你完全清楚事情的底细以及他们拿到多少钱，给他们透露一下你手里的证据；如果他们拒绝付钱，你就将全部情况捅给我和政府。我还将我们应得金额的准确数字告诉探员，并且让他要求额外增加10%，以这部分作为探员的报酬。他依样照办，钱最终也拿到了。我相信，通过探员的斡旋，三方对案子都会保守秘密，谁也不愿往外透露。

最后我想说，涉及国际事务，你往往会在一些国家遇到别处不可能发生的事情。如果你问我为什么不去找政府，我只好引用西方一句俗语："到了罗马就按罗马人的方法办"，或者用中国话说是"入乡随俗"。我怎敢打保票说，政府里没有人与案件有牵连呢？

阿曼石油大王的豪华宴席

阿曼是阿拉伯穆斯林国家，位于波斯湾地区，亚洲西南部，比邻阿拉伯联合酋长国、沙特阿拉伯和也门，首都马斯喀特。这个国家过去没有、至今依然没有和以色列建立正式外交关系。20世纪90年代后期的阿曼之行，是我到国外访问的最有意思的行程之一。我应邀访问阿曼，东道主是该国石油部长。

一天我接到埃及打来的一个电话，说他是在埃及做生意的，知道以色列的农业发展公司，也知道我这个人，要我跟他到阿曼走一趟。我很吃惊，问他这是他自己的主意还是仅仅是为阿曼什么人传话。他告诉我，这件事是阿曼当局直接介入，我会获得特别签证，在那边受到高规格的接待。我问及此行的目的，对方说，那边想就农业问题和我讨论合作的可能性。我没有立即给以答复，但表示可以同阿曼当局讨论，后来就拿到签证去了阿曼。

这次是秘密访问，连我家里人都不知道我上哪里去，我只是说去埃及。事实上我也没说错，因为我是先到了埃及，在那里与一位埃及同伴会合，然后一同乘飞机前往阿曼。

阿曼负责接待我们的主人是石油部长赛德·艾尔·珊法里。在阿曼，珊法里旗下的公司集团是该国最大的联合企业之一。他们有意在多个领域里同我们开展合作，其中包括农业。我下榻于当地最好的一家饭店，简直把我当成总理一样款待。

第二天晚上我们被邀请到部长官邸赴宴。这绝非一般的豪宅，它更像一座宫殿。当我走进洗手间时，我简直不敢相信自己的眼睛——那水龙头全是纯金制作。在餐桌上，部长问我公司的活动情况，我介绍了我们在各个国家开展的业务，主要是说埃及。

第二天他带我们参观他的马场，那里放养的一些良马都曾参加过比赛。阿拉伯马是竞跑的良种马，价格昂贵，他的马场里遍地皆是。我们盘腿坐在席垫上，一边喝着黑咖啡，静静观看马匹沿着专门的跑道奔跑。每隔两三分钟，就有两位漂亮姑娘过来递上满满几杯各式饮料。骤然间又飘出来一群姑娘，脸上罩着面纱，在一个男子的击鼓伴奏下翩翩起舞。接着上场的是五名骑士，他们在马背上表演各式绝技，骑马飞奔之中放箭射落一个个桔子。我闭上双眼兀自寻思好几秒钟，心想一但我睁开双眼，说不定眼前又会冒出个阿里巴巴和他的40大盗哩！

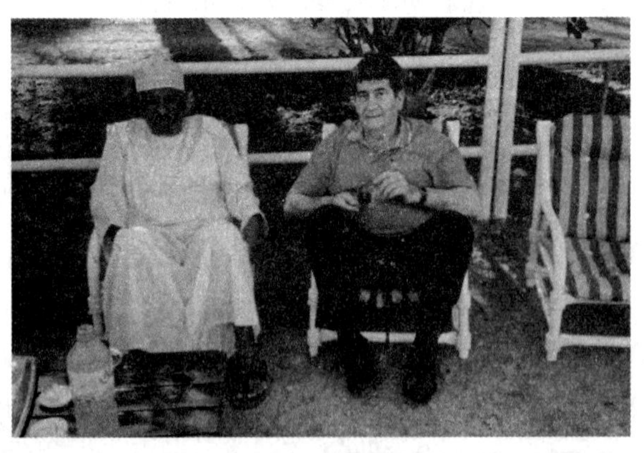

▲| 在阿曼开展合作期间，到该国农业部长的农场作客。

同一天晚上我们再次被请到宫里，我这才悟出了两件事情：一件事就是部长希望给他派一名专家，帮助建立一座用先进技术装备的新式农场，另一件事是让我给我弟弟即当时的耶路撒冷市长带个口信——他表示，就以色列的首都和穆斯林的圣地耶路撒冷问题达成协议，是迈向以色列和伊斯兰世界之间签订和平条约的极其重要一步。我答应一定将这个口信转达到位。

在阿曼的最后一天，部长派人给我送来一柄非常精美的剑。我对送剑的人说，我担心在阿拉伯国家的任何一个机场，如果有人发现一个以色列人手持利剑，我是会“吃不了兜着走”的。我把剑退了回去，部长又派人给我送来一枚用纯金白银镶制而成的名贵珠宝首饰。部长的另一项要求是派专家。后来我们派去一位最优秀的专家，他经验丰富，在阿曼干得非常出色。

八、出访俄罗斯

对前苏联和东欧社会主义国家的访问，是一种完全不同的特殊体验。前面谈到首次访问北京的时候，对这个问题有所涉及。我对前苏联有过两次访问，一次是在苏联解体之前，另一次是在解体之后。

会见谢瓦尔德纳泽

20 世纪 80 年代初，我接受邀请访问前苏联。那时苏联和以色列没有外交关系，我们农业发展公司应苏联当局要求，到他们国家开展农业合作。

当时我接到苏联一位重要人物不可多得的邀请，他是叶夫庚尼·巴夫罗维奇·维里佐夫——苏联科学院副院长兼俄罗斯“库恰托夫研究所”即“原子能研究所”所长。拿着以色列护照赴苏联访问，这在当时非同小可。访问一事，无论是在苏联还是在以色列均未见诸媒体。

苏联方面是想接触以色列的农业技术。我考察了一些集体农庄，终于明白了其中原因：对他们来说，和以色列开展农业合作将非常有利。那时正值著名的改革时期，局势非常艰难，我在前面曾经提到，商店的门口排着长蛇阵，仅为了买

▲ 1989 年访问前苏联，与莫斯科市长卢日科夫讨论农业合作事宜。

到生活日用品。

我住在苏联原子能研究的心脏——原子能研究所，会见苏方领导人并共同讨论合作发展苏联农业的有关问题。在访问过程中我见到的最重要人物是爱德华·谢瓦尔德纳泽——当时的苏联外交部长，后来成为格鲁吉亚总统。这次访问未能见到戈尔巴乔夫，但后来还是有机会见到了。

探望失散多年的亲姑母

利用这次访问苏联的机会，我在列宁格勒见到了失散多年的亲姑姑拉伊莎，令我激动万分。

我们的家族上至我祖父一代，从俄罗斯移民到中国，又从中国移民到以色列，在辗转迁徙的过程中，在三个国家都留下了自己的枝叶。拉伊莎姑姑就是在俄罗斯硕果仅存的奥尔默特后代。

姑姑是祖父母家中四个孩子当中年龄最大的。当年全家从俄罗斯移民中国时，她大约是 16 岁。还在俄罗斯时她就参加了共产党，这件事她隐瞒着没让家人知道。姑姑在哈尔滨读完中学后，突然告诉父母也就是我祖父母说，她要回俄罗斯读大学。我的祖父母不知个中原因，坚决反对，劝她留在中国上大学，如果不愿意，也可以考虑筹钱送她到欧洲生活和学习。但姑姑执意不听，坚决要回俄罗斯，并很快就离开去了莫斯科。姑姑到了俄罗斯以后，每年都回中国探望家人。大家知道她在大学攻读生物学，毕业后去了列宁格勒，而后结婚并参加了红军。但从此以后她与家里就失去了联系，家人有她在列宁格勒的住址，但每次去信都被退回来了。

二次大战结束后，我父母继续设法打听姑姑的下落，但始终没有结果。当时奥尔默特家族留在中国的还有我的祖母和一位叔叔，他们也说和姑姑联系不上，大家都以为她在战争中牺牲了。

时过多年以色列宣告独立，以色列和前苏联的关系也有所改善（尚未建立正式关系）。这时遇上我父母的一位朋友——也是“哈尔滨人”，正要去列宁格勒。我父母把姑姑的地址给了她，希望她能就地向邻居打听一下，也许能找到姑姑的下落。这位朋友果然找到了姑姑早年住过的地方，按门牌号上前敲门。门开了，出来开门的正是拉伊莎姑姑。

后来才知道，姑姑一直活着但又无法联系，是出于当时苏联国内的社会政治原因。她害怕和奥尔默特家族有任何接触。原来奥尔默特家族的一名成员，即我父亲的一位叔叔，也就是我的叔公是红军中的一名将军。1936 年斯大林指控共产党内许多领导人是叛徒和间谍，1937 年又将一大批红军将领送上法庭。这时我的叔公奥尔默特将军受到牵连被捕，受审过程中因心脏病发作而死亡。但当局通知家属说，他因犯有叛国罪已和其他罪犯一同被处决。

在当时的苏联，如果和被处决的叛国犯同属一个姓，日子会很不好过，而且拉伊莎姑姑的弟弟，也就是我的父亲还是犹太复国主义运动贝塔组织的成员，这也是十分忌讳的。于是姑姑出嫁后就更名换姓，随丈夫改了姓氏，与奥尔默特家族“划清界限”，断绝了一切联系。为了避嫌，她一直不敢接哥哥的信，因为写信人也姓奥尔默特。后来姑姑参加红军，在军中做医务工作。丈夫在列宁格勒保卫战中牺牲了，姑姑改嫁后不久第二个丈夫也去世了。

奥尔默特姓氏的阴影在我姑姑的心中一直挥之不去。我父母的朋友劝她不用害怕，说以色列和俄罗斯的关系已经改善，况且奥尔默特是个值得骄傲的姓氏——她弟弟是以色列的国会议员，她侄子（我的弟弟）是一名内阁部长。她最终放心了，于是，这才有了我到列宁格勒见到我从未见过的亲姑姑这一幕。我给她带来了奥尔默特全家人——我的父母也就是她的弟弟和弟媳的诚挚慰问和衷心祝福。

俄罗斯"黑手党"

我在农业发展公司担任总经理16年，离任之后应俄罗斯的一个单位邀请，到莫斯科一家大工厂担任顾问，协助建立现代化的营销体系。这是前苏联解体以后的事了。

我要去工作的地方，是邀请单位下属的一家主要工厂，在共产党当政期间是生产全国所需特定产品的唯一厂家。那时工厂只管生产，不问销售。前苏联解体后，他们不得不自己开拓市场，既要做广告宣传，又要搞产品推销。

邀请单位让我负责管理一个部门，办公地点设在莫斯科心脏地区，离"俄罗斯白宫"不远。大多数人都知道华盛顿有个美国白宫，但不清楚莫斯科还有另外一个白宫，那就是俄罗斯的政府大楼。1991年莫斯科发生暴乱时，这幢大楼曾经遭到轰击。俄罗斯人安排我住在这个地方，有个很大好处：它靠近莫斯科一条远近闻名的大街——阿尔巴特大街，离克里姆林宫仅咫尺之遥。这是一条步行街，他让我想起北京的步行街——王府井。

我开始研究与我的职责有关的每件事情，考察所有部门并找有关人员谈话。我十分惊讶，因为有些事情显得非常奇怪。例如我到过一家工厂，规模很大，有的地方有工人在工作，机器在转动，但转过身去到了别的车间，只见机器都安静地躺在那里不动。我问什么原因，总得不到满意答复。我会讲俄语，便常常撇下公司领导派来的陪同人员，自己随时下到厂里，现场碰到人就询问他们，了解有关生产程序以及产品的各方面情况。出乎我的意料，原来我遇到的人都不是工厂的工人，他们是来为别人干私活的。

我亲自到市场查看情况，发现本厂的产品在许多地方都标有不同的商标品牌，但同时也看到其他厂家生产的同类产品冒充我们公司的商标。事情奇就奇在，我们公司的产品价格，都比出自同一家工厂但有不同商标名称的同一种产品价格昂贵。这样一来，我们工厂亏本了，而仿造同类产品的竞争者赢钱了。一开始我无法解开这当中的奥秘，后来才一步步恍悟过来。原来工厂的经理们收了各方面的好处，为他们在厂里留出场地，还给他们提供生产产品所需的原料和机器，而所有成本都加在工厂头上，结果其他不同生产商销售的产品价格当然大大低于本厂产品的价格。工厂亏本了，贪污受贿者将本应给工厂的金钱装进了自己的腰包。

我准备了一份报告，打算见一见公司总裁，向他报告我的这些发现。但不等约好会见时间，我就接到总裁秘书打来的紧急电话，让我立即去见总裁。我当面十分谨慎小心，不想向他告状，只是摆摆所见所闻。总裁递给我一杯伏特加，非常和气地对我说："你知道，关于你的发现已经有人告诉我了。"我告诉他，如果情况属实，我就要把工厂关掉，并且找警察开展调查。

"一个小时之前，"总裁继续说，"有三个带面罩的人到这里袭击我，对我说他们知道有位以色列专家要上门找我，他们决心采取一切必要措施阻止专家向我上交这份报告。"他迟疑一会儿又说，"我希望你知道是什么人派他们过来，我建议你紧急安排一下，马上买张机票离开这里。这是给你的工资袋，装有至今为止的全部工资外加一笔可观的奖金。"

我想也不必再做解释了，但不知究竟什么人派来了这三条汉子，他们说的"必要措施"又指的是什么。当天下午我坐上飞机径奔以色列 。

我选择中国

一、再访北京

与第一次访华相隔四年之后，1993 年我再次踏上中国的土地。飞机还是降落在原来那个旧机场，今天来往于新建 3 号航站楼的人们，根本想象不出北京机场有了多么巨大的变化。离开机场进入市区，沿途看到的景象和四年前相比也已不一样——新楼房多起来了。

从业务工作的角度看，第二次访问也许是对 1989 年农业发展项目失败的补偿，但放在国际关系的高度上，它则是在两国建交以后的全新基础上对当年促进中以友好关系尝试的继续和发展。我这次访问的主要任务，是采用以色列先进技术和管理经验创办一个农业示范项目，这就是后来办得十分成功、并且在中国农业界非常有名的北京永乐店示范农场。

早在 20 世纪 80 年代后期，中国华阳 / 华泰公司就与波哈莱斯教授开始商讨建立示范农场事宜，后来又与以方人员包括沙和伟教授共同在北京郊区多个地点进行实地考察，为建点做准备。中以建交以后，这个项目终于摆上了两国政府的正式议事日程。我就是根据拉宾总理的指示前来执行他下达的任务的。

拉宾总理的指示

1993 年 10 月间，以色列总理拉宾先生访问中国。拉宾和时任中国总理的李鹏先生会见时曾经向他承诺，以色列将帮助中国建立一座采用以色列先进技术的示范农场。拉宾表示，农场将展示以色列的先进农业技术和管理方法，培训中国专家，推动先进农业技术在中国的推广和应用。李鹏先生非常感谢拉宾总理的建议，并答应给予前来创办中国和以色列之间第一个官方合作项目的以色列人员一切必要的协助。

拉宾总理回到以色列之后立即将我召到他的办公室，在座的还有外交部的国际合作局长。当时我是以色列最大的农业发展公司阿格里德夫的总经理。总理告诉我，他向中国总理作了承诺，并以不一般的口吻说道："我作了承诺，你去完成！"他要我尽快动身前往中国，立即开展工作。他补充道："你要明白，这是中国和以色列之间的第一个官方合作项目，它是展示以色列和以色列先进农业技术的橱窗。我们将中以之间的这次合作摆在首要地位，我要亲自过问项目的实施，我们的目标是要让这个项目大获成功。"

接到总理下达的这样一项命令，你会感到重任在身，不敢怠慢一分一秒。总理召见过后不几天，我便动身前往中国。

刚到达北京，艾森伯格便急着要见我。我来到他位于国贸大厦的办公室，艾森伯格一见面就对我说，他是多么喜欢时任耶鲁撒冷市长的我的弟弟埃胡德·奥尔默特。艾森伯格说："他是我的兄弟。"我私下想："多谢我家又添了人丁，此前我只知有三个兄弟，现在变成了四个。"听他恭维我的弟弟，我摸不清这是否是他见我的原因。但很快就清楚了，他开始责难我们的决定，说什么像这样非同一般的项目竟然落到了阿格里德夫手里，而不是交由他艾森伯格办理。他对我说："这里是中国，谁不知道我这个以色列人在这里有关系、有经验、有路子，唯有我才能办好这件事情。"他又补充道，"你必定失败。我的公司比你们的强，我的专家和我的经理都比你们强。"原来艾森伯格不但在中以建交之前容不得嘉比高进入中国，而且在中以建交之后同样反对农业发展公司介入中国事务。都知道艾森伯格说话直截了当，咄咄逼人，但我从未料到他竟然直接和逼人到如此程度。

我刹那间懵了，不知如何是好。但不过数秒钟，我决定给他一个礼貌但非常强硬的回答。我说："您没有将项目拿到手，因为您的公司是一家私人企业，而农业发展公司是政府所属的公共公司。您和一些公司有约在先，我们没有。我们能做到货比三家，谁家有什么上好的东西，而且卖价特别适宜，我们就选谁。我们的经验比您的农业公司丰富多了，我们到过这么多国家，做过这么多相同项目，国际上都认为我们比你们公司更高一筹。我可以毫不犹豫、问心无愧地说，我这个经理比您的经理强。"我所以用此种口气说话，是因为我想，对这样的人最好和最有效的说话办法，就是按照中国人所说："以其人之道还治其人之身。"

言犹未尽，最后我又对他说："艾森伯格先生，我相信总有一天您得承认，我们干得不错，到时候您也许会对我称赞几句。"

这次见面过后一年，我们的示范农场启动得非常成功。但是与艾森伯格的会见余波未平。

我对自己的政府负有责任

经办示范农场的工作开始了，第一件事是选择地点。北京和上海各有所长，从农业的观点来看上海更为合适——气候条件好。靠近南方的气候条件对展示以色列农业技术的优势更为有效，这主要是温度因素，因为温室里的温度须要保持在 18 摄氏度左右。而北京冬天的夜间气温甚至下降到零下 10 摄氏度，这就是说必须要给温室采暖，将温度提高大约 30 度，为此需要消耗大量昂贵的能源。能源成本是一个重要因素，能源所需的投资在上海较低。从专业角度考虑，选择上海较为有利，但从政治上考虑北京更为适宜。北京是首都，不仅政府和中央机构设在这里，而且各地方省市都有代表常驻，最利于吸引公众注意。于是最后将农场的地点定在了北京。

示范农场很快建成并投入运营，几年实践下来获得巨大成功。正当农场运转红火的时候，我回到中国对项目进行视察。以色列驻华大使邀请我到他的寓所赴宴，还通知我说，中国方面的一些部长和艾森伯格本人也将参加。我当即指示农场两位专家将农场自己种植的各种蔬菜水果和花卉送往大使住所。那天傍晚我来到大使寓所参加宴会，进门一看，这里简直是一个农产品展销会，各式各样的蔬菜花卉摆放在那里，千姿百态，色彩缤纷，景象格外喜人。

中国方面来参加宴会的两位部长，特别是农业部长，对大使和我连声称道。我向大家介绍我们农场的工作内容，说明我们如何培训当地农民。言语之间，艾森伯格突然发话，他说："前两年我对奥尔默特先生说过，他们一定失败。我告诉他，我办事比他们公司强得多，我手下的专家也比他们高明。现在我向他表示道歉。根据今天所见，也根据身边人员所说，我知道，奥尔默特先生和他手下的人员干得漂亮，农场办得成功。奥尔默特先前对我说，他希望看到有一天我会赞赏他的成功。瞧，这一天终于来了，让我高兴地对奥尔默特先生说一句：你说到做到！"

我感谢艾森伯格先生，谢谢他所说的这番好话。我心里想，只有好样的人敢于承认错误，特别是当众承认错误。我明白，他不以为道歉有伤面子，而在我看来这是有勇气的表现。

随后他把我叫到边上，还是以他率直的方式对我说："辞掉你现在的工作，到我这边来。相信我，你的收入要比现在高得多。"他甚至讲明了给我的报酬数额。不瞒你说，这个数字着实非常可观。我谢谢他，再次对他在餐桌上所说的一番话表示感谢，我说待我慢慢考虑他的建议。考虑归考虑，我最后还是决定不去，尽管他给我的工资条件非常诱人。我想，我对我国政府负有责任，我爱中国，我们与中国的农业合作非常重要，这对两国都有利，而这一切对我来说是最好的报酬。

我也许错过了与艾森伯格共事的机会，错过了一笔优厚的工资，但是我很幸运，因为我得以继续直接从事我心爱的事业，从事对中以两国合作十分重要的中国农业技术发展事业。

对拉宾总理的纪念

示范农场是为中国传统农业引进新技术的革命性举措，是改进和提高中国农业技术过程中极其重要的一步。就在我们收获示范项目丰硕成果的时候，1995 年 11 月不幸的消息传来，农场的创导人拉宾总理遇刺身亡，为中东和平献出了他宝贵的生命。

拉宾总理也是学习农业出身，年轻时曾就读于以色列一家农业技术学校，后来成为一名久战沙场的军人，参加过以色列的历次重大战役，并在 1984 年至 1990 年间担任以色列国防部长。1992 年拉宾就任总理，在任期内为推动中东和平进程作出巨大努力。以色列先后同巴勒斯坦解放组织和约旦签署了和平协议，中东和平进程取得空前进展。1993 年以色列总理拉宾和巴勒斯坦解放组织主席阿拉法特在挪威首都奥斯陆秘密会面后达成的和平协议，被认为是以巴和平进程中的里程碑。1993 年在白宫草地上与阿拉法特握手的以色列总理，给世人留下了难

▲| 与以色列同仁在永乐店中以示范农场——对拉宾总理的纪念。

忘的印象。

由于《奥斯陆协议》的重要影响，拉宾与阿拉法特、西蒙·佩雷斯共同获得了1994年诺贝尔和平奖。但是《奥斯陆协议》和拉宾总理提出的“以土地换和平”的主张，遭到了以色列国内一部分人的强烈反对。1995年11月4日，拉宾在特拉维夫遇刺身亡。从枪林弹雨中光荣活过来的将军，最终牺牲在和平的祭坛上。拉宾是不过数百万人口的一个小国总理，而这位小国总理之死，举世为之震惊。

我无法忘记，就在拉宾总理遇刺刚好一周之前，我与他有过一次会面。至今我从未向任何人透露过这令人伤痛的最后一次会面。那天在耶路撒冷举行一个非常重要的经济大会开幕式，主持仪式的是当时的耶路撒冷市长、我的弟弟埃胡德·奥尔默特。以色列总理拉宾是参加会议的贵宾。我弟弟引我去见拉宾，拉宾说“我们认识”，并向我打听农场项目的情况。我告诉他一切进展良好，还说我依然记住他对我说的话：这个项目对以色列非常重要。拉宾说，他已从大使那里听说农场的大好消息，也知道我的工作非常出色。不用说，听到他的表扬我是多么激动；受总理表扬那是十分难得的，更何况听他亲口说出。

回想示范农场建立和运作的前前后后，要不是拉宾总理当年下定决心向中国人民显示以色列能为中以两国的技术合作发挥有效作用，可以想象建立这方面合作的道路将会是多么漫长。记得在农业发展公司工作期间，我每年都要到农场三四次了解经营情况，与中方同仁讨论各方面问题。我时刻铭记拉宾总理的指示，保证这个项目不失为以色列的技术窗口，时刻将他的嘱咐当做他留给我的夙愿。

我们曾经希望用拉宾的名字命名农场以兹纪念，但因种种原因而未得以实现。现在在此飘扬的以色列国旗，是对示范农场倡导者和推动者的最好纪念。我在心中始终将我们的农场称为“拉宾示范农场”，愿中以友谊的旗帜永远高高飘扬。

二、永乐店示范农场——以色列农业技术的窗口

记得有一次我路经瑞士苏黎世，在机场等候下一个班机。我坐在候机室里，碰巧旁边位子上来了一位中国旅客，我们便攀谈起来。他问我是哪里人，我说我是以色列人。他说："你知道吗，以色列在中国北京附近创办了一家很有名的农场，用上了各种最先进的现代农业技术。"我说我知道，实际上我本人就是这家农场的一个创办人。不消说，对方有多么惊异。

农业技术的奇葩

从首都北京往东南方向驱车约30公里，便到达有500年历史的郊区古镇永乐店附近，这里就是示范农场的所在地。在75公顷的农场园区范围内，散布着一排排整齐低矮的圆拱形轻型构筑物，上面覆盖着塑料薄膜，远远看去像是平地上涌起一道道白色的波浪。这就是蕴藏着现代先进农业科技奇迹的温室，或者叫"暖房"。

▲| 永乐店示范农场的现代化暖房。

进到温室，迎面扑来浓浓的春意，绿丛中艳丽的玫瑰花和小灯笼般的彩色青椒交相辉映，组成美丽的图画。看不见普通意义上的农民进行劳作，只见穿着白大褂的现代"农民"坐在电脑屏幕前，通过中央计算机发出指令指挥一切。他们直接掌控作物生长的所有参数，空气的温度、土壤的湿度和对肥料的需求，都是通过犹如人体神经和血管系统的各种感应器、滴灌器和管路构成的网络，自动进行操作和调节。示范农场将太阳能、现代灌溉系统、优质种子以及先进的管理方法相结合，从而非常有效地生产出高质量的蔬菜、花卉和其

他作物。这就是“暖房”的神奇所在。

示范农场获得的作物收成，比普通农场高出两到三倍，农产品的品质、自然保鲜期也远远优于普通农产品。从这里，各种优质的鲜花、蔬菜源源不断地输往北京的饭店和超级市场。

那时北京蔬菜市场上的品种还不像现在这样丰富多样，示范农场生产出来的蔬菜和花卉有些是在市场上第一次出现，刚刚露脸就大受欢迎，特别是樱桃西红柿。现在到处都有樱桃西红柿，品种繁多，有的来自日本，有的来自南韩，但没有一家能夺得以色列产品质量最佳和引进最早的桂冠。我想，无论从农场本身的奇异景观，还是从它生产出来的优质产品来说，将其称之为农业技术的“奇葩”，不算为过。以色列西红柿在市场上享有特殊声誉。

▲| 永乐店示范农场引进以色列种子结出的花朵。

中国人常拿西红柿当水果，不像西方人只当蔬菜和用来拌沙拉。在中国用餐，最后上果盘时常见上面有鲜红的樱桃西红柿。每逢这时，我常指着这些西红柿问同桌的中国朋友：“知道是谁引进中国的吗？”大家通常都不知道，我于是指指自己，并告诉他们永乐店示范农场的故事。几年之后我到北京任职以色列驻华公使，经常到各家蔬菜市场了解西红柿的情况，向售货员打听各种西红柿的价格，看到最贵的便问：“为何这么贵？”回答必然是：“那是以色列西红柿！”听到这样的回答我不由得喜上心头，往往禁不住要脱口告诉售货员：“我是以色列人。”

以中农业合作的第一个成果

建立合作项目的意图，首先是在以色列技术专家以及中国负责农业技术发展的人员之间开展合作，其次是与中国农民进行直接接触，了解中国农业基本情况和问题，以便参与解决。

在农场存在的十年时间里，每天都有几百人来访。据估计，总共有约30万中国人来过这里进行考察或接受培训，他们是农民、技术专家、科学家和政府官员。北京的一些专家参观完农场后写道：“以色列使馆的公使衔参赞欧慕然先生向大家介绍农场的历史。他说，以色列调集物力、财力建立示范农场，向中国传播先进的农业技术，除了聘请以方专家前来工作外，更为重要的是培训中国自己的技术人员，这好比计算机的硬件和软件两部分，缺一不可……什么是最好的农民呢？有技术、有设施都还不够，最好的农民是经常用自己的双腿走进田间、用眼观察、用心思考的人。我们要培养的就是这样有敬业精神的人。”

▲| 永乐店示范农场的花卉暖房。

永乐店是学校、实验室和培训中心。中国年轻一代农业技术专家在这里进行培训，并到各地开发新的先进农场。很快，地方各省市也仿照永乐店建立起当地的示范农场，为现代先进农业技术在中国土地上的推广带来明显成果。我不是说，中国农业的各方面技术进步主

▲| 在永乐店示范农场暖房照看花苗。

要是由引进以色列技术促成的，但是以色列技术的贡献却不容忽视。我很高兴为此付出了努力。

“老乡见老乡”

应当指出，示范农场的创建和取得成功，没有中国方面的充分合作是办不到的。这种合作饱含着中方人员的智慧和辛勤汗水。

示范农场的中方代表，原本是当地农村合作社的一位负责人，他见证了这些日子农业耕作技术和经营的翻天覆地的变化。他听说了我这个帮助带来变化的老外的家庭经历，知道我的父母生长在哈尔滨，备感亲切。他也来自哈尔滨，熟悉他老家城市的历史以及犹太人在当地的经历。对他来说，这段历史似乎已经成为过去，他从未想到会突然遇到一位陌生人将他直接带回这段历史。从此他总叫我“哈尔滨人”，每逢遇上别人必定向他们介绍，说我这位新来的朋友是他“老乡”。中国人常说“老乡见老乡，两眼泪汪汪”。我虽不至于冲动到这个程度，但是的确多亏有了哈尔滨“老乡”这层关系，为我推动农场的创建带来不少好处。

中国人对以色列的先进农业技术和经验怀着极大兴趣，他们满怀学习和合作的热切愿望。在他们看来，只要是以色列人，不分公司A还是公司B，一样都是以色列人；在他们看来，一个以色列人成功或者失败，也就是所有以色列人的成功或失败。我不得不遗憾地说，其实并不尽然。在以色列有句口头禅："凡以色列人都彼此为友"，但当他们代表不同公司利益而彼此竞争时，情况就大不一样。为示范农场提供服务的有来自以色列的各家不同公司，他们之间的矛盾和纷争，也曾经给我带来困惑。但是我代表以色列国家，唯一最重要的考虑是让合作取得成功，给我们的合作伙伴也就是我的中国朋友带来最好的合作成果。

我感到高兴，在我的中方合作伙伴的印象里，我这个老外办事从来坦诚、公正，真正为项目也为他们的利益着想。这是对我最大的支持和鼓励。永乐店示范农场无疑是中以两国一次非常成功的合作，这种合作充满美好的友情。

向中国人学习的"学校"

对我来说，示范农场无疑也是一所很好的"学校"。在这里我不仅看到了中国人民的勤劳和坚韧不拔，看到他们渴望掌握先进知识技艺的迫切心情和毅力，我还看到中国人的创造性智慧和能力。我能从中更详细了解中国人的行为方式，了解以色列人在一种全新的陌生环境下如何应对。

在示范农场里，不但有用世界最先进技术进行装备的以色列式温室，还有相对简易的中国式暖棚——"阳光暖棚"。在讨论示范农场问题的时候，我们不能忽视一个事实，那就是中国人民在应用大棚种植蔬菜方面已经有所进展：有位名叫王乐义的中国农民创造了这种阳光暖棚。

"阳光暖棚"究竟是什么样子？这是用塑料薄膜覆盖而成的拱形隧道空间，一边用夯实的土墙支撑，另一边朝向太阳，塑料薄膜能透进阳光。到了晚上，大棚用草席盖好，以便保持白天积累下来的热量。老王有两个重要优点，一是他有想象力，不断探索符合正确农业技术原理的办法，而且这些办法是当地农民用得起的，就像这类大棚。其次，他的兄弟是一个省（自治区）的党委书记。

应当说，我们从中国方面有许多可以学习的地方。王乐义开发的“阳光暖棚”，便是一个非常明显的例证，说明土办法对中国农业技术的发展作出了贡献。费用不高、作用显著，是迈向技术化农业的有意义的一步。有时候我想，这些暖棚所体现的技术成就，决不亚于全新装备的最先进的技术暖房。现在中国有数以百万计的“阳光暖棚”，这的确称得上是一场革命。人们经常引用毛主席说过的一句话：万里长征第一步。对我们的项目来说，假如把改进中国农业技术比做一次长征，那么这第一步便开始于潍坊的老王。永乐店示范农场蕴涵着老王“阳光暖棚”的雏形。

▲ 访问山东三元朱村的王乐义（左二）。

从以色列方面来说，永乐店好比是一座可以从事各种试验和调查研究的科学实验室。经过永乐店的实践以及后来一段时间的工作，我对中国的现实有了更多体验，最终得出一个结论：传播以色列的先进农业技术必须结合所在国家的国情。

▲ 三元朱村的暖棚称得上是中国农业技术革命的一个新起点，受到了国家领导人的充分重视。

首先我曾说过，技术是不能任意搬动和传授给其他地方的。技术转移到任何地方，都必须做到适应当地的条件和当地的人民。以色列专家最终懂得，不能叫当地人“言听计从”，而应向他们说明什么是最终目标，并启发他们用他们最熟悉的方法去实现这个目标。我常对我们的专家说，要给当地人说明要达到的目的，并指出为达此目的应当采取的基本步骤。

其次，事实证明将以色列的先进技术按以色列农场采用的同样设备原封不动地移植到中国是错误的。我回到以色列的相关设备制造厂家，要求他们开发适用于中国农村中小农户的设备。我对他们说，大型农场可以采用现成设备而不必进行修改，因为大型农场的财务能力较强，但是小农户要求的设备既要与大型农场的设备在原则上相同，又要适应小农户的条件，也就是说价钱便宜。

我还建议制造厂家改变将暖房钢铁构件从以色列运到中国的做法，这既不实际也不经济，我要他们在中国寻求合作厂家在当地生产各种部件。我对他们说，如果不这样做，中国本地厂家势必自己生产暖房结构并仿造各种器件，形成对以色列厂家的竞争。何不寻求分工合作，避免相互竞争？很遗憾，他们大多数听不进我的意见，结果他们被挤出了暖棚制造领域。

三、以色列农业成就的秘密

自打示范农场创办以后，我在中国最常被问到的一个问题是：以色列建国不久，短短一二十年就一跃而成为世界上数得上的先进农业强国，以色列农业成功的秘密何在？

人们总以为我会回答说：以色列人聪明。我并不忽视这个因素。的确，以色列国民都是来自各个国家的移民，他们从未接触过农活，却很快就成为世界上最优秀的农民，从原来的商人和银行家摇身成为新的先进农业技术的开发者和投资者。

我想，以色列农业的发展，是犹太民族在恶劣的自然环境和严峻的历史条件下发扬其智慧、勇气和坚韧不拔的实干精神赢得的结果。严格说来，我们成功的秘诀有两方面：一、农民的素质和组织（基布兹和莫沙夫），二、科研系统以及“农业技术推广”。关于第一方面，特别是基布兹和莫沙夫对以色列农业发展乃至国家生存的重要意义，我们在前面已有涉及，这里将着重谈到技术方面的问题。

“穷则思变”

大家都知道，以色列是一个就农业发展来说自然条件十分恶劣的国家。以色列是世界上人口最稠密的国家之一，国土面积狭小，而且一半以上属干旱和半干旱地区，其余主要是地形陡峭的山岳地带和森林。雨量分布十分不均，北部较为充沛，可达年 700 毫米，中部约为 400 ～ 600 毫米，南部只有 25 毫米。全国只有五分之一的土地适宜农业耕种，其中有一半必须依靠灌溉。以色列缺水问题十分严重，处于全球最干旱的国家行列。

以色列每年可更新的水资源总量平均为 18 亿立方米，这与中国无法相比——即使考虑到以色列面积非常之小。在中国，你到处可以看到湖泊和水塘，但在以色列只有唯一一个淡水湖——太巴列湖。在以色列，另一个较大的水面就是死海了，而死海的含盐量高达 31.5%，比一般海水高出 10 倍。死海富含各种可用的化学物质，而且是旅游者最喜欢的一个目的地，但水质不宜用于农业灌溉。以色列水资源的绝大部分已经被动用。

常说“穷则思变”。就是在如此恶劣的条件下，以色列成功发展了世界上最先进的农业经济和技术。在这片原来干旱、贫瘠的土地上，结出了农业技术的累累硕果。

以色列的农业技术成就是多方面的，其中最为突出和最具代表性的当属水资源的有效利用。为解决国家面临的严重缺水问题，以色列启动了一项重大工程，修建北起太巴列湖南抵内格夫沙漠、几乎贯穿全国南北的全长近 300 公里的国家输水总渠和灌溉网络，实行北水南调，结合采用有效的节水技术和严格的水资源管理措施（对基础设施精心维护，给地下含水层注水和规定合理的用水定量和价格），使全国有限的水资源利用率达到 90% 以上，使近 50 年来的农业产量增加了 12 倍（即 1200%），而耗水量基本维持不变。这简直令人难以置信——竟然能在用水量保持不变的情况下达到产量增加 1200%！

应当指出，技术因素在以色列的农业发展中已具有决定性作用：实现农业增长，水和土等有形因素的作用已降低到4%，而绝大部分即96%全靠无形因素——技术和管理。先进的农业节水灌溉技术为此作出了巨大贡献。

灌溉方法一般包括：压力灌溉、掩埋灌溉、喷灌（适用于园艺）和大田喷洒。这些方法既可能很简单，也可能属于高技术。简单的只需安装水表来控制给水开关即可。回想我当年在以色列农业部工作时，开始推行的方法是将铝金属管钻上小眼儿进行灌溉以减少用水，这是滴灌的第一步。复杂的灌溉方法则需要有成套计算机系统，安装传感器监测土壤湿度以及作物根茎或果实的直径变化，并用过滤器清除水中的杂质。最先出现许多种灌溉喷头，以减少作物漫灌造成的水源浪费，但是这种方法还不够有效，于是又发展出滴灌系统。如今在以色列已开始应用“分钟灌溉”或称“超低速灌溉”的方法，每小时给水速率小于1毫米。通过这些管网还可以给植物施肥，这种系统称为“滴肥”。至今以色列全国单位土地面积的耗水量下降近70%，以色列成为世界上解决缺水问题技术最先进的国家。

应当指出的是，一般来说滴灌是在缺水的地方应用，但在水源充沛的地区也不失有效，因为给水量精确。例如美国加州北部采用“精密”灌溉，使一些树种的生长速度提高了3倍。快速林能为木材商增加利润，而且能减少伐林面积，有利于环境保护。

除了采用有效的节水技术外，以色列同时作出巨大努力，在废水回收利用和海水淡化方面开发补充水源。以色列沿地中海的海岸线很长，因此海水淡化成为解决缺水问题的另一个技术目标。农民们发现，使用咸水灌溉生产所得的作物，比使用普通水灌溉的口味更加“鲜甜”。例如“沙漠甜”西红柿和西瓜，在欧洲市场上卖价最好。我在中国期间了解到，中国人喜好甜的口味，因此我相信，他们会喜欢以色列沙漠那边靠浇灌咸水栽培出来的蔬菜水果。

沙漠治理综合技术，是以色列和干旱作斗争的另一重点项目。在南部沙漠地区的贝尔谢巴大学设有专门的研究所，这里集中全国乃至世界各地的专门人才研究开发与沙漠化作斗争的手段和途径。在内格夫沙漠进行农村区域开发，建立大量新居民点开垦土地，变沙漠为绿洲。由于大规模开垦土地，以色列耕地面积在十年之间增加了1.5倍。

化肥农药以及作物和牲畜品种改良，是以色列农业技术发展的另一个重大方向。在防治作物病虫害方面，以色列各家公司开发成功了一系列先进的杀虫剂和除草剂，以及非化学的生物控制方法。现在培育出了能消灭害虫而不损害作物本身的吃虫动物和细菌。

以色列科学家开发出了各种经改良的作物种子，能抗病，耐储存，甚至能在炎热气候条件下减少给水的同时达到作物高产优质。通过复杂的杂交方法培育出来的新种子，可以减少化肥农药的用量，发展高附加值作物，例如樱桃西红柿和加里亚甜瓜。小个头无籽黑皮西瓜也是很赚钱的品种。

以色列为适应中东炎热潮湿的气候条件，对欧洲霍斯坦牛进行改良并培育出新的奶牛品种，加上采用计算机化管理，使中东奶制品业和肉牛业有可能达到高产优质，充分满足当地居民的需要。家禽品种改良着重于提高鸡的抗病能力。以色列蛋鸡的产蛋量居世界之首，每只鸡可产蛋280枚。

话友对我谈到，当年他们到内格夫沙漠进行考察，站在野地里沐浴着冬天暖和的阳光，瞭望一望无际的荒原，随行的一位以色列科学家说道："我们有土地和阳光，农业三要素中我们占了两个。问题是缺水，但我们有技术，技术给我们水。以色列的农业大有作为！"以色列人的科学自信心和奋斗豪情，使我的中国朋友深为感动。

话友颇为感慨地说：都说是上帝赐予以色列人"奶与蜜之乡"，但看起来是以色列人民用自己的智慧和劳动，创造了自己的美好家园。

完善的科研和技术推广体系

以色列农业的发展建立在先进科技的基础之上。建国初期，农业就被摆在国家科研工作的首位，20 世纪 50 年代以色列全国科研经费基本都用在与农业有关的项目方面。目前每年用于农业的科研经费占农业产值的 2% 以上。

支撑以色列农业科技发展的基础结构，是完善的科研和技术推广体系。国家农业部设有农业发展组织和技术推广局两个重要部门，通过专业研究单位、试验农场和技术推广站，有效地将科研成果迅速转化为生产力。科学家、政府和私人农业企业之间的合作，直接促使以色列农业的技术进步。在以色列，已经形成科研—推广站—拥有高技术知识农民的紧密联系纽带。

以色列的主要农业科研机构除农业研究组织外，还有“魏兹曼研究所”以及前面谈到的耶路撒冷大学。以色列农业发展组织是以色列农业部的科研杠杆，亦称“沃康尼中心”——根据此机构创办人的名字命名。它由政府投资，与全国各家研究机构、农业企业以及农民保持密切联系，推动农业技术的开发与利用。它除了从事广泛农业技术课题的研究与开发，还设有以色列的国家农业基因库。

魏兹曼研究所主打植物生物工程学领域的研究与开发，着重于减少农药化肥的使用和对物种进行基因改良方面的工作，培养抗病毒和抵抗恶劣自然条件、增进营养含量的作物新品种。以色列的科学家们，正在致力开发一种基因工程方法以根本改变以色列未来的农业面貌。这就是应用“化学基因开关”激发有助于作物成熟的蛋白质，以达到精密控制作物的成熟时间。

耶路撒冷大学——我的母校，是以色列农业科技研发事业的另一个重要支柱。学校的研究人员在农业革新领域里有过许多发现、改进和应用，在根本改进干旱农业并提高以色列农业产量和可持续发展方面，发挥着技术引领作用。

技术推广是关键

要问我以色列农业成就的秘密，我更喜欢的回答是：“技术推广。”这是我的本行。什么叫做“技术推广”？这就是将科学与田间接轨。说得简单一点，就是将研究工作与农民捏到一起——这就是以色列农业的“秘密”所在。

我们想象一下三角形有三个边，每个边代表上面提到的三种要素当中的一种，只有三个边即三个要素相互联结，才会形成完整的三角形。研究、推广和农民三要素实现联结，这就是将技术从科学家的实验室搬到农民的田地里，并针对当地条件加以应用。

以色列农业部专门设立的一个行政管理部门叫“农业技术推广局”。如上所述，这是我大学毕业后最先投入工作的单位。这是以色列农业部专门设立的一个行政部门，其任务是在研究机构和农民之间建立联系，为农民提供专业性的帮助。推广人员的工作职责，就是掌握开发出来的技术并将其应用于当地农民的具体环境中。

世界上许多地方都摆脱不了研究与田间农作脱节的情况，大学和研究机构往往脱离周围环境，孤芳自赏。许多国家的农业研究单位，进行大量的研究工作并取得许多成就，但这些成果往往过渡不到农民的田地里。推广服务工作之所以重要，正是因为通过这种方式可以将研究成果传授给农民，让农民在田间加以应用。农业技术推广人员就是帮助实现这种“转移”的人。他们来到农民中间，告诉农民如何有效地应用这些成果。他们是先进技术的代理人，直接将技术带到田间，并根据当地农民的条件加以应用。

以色列不但在本国，而且也通过合作关系在许多其他国家成功推行有效的技术推广体系。在中国，一向强调科学与实践相结合，强调农业科技人员要深入农村和农民实际，情同此理。中国幅员辽阔，至少开始时无法在所有地区开展这项服务，但是可以先从一两个省和几个县着手进行示范。

农民是非常保守的，要让他们改变传统方法并不容易。记得那时，我已经是一位有经验的专家而且深受当地农民的赏识。有一次，为了父亲葡萄园的事给他提点建议，岂料他瞪我一眼说道：“把你的建议说给你的农民听去吧，我自己知道该怎么办！”

为了将研究成果转化为生产力，还可以借助其他途径以充分发挥技术推广的作用。农业技术开发和生产单位以及用户愈益认识到，开展专业服务能使生产成果更为有效。例如滴灌和暖房的系统基础设施，如果能根据用户的具体要求就地设计、安装和进行维护，就会获得更好的效果。现在农民与国内的农业研究机构密切配合，可以获得专业人员提供的十分有效的咨询服务和指导。除了政府部门和私人公司之外，另有25家行业协会和营销机构也加入研发事业投资和服务的行列。

现今专家们致力于综合改进整个地区的农业生产。农业公司承接交钥匙项目工程，综合解决更加有效的用水、灌溉系统、作物品种和种子选择等问题，同时提供多方面咨询，以便抓住最好的世界市场价格时机，选好化肥农药以尽量减少环境破坏。有关地区的农民都经过专门培训，充分掌握传授给他们的技术。

以色列每三年都要在“农业技术展览馆”举行一届农业成就展，共有100多个国家的海外来客来参观展览，观摩最新的先进农业技术。此外有一年一度的“马索夫农业展”，每年展出的农业技术主题都有所侧重。

四、我选择中国

假如说我的一生是一次长征，肩负着祖国赋予我的使命，在以色列、在世界各地日夜奔波，播种粮食，播种友谊，那么到了20世纪的最后一年，我的人生旅途走到了一个新的路口。历史给我提供了两个看来截然不同的选择：到中国去，或者到美国去。

我要行动

记得有一天，以色列农业部长找我，提出让我到华盛顿出任驻美国农业公使。我当时毫不犹豫地回答说：“太谢谢了，部长先生，不过我不想去。”接着我又补充道：“如果哪一天有机会去中国，我一定高兴受聘。”部长问：“为什么？”

我给他作了如下解释。

“我到华盛顿去干什么？”我说，“我会参加一次又一次招待会，脸上强装笑容，从一个个宾客面前走过，向他们举杯祝酒。我也会到边远的大学和专校作报告，但是我的极大部分时间，都用来为以色列来的不同官员准备访问日程，最倒霉的是还得陪同他们一次又一次访问我去过无数次的同一个地方。”

“那么在中国呢？”部长问。

“行动！”我回答道，“在中国的使命就是行动！”

我心中非常清楚，我争取此项使命是为了什么：行动。我要行动，因为那里有需要，而且我有能力；我要行动，因为那里有我的熟人和朋友，有他们的帮助和支持；我需要行动，还因为我永远忘不了以色列国家领导人像拉宾、沙龙对我的嘱托，更忘不了普通中国人对我的信任和期待。

无巧不成书，到中国去的机会果然不期而至。

且说从前我在农业发展公司阿格里德夫担任总经理职务时，每次到中国执行任务，都是我单独一个人离家出行，从来不带夫人。因为我一向认为，有夫人在身边就会分心，难以专注于工作，而且我不想别人说三道四，指责我利用职权谋私。为此我一直感到有愧于夫人，总惦记着哪一天能找个机会做个补偿。

1997 年我结束在阿格里德夫的总经理任职，在几家私人企业担任两年顾问，主要是和俄罗斯及其他国家打交道，中断了和农场的联系。1999 年结束这些繁忙的事务之后，我打算领我夫人到中国去一趟，第一个要看的地方就是永乐店示范农场。

终于有一天我对夫人说：“一块儿到中国去吧，是时候了，你要亲眼看看中国而不是光听人说。”她这是第一次来中国，所以到北京以后的最初几天只顾游览——去看每个旅游者必到的地方，像长城、故宫、秀水街（当时位于美国大使馆旧址附近）和三里屯商场。哪里想到，当年外国人爱逛的市场和所在街道，现今已不见了踪影，取代它们的是全新的现代化建筑，耸天的商业大厦傲然林立。

第四天我带夫人参观示范农场，让她看看我们在中国都做了些什么，因为这当中有我的辛勤奉献。我自己当然也想了解一下情况。农场来了一位专家给我们领路，半道上又接了一位前来接待我们的姑娘，她说她是负责农场花卉业务的。上了车，专家向她介绍说，这是欧慕然先生。

"呵，"姑娘说，"这就是农场之父，农场的创始人！"

不瞒你说，听到她这句话我感到全身为之一震。也许就在那个瞬间，在我心头又浮现出回到中国的念头：回中国去继续做我在那里开始的工作，不过这次规模更大、职位和担子更重了。

投身激烈的竞争

看完农场，和场长一起用过午餐，我们便一路赶回城里去见大使南月明即沙米尔夫人。路上我对太太说："如果我对沙米尔夫人提出，我可能考虑到大使馆来出任公使，你可别有意见。"我太太吓了一跳，她说："什么话？我们是来玩它几天，并不是要长期待下去不走！"

见面的时候沙米尔夫人告诉我，示范农场无论对她或者对加强中国和以色列之间的合作都非常重要，并说她现在正面临主管这个项目的公使很快就要离任的问题，暂时还找不到合适的人选来代替。沙米尔夫人这番话正中我的下怀，恰好给了我一个自荐的机会。就在这个节骨眼儿上我接过话来说："沙米尔夫人，我考虑我有可能当一名人选。"我无法形容她当时是何等诧异。"你说话当真？"她问。

"当真，"我肯定地回答她说，"百分之百当真。"我接着又继续说："作为'农场之父'，我觉得我应当回到我的孩子身边，而且要培育更多的婴儿。"姑娘早上说我是"农场之父"，这给了我启示和勇气。

大使显然很高兴，但我知道，光说想当人选是不够的，还得争取。我说"争取"，是指参加他人也会加入的竞争，我要证明我比其他竞争者具有优势，我志在必得。

回到以色列以后，我打电话给一位朋友，他是农业部一家农业研究所的科学家。我告诉他，我想担任驻华公使的职位，他的反应令我感到奇怪，他说中国农业部方面希望去一位科学家。我后来一想才明白过来，原来以往外派担任这一职务的人员都来自这个研究所，看来是——借用中国一句俗话："胳膊拧不过大腿"了。我此刻才意识到，我面临的不只是一次斗争，而是一场"战争"。开始我以为，我在国际农业合作方面有着非常丰富的经验，我是中国示范农场的创办人，在竞争中胜券在握，但现在看来仅仅有这些条件是不足够了。我决心做好准备，迎难而上。

首先是拜访曾经在中国待过而且有相当经验的各方面人士，包括农业、技术、经济以及科学界的人士，特别是对中国历史和文化有研究的学术专家。其次，我把评选委员会可能提出的问题一一列举出来，准备好答案。我每天打开电脑，浏览有关中国方面的消息。考评那天我到了耶路撒冷，在评选委员会办公地点见到另外四位候选人，其中一位果然是上述研究所的科学家。加起来一共有五个候选人参加评选，评选程序拖的时间很长，最终评选委员会全票选上了我。

说来也巧，评选人员问我的问题大部分都叫我事先猜着了，我对答如流。过后有一天我碰到一位评选委员会的成员，他问我："你知道当你回答大家问题的时候我在想什么吗？我猜你知道问什么问题，可能有人向你泄漏了。"我说："没错，我知道是什么问题，但谁也没告诉过我，是我自己琢磨评委们要问哪些问题，是我给自己准备了答案，同时也给评委们准备了答案。"

通过评选，为我打开了通往中国和在那里实现自己理想的道路，我心里格外高兴。但是我也清楚，路还未走完，这只是刚刚开始，摆在我面前的任务复杂而繁重。考评的问题答过了，但在某种意义上这还只是"纸上谈兵"，比这多得多和困难得多的问题正等待我去实际解决，我要去迎接一场毕生的挑战。临近出发，我投入到紧张的准备中。

毕生的一次聪明选择

几年之后，我在以色列国内遇到我原来的顶头上司、前任农业部长。他问我在中国工作的情况，我回答说："正如当时我对您所说，那是非常充实的使命，是不断行动。"

部长微微一笑，对我说道："对，我相信你。我还想告诉你，我已经听很多人谈到这次合作的成就。"接着他又说，"你知道，我想我对这次合作的成功是尽了责任的。"我问他什么意思，他说："实际情况就是：我没有强求你去华盛顿，让你有可能去中国并在这项成功的合作项目中担当重任。就是你所说的行动。"

是的，在我四年的任职期间，我一直忠于我早先的承诺：行动。我所说的"行动"，是指我的活动不仅看短期政绩，还要着眼长远效益。我所说的"行动"，是指凡是你开展过活动的地方，在你离开以后活动并不就此停止，活动继续为人民带来利益。

我在农业发展公司工作时到过许多国家，接触过驻这些国家的以色列大使。我见过两类不同的大使：一类不断往上送报告，汇报他们开过什么会，到过什么地方访问；另一类则潜心于开发成效卓著的项目。当我就任公使职务的时候，我看到许多人在那里不停地议论，制定了不少计划，想出了许多主意，但是最后就是什么也没做。

到达大使馆的第一时间，我就决定推动工作，将各种想法付诸行动。创办示范奶牛场和新疆示范农场，举办有以色列专家任课的培训班，在中国和以色列之间签订农业领域的一些重要协议，这就是我所说的行动。此外，我还主动倡议和推动以色列专家来华举办培训班，传授先进的农业技术，选派中国人员到以色列参加国际培训班，等等。

回过头去看，我想，决定去中国服务是我毕生作出过的最聪明的选择之一。我认为，受惠于我这一决定的最大赢家是我自己，而中国和以色列在农业技术领域里的合作，则是共赢的伙伴。

记得我年少的时候就在以色列听说过一种流行的说法，它给我留下深刻的印象："如果你是乐观主义者，要学英语；如果你是悲观主义者，要学俄语；但如果你是现实主义者，就得学汉语。"不过当时有谁想到学习汉语呢？没想到几十年之后这句箴言竟在我的人生道路上应验了——虽然不完全是学汉语，而是和讲汉语的人合作共事。

五、令人向往的国度

上面谈到，在评选会上我是有备而来。说实在的，有关中国情况的问题是少不了的，而对这些问题的回答我是如此胸有成竹，我想其他任何一个参选者都不是我的对手。

还是个孩子的时候，我就知道我们家族与中国的密切关系，我知道中国有我的祖父母和外祖母，还有叔叔、舅父和姨母。上小学的时候，书本中讲到世界上的各个国家，其中就有中国，最有意思的课文自然是万里长城。那时我心中的中国是个非常辽阔而富足的国家，是那么神秘而充满魅力。

辽阔的国土

中华民族和犹太民族有着同样悠久的历史，但两个国家的地域和人口数量则相去十万八千里。对一个犹太人来说，无论在中国是短期游览还是长期生活和工作，都是一种奇妙的文化体验。

以色列人难以理解中国的规模和幅员之大，同样，中国人也难以理解以色列的规模和幅员之小。我想以下数字是最好的说明：北京的土地面积为 1.7 万平方公里，相当于以色列国土面积的 70%；重庆土地面积为 8.2 万平方公里，相当于以色列国土面积的 4 倍；新疆自治区面积为 174.3 万平方公里，是以色列国土面积的 80 倍。

对以色列人来说，中国地域的辽阔是难以想象的。在以色列，从位于国土中心的特拉维夫到濒临红海的埃拉特，只有340公里距离，但这已经算是很远了。而在中国，从北京乘飞机飞到乌鲁木齐需要四个小时，这时你才开始感到疆土之广大，也才意识到要用另外的眼光看待事物了。以色列农业部长访问中国时，我陪同他到乌鲁木齐考察中以之间的合作项目。参与当地棉花合作项目工作的一个以色列人前来问我，要不要到现场看看。我问现场有多远，他回答说："离乌鲁木齐很近。""有多近？"我又问。他说："不超过600公里。"这个距离在以色列怎么也得离开国土了，看来我们这位以色列同胞在这里待的时间不短了，已经适应了这里关于距离的概念。

以色列人在中国一旦涉及数字，就必须对大小概念之差别做到心中有数。1995年以色列农业部长访问中国时，陪同来访的代表团是由以色列的一些重要人物组成的。大使馆组织了一场见面会，由各家以色列公司向中方商界介绍情况。以色列最大一家经营牛奶、牛奶制品、蛋品和水果的公司总裁，在会上介绍该公司的情况并列举了一些绝对数字。他报告完毕走下讲台后我对他说："可惜你在会前没找我商量，我会告诉你，在报告中最好使用相对数值。"他列出的数字对以色列人来说是很可观的，但在中国人的概念里则微乎其微。"我该怎么说？"他问道。我对他说："你应当说你们公司占以色列全国销售量的份额为：牛奶90%，蛋品80%，蔬菜75%，等等。这样才能让大家对你们公司的重要性有个完整的印象。"

数量大小概念之不同，还表现在人口规模上。北京人口是以色列人口的两倍，广东省的人口大约9500万，比欧洲大多数国家的一国人口都多。我们一直在加勒比地区的安提瓜工作，那里只有8万人，巴巴多斯的人口是30万。这些国家以及其他许多类似国家也设有政府和部长，是联合国的正式会员国。因此，有完全理由对中国的省和市使用"政府"这个词，我每次下到各个省、市办事，对当地的主人从来不敢怠慢。

悠久的历史与灿烂的文化

也许因为我来自一个有着悠久历史文化的古老民族，我对同样古老的中华民族和同样悠久的中华文化，怀着特别深厚的感情。我利用一切可能的机会去了解和感受这丰富的文化遗产。

我从小就有两个爱好，一是宇宙，二是地球的远古时期和人类的开始。我曾经专门到周口店北京猿人遗址去寻访古人类祖先的足迹。北京周口店山顶洞北京人博物馆是我久已盼望参观的地方。现在听说将在市内设立新的北京人博物馆以取代周口店的老馆。这样一来有个好处，就是参观起来方便多了，但我并不喜欢这个主意。我相信，新博物馆必定比旧的大得多，现代化得多，也好看得多，但远不如旧的接近自然。旧博物馆设在最早发现北京人头骨的地方，到那里参观就等于亲临北京人生活和死亡的现场。

许多考古学家相信，人类生命的摇篮起源于非洲，但自从发现北京人以后，许多科学家转而相信人类起源于亚洲即中国。这个问题一直争论不休，有人认为人类有可能同时在不同地方出现，这种想法的确令人兴奋不已。

有意思的是，被发现的北京人颅骨的容积，相当于我们这一代人颅骨容积的80%，这就是说差别不大。但原始北京人的平均身高是156厘米，相比起来，原始北京人的现代同胞姚明身高是229厘米，世界上最高的人是241厘米。我暗想，假如原始北京人能看到我们这些现代人，一定会以为我们是来自另一星球的巨人吧。站在我们人类祖先生活过的这片土地上，我无限感慨，心想就是那遥远年代的所谓人类，给了我们今天活着的人们生存的机会。

在遥远的过去，曾经有过许多古老文明，但它们都烟消云散了，没有给人类留下任何痕迹，只有中华文明和犹太文明是例外，从产生的时候起一直保存至今。

中国文化的伊始，其时间一般定在大约5000年前。

论文化的起源，中华文化和犹太文化之间有着非常明显的共通之处，但也有许多不同。根据犹太传统，犹太文明是从犹太人称为“父亲亚伯拉罕”的时候开始的，犹太人信仰至高无上的权力——上帝。中华文明不是建立在宗教的基础上，不像犹太文明完全发端于宗教。中华文化千百年来一直在同一个地方保持和发展，而犹太文化则不同，大部分犹太人长期以来分散在世界各个角落，他们在各地都属于少数民族，与当地的文化、宗教和种族不尽相同，但即使如此，犹太文化还是保存下来了。

人们常说起犹太人的智慧和对人类文明的贡献，但中华文化的灿烂光辉和对人类的伟大贡献，不亚于世界任何其他一个文明。在艺术、文学、医学、天文学、科学技术方面，中华文化都曾为人类历史作出过非常重大的贡献。

不容否认，近代中国的技术成就相当寂寥，但是这种状况就要发生改变。中国实行了对外开放，中国大专院校的毕业生正在增多，中国政府推行吸收国外留学生回国的积极政策……所有这些因素都会为将来带来丰硕的成果。我相信，中国人民具有的巨大创造性潜力，加上适当的环境条件和良好的政策，必将大大促进中国科学技术的发展和科技水平的提高。如果说，人口稀少和资源匮乏的以色列能够做到，中国无疑更能做到。我愿在此引用美国总统奥巴马竞选活动中的一句著名口号，只是稍加改动：“中国人能办到。”

六、大有可为的农业合作舞台

对一个以农业和科技为主要服务领域的驻华公使来说，我同样自信具有别人无可比拟的优势。我不但自幼从事农业，而且有在中国开展农业合作的实际经验。我对中国农业情况以及合作方向的了解，帮助我在评选会上作出最好的回答。

中国农业的悠久历史

以色列和中国同是有着悠久农业耕作历史的民族。中国农业可追溯到大约公元前 7500 年。正是由于有发达的农业生产的支持，在漫长的历史过程中保证了一个占世界人口最大分量的国家的生存和发展。

记得小时候在以色列流行一首歌谣，大意是说：中国到处是茶叶和大米，粮食堆满仓；我们国家太小，疾病多而大米少。根据科学家的估计，大米的人工种植最早见于中国，距今已有近万年的历史。根据在浙江省发现的最早新石器时期遗址跨湖桥发掘出来的残余物，证明早在公元前 7700 年已有大米的人工种植。每当我坐到饭桌旁边吃大米饭的时候，便情不自禁地想起这段遥远的历史，想起几千年前祖先饭桌上摆的也是今天中国人习惯吃的大米饭。

值得一提的是，中国人种植稻米的悠久历史传统，在现代的先进技术条件下得到进一步发扬并取得了光辉的成就：中国著名的杂交水稻科学家袁隆平教授在这个领域里，为解决世界粮食问题作出了不可磨灭的巨大贡献。他为此获得沃尔夫奖，这是在科学界仅次于诺贝尔奖的极高荣誉。袁教授启程赴以色列接受奖项时，我有幸在北京为他送行。

▲ 为袁隆平教授赴以色列接受沃尔夫奖送行，左为以色列驻华大使海逸达。

由于中国还处于发展阶段，而且耕地奇缺，至今农田劳动依然非常艰苦繁重。但是在长期的历史实践过程中，耕作方法不断改进发展，大大提高了农业生产效益。现在我们谈现代农业技术，不应忘记中国的古代农作技术对农业发展作出过不亚于现代技术的贡献。例如，使用铸铁农具是中国古代的先进技术之一，水利工程更是中国古代的一大技术贡献。

大家都知道成都附近的都江堰，这是中国古代创建的一项闻名中外的伟大水利工程，是目前世界上年代最久、唯一留存、以无坝引水为特征的宏大工程。它科学地解决了江水自动分流、自动排沙、控制进水流量等问题，消除了水患，造福农桑，使川西平原成为“天府之国”。可能很少有人知道中国古代还有另一项同样伟大的农业水利工程，这就是在中国能看到的最令人难忘的灌溉系统之一——新疆的坎尔井地下灌渠。

我曾在新疆吐鲁番附近亲眼目睹这一奇迹，它是古代先民智慧和勤劳的结晶。坎尔井地下灌渠由竖井、地下水渠和小型水库组成，全长超过5000公里，被誉为“地下长城”。我们这里谈的是位于沙漠并为沙漠供水的灌渠，人们会问，这在不见滴水的沙漠里怎么可能呢？答案是天山的融雪为坎尔井提供水源。坎尔井系统是吐鲁番的生命之源，没有坎尔井也就不会有吐鲁番文化。

我们为以色列成功开发滴灌系统而感到骄傲，但了解到中国人早在2000年前就取得的成就，我们不禁对他们的创造能力肃然起敬。以当时的技术而论，相对说来，这一灌溉系统甚至比现有的系统更加先进。

中以农业合作问题的思考

但是近代的中国农业毕竟处在技术和经营相对落后的状态。

回想20多年前我在首次访问中国时，接触过一些地区的农民，看见他们的耕作方式十分原始落后，联想到父亲多年以来一直念念不忘山东姓严的同事，不停地叨咕老严说过的那些话：山东的农民土地少，生产手段奇缺，一年收获不够糊口。父亲在1948年重访中国时留下一个深刻印象：中国面临改变农业落后状况的严重挑战。

我是一位农业专家，到过中国许多省份，最使我感到不安的问题之一，便是农村和城市之间存在很大差距。有时候我想，有两个不同的中国：一个是未来的中国，一个是过去的中国。我知道有人会问我怎么看待今天的中国，又如何展望未来的中国。我会说，根据今天中国的发展速度，主要是城市的发展速度，中国将会成为未来的头号国家，而且这个未来距离我们并不远。但是从农村的状况来看，中国依然没有摆脱过去的状态。中国领导人的一项重大任务就是致力推动这方面的工作，使农村的面貌获得改善。

我一直在思索以色列和中国农业的异同和互动，有过不少关于中以农业对比与合作可能性的思考，意识到在中国有许多事情可做。

那么在农业发展的问题上，中国和以色列究竟有什么相似的地方，又有什么可供合作的课题呢？我想，至少有以下几个方面：缺水和水污染问题、土地沙漠化、有机食品、作物和牲畜品种改良、小农户的经营和发展、农业技术推广。

2009年在中国举办的一次有关中国农业发展问题的国际研讨会上，我发表了一份报告，题目是《中国和以色列的农业合作——农业技术转让》，受到与会者的极大欢迎。这是我在多年来对中国的长期接触和深入了解的基础上，对在中国开展农业合作的思考和见解的进一步深化和完善。以下所述，部分摘自这份报告的内容。

解决水荒问题是当务之急

中国水资源严重短缺，在地球上最干旱国家名单中列在第13位。但并不是很多人知道这个情况。在芬兰、荷兰或阿根廷等许多地方，人们坐在家里看电视，见黄河、长江等大河波涛滚滚，而且常闹水灾，成千上万的群众需要转移，便以为中国是个水国。这是电视给人们造成的一个错误印象。就在我执笔写作这几天，我还在电视上看到有关湖南省发生水灾的报道。也是在最近，我和一位朋友在一家咖啡馆里聊天，我有意问他对中国水的问题有何看法，他脱口而出：中国水源太丰富了。我对他讲了我在本书中所述的观点。

中国拥有世界最长河流当中的两条：长江和黄河。以水资源总量而论中国居世界第五位，仅次于巴西、俄罗斯、加拿大和美国。但若以人口平均，中国每人拥有量不过 2200 立方米，仅为世界平均水平的 25%。根据一些材料估计，随着人口的进一步增长，到 2030 年中国人口达到 16 亿时，人均拥有水量将下降至 1700 立方米。而且中国水资源和耕地的南北分布不均衡，80% 的水资源集中在南方，而这一地区的可耕地仅占全国可耕地的 35%，北方则反之，这就进一步加剧某些地区缺水问题的严重性。

某些人为的因素进一步加剧水资源形势恶化。像号称“千湖之省”的湖北省，已有 815 面湖泊干涸；湖南省洞庭湖是中国的第二大淡水湖，自 1949 年至今已缩小 2350 平方公里。河流改道引水，导致严重的环境问题。据我所知，自 1972 年以来，黄河有几年出现冬季断流，无水入海，最干旱的一年断流达七个半月之久。地下水是北方的主要供水水源，现在水位已急剧下降。

中国在严重缺水的同时，灌溉水的利用效率却很低，估计只有大约 40% ~ 45%。这就是说，灌溉用水有一大半流失了，对农业生产没有发挥应有的作用。

以中国现有的庞大而且还在日益增多的人口，不发展灌溉是无法保证其粮食安全的。要供养不断增长的中国人口，必须改进用水效率和扩大灌溉面积。中国目前大力提倡“节约用水”，但我要做个补充：提倡“有效用水”。节约不是目的本身，节约用水也可能导致减少生产。我们要以有效的方法用水，从而达到既节约用水又提高产量的双重目的。

和水污染作斗争

除了缺水，水污染同样是中国当前面临的严重水危机之一。

中国水利研究院的一位水利专家指出，“在中国，水污染无疑是影响到整个国家的大问题。”这个问题受到中国领导人的极大重视。温家宝总理就曾经专门召开国务院常务会议研究保护城市居民的饮水安全。

城市居民的饮水70%靠地下水源，而地下水的50%～90%已被农业径流、工业以及城市废水污染，有的城市甚至受到有毒的尾矿影响。目前有3亿中国人的饮用水不安全。有些学者认为，就连这些令人不安的数据也不足以充分反映中国水污染的真实面貌，他们认为情况甚至更为严重。

在我看来，中国面临的各个问题以水污染最具战略危险性。水污染不但影响到人民的饮水安全和身体健康，而且会减少农业合格用水的供应。由于这个缘故，废水净化和循环利用技术变得日益重要。

海水淡化和沙漠治理

海水和沙漠，同是农业两大要素——水和土的无尽潜在资源，对其进行开发具有重大的战略意义。

地球上最丰富的水源是海水。海水无穷无尽，满足世界人口对水的各种需要不在话下。问题是人的饮用水和农业或工业用水，需要的都是淡水。淡水的含盐量很低，而海水的平均含盐量达3.5%，也就是说每杯海水有7克盐。你不妨试一下，往一杯水中添加7克盐后再喝。不用说，喝了第一口就再也不敢喝了。再做个小小的试验，往植物上浇灌一些盐水，很快你就会发现植物发蔫了，换句话说是死了。因此，海水不经淡化就无法利用。

海水淡化是解决缺水问题的另一个现代途径。以色列和中国都拥有漫长的海岸线，有足够的海水，这为开发这项技术提供了充分的自然条件。海水淡化有许多方法，但费用是一大障碍。

沙漠治理是对以色列和中国都非常有益的另一个合作课题。

中国因沙漠化而造成的经济损失每年高达70亿美元。耕作方法落后、干旱、地下水需求增加，再加上沙漠化，是对中国环境的最大挑战。几年之前进行的一项调查表明，中国国土面积有大约18%～20%退化为沙漠。由于这个缘故，可耕地面积锐减，生态环境加速恶化，造成全国巨大的经济损失。中国有30个省

（自治区）发现沙漠化土地，大部分分布在西部地区。来自遥远戈壁的风沙威胁到北京。我记得北京的沙尘天气——天空因飘满沙尘而一片灰黄，10米之外不辨人影。对中国来说，沙漠治理是个严重挑战。

发展有机农业

现代有机农业的历史，始于20世纪上半叶。我所以用“现代有机农业”这个词，是因为中国和其他古代文明的传统农业本身就是地道的有机农业。中国传统农业经过了4000年的实践，在这漫长的历史时期中，农耕过程没有任何现代技术可供凭借，既不使用化肥也不使用农药，一直实行作物轮作、施用堆肥以及采用其他传统生物方法，保持土壤肥力和良好的环境条件。古代“有机农业”与现代有机农业之间的主要区别在于，古代以保持土壤肥力为基本目的，而现代则以人的健康为根本来考虑。但是细想起来，两者是互不可分的。

以色列农业有悠久的历史，自古以来就存在现代有机农业的基础。以色列的许多居民点都在发展有机农业，其中有两个突出例子：

哈都夫基布兹位于以色列北部，以生物动力有机农业的开发著称。该村主要从事奶牛饲养，完全采用有机方法，牛奶和牛奶制品全部是有机产品。农民们还种植蔬菜和花卉，经营一家有机面包房。村里开办一家有机食品餐厅，学校教育学生要关怀环境质量，应用有机农业。他们组织有志于有机农业的人士到村里参观，并设有商店供来人购买有机产品。甚至还搞了个流动商店，用大卡车装上大宗有机产品到各地销售。

涅特·谢玛塔尔基布兹在以色列沙漠地区。村中的人一切按有机的生活方式办事，就连他们居住的房屋也是用当地的泥土建造的。农民用有机的方法种植各类蔬菜和葡萄，酿酒厂生产各款有机葡萄酒。他们的羊群是靠有机的方法饲养长大，奶品场生产的全是有机奶酪。

这两家有机农业定居点实际上是两座实用的实验室，人们在此进行各种不同的有机农业试验。

西方世界的消费者，越来越渴求有机食品，这给中国农民提供很好的机会。中国农业的有机耕作传统，应当瞄准出口市场。开发有机农业新技术，在中国存在广阔的前景。

大象和蚂蚁的故事

很显然，上面谈到的中国农业发展面临的问题和以色列已有的经验与技术知识，预示着两国农业合作的广泛可能性和广阔前景。

我想在此讲述流传于我们犹太人中的一个故事：大象和蚂蚁渡河。借以说明，以色列和中国的农业合作是一件双赢的事情，它不但刺激中国农业的发展，也为以色列企业进入中国市场打开了又一扇大门。

话说有一次，一头大象和一只蚂蚁同时来到一条大河边上，准备渡河。蚂蚁不知如何是好，问大象，大象对它说："爬到我背上来吧。"大象背着蚂蚁渡过大河，到达对岸，蚂蚁高兴地对大象说："瞧，我们还是有办法过河来了。"其实蚂蚁什么也没有做。

也许有人以为，中国是大象，以色列是蚂蚁，而这个小蚂蚁是帮不上大象什么忙的。其实不然，就国土规模和人口数量而言，以色列是无法和中国相比的，但是小蚂蚁也自有它的长处。中国和以色列的农业环境有许多共同之处，而且以色列农业经济特别是农业技术的成就是世人共知的，其中有的就可以为中国借鉴。"大象"和"蚂蚁"可以一同合作共渡农业这道"河流"。

早在 1987 年，一个中国高级农业经济技术代表团对以色列进行考察时，中国人对以色列用高技术武装起来的高效农业就有了直接和全面的感性认识，并得出结论，认为以色列的先进技术和经验值得借鉴。

话友率领的这个代表团深入考察了多家工农业生产和科研单位，实地参观过农村公社基布兹合作社莫沙夫的果园农田，对以色列农业和科技的巨大成就有了

▲| 这是中国代表团到达的绿洲之一，先进的农业节水技术给以色列干旱的土地带来生机。

深刻的印象。话友提到，代表团在给国家有关当局的报告中写道：“以色列农业已摆脱靠天吃饭的状况。我们访问的昔日荒芜的旱地和寸草不生的沙漠（内格夫），如今已出现片片绿洲……现代农业是高技术产业这一特征，在以色列已充分体现出来。”这是对以色列农业面貌的生动概括。

报告指出，以色列就水和土地两种基本资源来说，发展农业的条件十分恶劣。但是就在这种恶劣条件下，以色列实现农业经济的长年高速增长，建国后25年间农业总产值猛增12倍。目前以色列的农业生产已跻身世界发达国家之列，基本实现农业自立。我要在此着重补充一点，至今以色列不但能生产出本国所需的大部分粮食，而且每年对外出口价值13亿美元的农产品。以色列冬天利用暖房生产的反季节蔬菜水果出口欧洲，被誉为欧洲“冬天的厨房”。

报告着重指出，在水资源已经开发利用殆尽、耕地面积扩展的可能性日益缩小的条件下，只能走采用先进科学技术建立高技术农业的道路，以促成以色列农业在逆境中繁荣发展。报告认为，以色列农业的某些重要经验以及在世界处于领先地位的技术，值得研究和借鉴，并建议进一步开展与以色列的农业经济技术交流与合作，以加速中国农业和农村经济的发展。我想，这份20多年前的考察报告提出的颇有见地的评价和结论，至今依然没有过时，而且已为后来两国农业合作的可喜进展所证实。“大象”和“蚂蚁”不乏进行有效合作的可能性和美好前景。

七、“当以色列农业部队的将军”

应当说，在以色列的领导人中，在对中国农业合作事业上给我直接指导和巨大支持的，除了拉宾总理之外还有沙龙总理。他们都把和中国的农业合作问题提高到政治外交的层面上。

我在沙龙手下当过兵，在沙龙担任农业部长和政府总理期间与他有工作上的联系，还与他有过私交。

集总理、将军、农民于一身

沙龙1924年出生在巴勒斯坦西北部一个农村，其父母亲是来自俄罗斯的移民，经营一家农场。沙龙自幼就帮助家庭在地里干活，并在农业技术学校受到教育，后来自己经营一家大农场，养过牛羊，种过橘子和棉花，农场办得十分成功。

沙龙少年时期就开始参加犹太人的武装斗争组织，接着步入军旅生涯，从一名普通士兵成长为将军。沙龙战功卓著，在1967年和1973年两次中东战争中两度领兵进抵苏伊士运河，被誉为“以色列之王”。

沙龙在其人生道路上，当过军队里的将军，也当过政府里的部长，包括国防部长和农业部长，直到2001年出任政府总理。但是沙龙的军事和政治生涯道路并不平坦。众所周知，在以色列国内，沙龙的军事行动曾经备受争议，为此他在军界和政坛上几经挫折。他回忆自己戏剧般的人生道路时写道：“我参加过以色列的每一场战争，在风云变幻的紧急关头，我被授予特权为国效力25年之久……一切结束了，我将回到农场照顾我的羊羔和马匹。25年来我一直充任战士，可归根到底我仍是一个农民。”沙龙回到自己占地1000多英亩的私人农场——这是以色列最大的一家私人农场。

战士和农民结合于一身，沙龙永远没有忘记自己是个农民。即使在政府里担任要职，他也在为以色列的农业发展操劳。1977年到1981年他曾担任四年农业部长。

在沙龙将军手下当兵

我见过沙龙多次，其中有两次是私人的直接接触，让我有可能非常真切地看到他的性格和为人。我面对的他富于幽默感、平易近人、懂得审美，遇到漂亮女子不羞于回首再看两眼。他喜欢美食和饮酒，尤其欣赏中国菜肴。

沙龙在成为植物人之前，还有两起不幸落在头上：一是夫人车祸丧生，二是儿子夭折。当时他儿子只有11岁，在家里和朋友拿一支老式步枪玩耍。大家都没想到枪里装有子弹，把玩之间，朋友将枪瞄准沙龙儿子，一扣扳机当即将他打死了。沙龙在炮火中出生入死，不曾伤及皮肉，想不到自己的儿子竟轻易遭受如此噩运。前妻去世之后，沙龙与前妻妹妹结婚，生得二子。

我在军中服役时，曾升任排长。在此之前，我参加过六个月的专门训练，结束训练时被授予排长军阶。后来我转入后备部队，并被派去进行特别训练，准备晋升连长。训练基地的司令员正是沙龙，他当时的军阶是陆军准将，比参加训练的任何人员的军阶都高得多，但他和每个人都熟悉，我从此与他相识。

沙龙在训练营地第一次见我时，向我打听我的过去。我告诉他我在大学攻读农业，负责给农民传授技术。沙龙听了非常高兴，和我攀谈起有关农业的各种问题。对他来说，难得有机会遇到一个人是战友又是与田地打交道的同行。他详细问我，如何说服农民接受新的耕作方式。他说：“你面临比我困难得多的挑战。我发命令，大家就得听我的，但你要说服他们，他们可能被你说服，也可能不睬你那一套。”我把我与父亲曾经为此闹别扭的事告诉了他。我说我建议父亲改变一些做法，采用新的技术，而父亲说："找你的农民提建议去吧，我懂得该干什么。"沙龙哈哈大笑，说："跟你说吧，农业部的人也到过我的农场给我出主意，我也对他们多多少少说过这类不客气的话。"

我们讨论他农场种植的棉花，我把我对灌溉和施肥的看法对他说了一遍，出乎我的意料，他完全听了进去，还邀我择日到他的农场作客。

陪农业部长沙龙访问南美

第二次与沙龙当面接触是在他当农业部长的时候，那时我是农业发展公司的总经理。因为职务的关系，我与沙龙多次见面，向他汇报公司的工作。一天他把我叫去，说要了解我们在拉丁美洲的活动，告诉我他要偕同夫人和两个孩子前去看看。我向他提出了一个访问路线，包括巴西、秘鲁和委内瑞拉。在秘鲁，我陪同他们到阿里奎帕市附近的一个大型果林项目参观，又从这里前往著名的城市库斯科。这里非常靠近马丘比丘即素称"印加失落之城"的地方。几千年前的印加文明甚为著称，最后毁灭在征服秘鲁和南美多个地区的西班牙人手下。古迹位于极高的一座大山顶上，是到访秘鲁的游客不可不去的胜地。第二天我们上山，通往山顶的唯一道路是坐"登山车"，沿弯弯曲曲的山路往上开，令人惊心动魄。

不知是否因为山路艰险，只见沙龙夫妇一路上互不言语，各自看着自己一边的山景。突然间沙龙冲着我说："亚伯拉罕，你知道我为什么生太太的气吗？"我说："阿立克，这是你和你太太之间的私事，我怎好问？""不，"沙龙说，"这事与你有关。"

原来前一天傍晚，沙龙夫人在我们下榻的饭店门前看见一个拎着一副刷鞋工具的孩子，随即想起给沙龙刷鞋，夫人让我把孩子叫进了饭店。沙龙接着说，当时他和儿子正在房间里聊天，儿子说起在街上看到的衣衫褴褛的孩子，心里特别难过。不料这时闯进来一个小孩子，二话不说拿起沙龙的一双皮鞋就刷，把儿子吓坏了。沙龙说："我儿子吓哭了，他哪里见过别人给父亲刷鞋呀！"

听他一说，我顿感释然，连忙解释说他错怪了夫人，这是我的过错，是我把孩子叫进来的。“不，”沙龙坚持说，“你可能用西班牙语帮助叫人，但这是我太太的主意，她没有考虑对我们年小儿子的影响。”我不以为然，对沙龙说：“您错了，您应该告诉小儿子，刷鞋儿童的家庭一定很贫穷，他要找活干挣钱养家，这样的孩子应当受到尊重。”沙龙沉默片刻，然后对我说：“亚伯拉罕，你说得对。话应当这么说。”

我很开心，这下不但帮助解开了沙龙夫妇之间的疙瘩，而且我表现了应有的勇气，在一位伟大的英雄和顶头上司农业部长面前实话实说。自此以后，我就成了沙龙家乡农场的常客。

“我也是个农民”

我是在沙龙担任农业部长的时候开始和他进行工作上的接触的，这种接触一直延续到他担任总理。不管在何职位，他始终惦记以色列和中国之间的农业合作。他经常向我打听，同中国合作的事情进行得怎样。

有一天他打电话叫我到他办公室，要我详细报告我们在中国的活动情况，我向他作了详细汇报。听过汇报，他说：“我希望你理解，我们和中国在农业方面的合作是多么重要。”在他看来，与中国农业部门打交道事关重大，中国人大部分生活在农村，中国要养活为数庞大的人口。

沙龙提到，中国面临一个巨大挑战，这就是养活全国人口，而且这个挑战将会日益严重，因为尽管实行计划生育，中国人口还会不断增长。他说：“我估计你知道，中国站在阿拉伯国家一边。中国要发展，特别需要石油，阿拉伯人手里有一张好牌。不过我们手里也有我们的好牌，我指的就是农业技术。”沙龙接下去说：“这是我们要卷入的一场博弈，我们手中有一个重要的棋子，它比石油更重要，我指的就是农业发展所需的技术、知识和经验。如果我们知道如何同中国人正确合作，他们就会平衡他们的政策。”

沙龙对我语重心长地说："亚伯拉罕，你这个人要成为以色列农业大军的将军。你担负着非常重要、责任重大的任务。"

1998 年沙龙在任以色列外交部长期间访问过中国。关于他的农民作风以及他对农业问题的关心，引起中国媒体的兴趣和注意。据报道，沙龙到达北京后的一天，在以色列女大使南月明陪同下专程前往永乐店中以示范农场参观，途中几次停车，只为看看在公路上晒麦子的中国农民。他接过农民手中的耙子对中国农民说："我也是农民。"曾任农业部长的沙龙在示范农场的暖棚里亲手采摘青椒、西红柿，在示范奶牛场抓起饲料槽里的饲料仔细打量。沙龙坐车经过一大片农田，看到农家妇女正在田里插秧，一下想起了他的母亲。他对陪同人员说："现在很少能看到妇女插秧了，我小时候看到母亲就是这般干的，在地里一干就是大半天，累得腰酸腿疼。"

沙龙是以色列最著名的人物之一，一向被认为是个强人。未曾想到，他在总理任上的一天心脏病突然发作，从此以后丧失意识，近几年来一直躺在病床上，不省人事。不用说，他目前的景况令以色列人民非常焦心。我永远不会忘记，在这之前我见他的时候，他曾经对我说过："我不停地关注你在中国的工作，我希望你想办法把这项工作做到最好。"

▲| 向沙龙总理汇报在中国的工作情况。

当我执笔回忆我与沙龙将军的交往和友谊时，我不停地注视着摆在面前的一幅照片，那时我正在向他汇报我们在中国开展的活动。沙龙面孔上泛着微笑，也许是对我报告的情况感到宽慰吧。

在公使的岗位上

一、安家北京

新世纪之初，2000 年 9 月的一天，我和夫人到达北京，开始履行我的新职务——以色列驻中国科技和农业事务公使。

国贸大厦驻地

以色列大使馆最初设在长安街东端著名的国贸大厦，我们就住在比邻国贸大饭店的公寓里。居住地离大使馆很近，十分方便。

说到大使馆的位置，不得不顺便提到红火一时的秀水市场，它就在同一条街上，相隔不过一站地的距离。现今市场的地点基本未变，但已经从原来的一条沿街露天人行道搬进了新建的大楼。大使馆的这个地理位置是一大优势，因为秀水市场是每个到访北京的外国人都会听说和必去的地方。外交人员不论派驻在哪一个国家，都有一项不可推卸的义务，那就是带领从本国来访的官方人员游览当地的名胜，而在北京，秀水市场是非去不可的。

光是逛一逛还不够，到了市场免不了要买些东西，和摊主讨价还价一番，而且这往往成了主要兴趣。不消说，这成了我不可推卸的责任，每逢这个时候，通常由我扮演重要角色。我能对付几句中国话，还知道市场上货价的底细，这对我的客人很有用处，我常常因此赢得他们的赞赏。有时候我甚至怀疑，他们并不十分在乎我们通力合作得来的购物收获，使他们快乐的倒是我的这个“特长”。

国贸大楼的地址还有一大好处，就是每次上班叫出租车毫无问题。北京的出租车司机大多不会英语，听不懂饭店的英文名字，即使是非常有名的名牌大饭店，像喜来登、希尔顿、凯宾斯基等。一个外国人如果要打出租车又无法用当地话说清饭店的中文名字，那只好请人先把要去的地点用中文写在纸条上交给司机。国贸大饭店的英文名字是“China World”，没有几个出租车司机听得出来，你说英语他们会一头雾水，弄不明白要去何方。好在“国贸”两个中文字的发音容易，我从第一天起和出租车司机就没有遇到沟通的困难。后来我自己买了车，也有了专职司机，要去什么地方就更加方便了。顺便说一句，举办北京奥运会之前一年，为了方便到北京参加或观看奥运会的外国客人，出租车司机便开始接受基础英语培训，也学习饭店的英文名字。但可惜直到今天大部分司机依然不会几个最简单的英文单词。

住家离办公地点虽然很近，我们还是避不开一个麻烦，那就是担心有恐怖分子袭击的危险，行动必须听从保卫人员的安排。我但愿在此不是泄露了什么大秘密：为了不给企图伤害我们的恐怖分子以可乘之机，我们离开住地和到达大使馆上班的时间和行经路线，必须经常改变。说来好笑，从我们的住家到大使馆的距离不过100米左右，但每天早上我们都得走不同的路线。

我们在国贸住了两年，后来大使馆挪了地方，迁到了北京使馆新区的新馆址，比邻新建的美国、印度和法国大使馆。新址也有一大好处——靠近“女人街”和一个花市。我太太有了女人街购物十分方便，想买点东西走几步就是了。对我来说，最得意的是离花市很近。我爱好拍照鲜花，三天两头往花市跑，因此格外称心。

北京家庭的新成员

到了北京，我们在生活上一开始就得到一位中国妇女的帮助，她同我们相处了四年之久，她就是为我们照顾家务的李春霞阿姨。

李春霞心灵手巧，我们当她是家里的一个成员。她也是尽心尽力，不愧对我们之间的亲密关系。我们返回以色列以后，和她也没有断了联系，每次到中国访问，必定给她和她家孩子捎些礼物，请她和我们一同吃饭。

李阿姨不少和以色列人打交道，我们离开中国以后，她又到另外一个以色列人家里干活，待了三年。我撰写《我的中国》时，曾经找她采访。原来我们在北京的时候，顾不上和她讨论有关中国的生活以及其他方面的问题。我没有这样做，也是因为心里明白，她是不便同其他国家来的高级外交官多谈的。现在我离开了原来的职位，情况就不一样了。经过与李阿姨的深入交谈，我更加发现她人很聪明，你可以和她谈天论地，她的见解往往给你很深的印象。

我问李阿姨对以色列人有什么看法，她说她在一些犹太人的家里干过活儿，对以色列人是有些了解的。她说："他们大多数人都很友善，而且大方。但是也有些以色列人显得相当小气。"我问："你说他们小气，这怎么讲？"李阿姨给我举了个例子，她说："有一次在一户人家干活，前后四年时间，临走时他们额外付给我四个月的工资，另外还送给我一份很好的礼物。另外一家人就不一样了，干完活儿离开时，连一小件礼物都没有。"我估计读者能猜得出来，她干了四年时间的那家人指的是谁。

我希望进一步了解一个最普通的中国妇女对以色列人的看法，问她中国人对以色列和巴勒斯坦之间的冲突知道多少，她坦然地对我说："我们在电视里老看到以色列和巴勒斯坦闹纠纷，觉得以色列人强大，而且聪明。我们晓得，以色列国家小，但很发达。以色列农业有非常高的技术，从市场上看得出来：以色列的西红柿比其他品种的西红柿卖得贵，因为质量好。"

李阿姨已经有了一个女儿，我问她是否还想再要一个小孩，她回答说："一个家庭一个孩子的政策好。中国人口这么多，生活不容易。我想让女儿将来有一个比我好的前途，我希望她上大学，将来不至于穿不起漂亮衣服，叫人瞧不起。"

李阿姨对现在的生活显然相当满意，我问她是否觉得经济改善了，现在的生活比年轻的时候好了，她兴奋地告诉我说："当然啦！现在吃的多了，钱也多了，穿的也好了，住的地方也比过去宽阔了。记得我还是个小女孩的时候，大家都穿灰衣服，现在你看看，五颜六色。过去很少有汽车和电视机，现在随便一个人手头都有一部手机。"她接着又补充道，"我知道，中国不是所有地方的情况都一个样，还有许多人的生活还比较贫困，不过政府正在努力改善这些贫困地区的状况。"

我问她对毛主席的看法，她的回答是："毛主席是伟大的领袖。可惜毛主席未能阻止在他晚年发生的灾难，我是说文化大革命。四人帮当中有他的夫人，他们背着毛主席干坏事。"李阿姨的回答多少有点幼稚，但从她口中所说来看，她的看法常常与我们从较高层社会人士听到的言论不谋而合。

我起了个中文名字"欧慕然"

当你来到中国而且担任官方职务，第一件要考虑的是什么事情？当然是要办一张新名片。

为了办一张名片，首先得起一个中文名字。这里人们一般很少称呼你原本的姓名。我请大使馆里的手下人员帮我出主意，选一个中文名字。他们讨论了一会儿，编出一个名字叫"欧慕然"。他们对我说，这是根据我原来的家姓和名字拼音得来的，但最重要的是它的含义：受人仰慕。我从来没有叫谁仰慕我，不过假如别人称呼我的中文名字的同时又带上这个意思，何乐而不为呢！打从这时起，我在中国就使用这个名字。每当中国人看到我的名片时，他们往往都说："好名字！"这时我就暗自对自己说："多谢与我知心的中国职员。"

我的名片两面印字，一面用英文，另一面用中文。以色列很少有人会中文，会英文的则很多。每当我拿名片给人看时，都少不了玩同样一个花招，每次都收到同样的效果。我先让人看英文一面，又立即对他说："如果你不懂英文，请看这面。"我将名片翻过来让他看中文。无一例外，对方均报以会心的一笑。人家都喜欢我的玩笑，于是我们一见如故。

我弟弟于2006年作为以色列政府总理访问中国时，与中国政府总理温家宝举行会晤。会晤结束时，温总理问："欧慕然好吗？"我弟弟从来没有听我说过我的中文名字，望着温总理，露出疑惑不解的眼光。温总理看出他不明白自己的意思，赶紧说："这是你的兄弟，他在中国非常有名。"

对姓名的叫法，西方国家都习惯名在前姓在后，而中国则相反，姓在前名在后。特别是对来自小国的人来说，最不习惯的是中国同姓的人无穷无尽。在以色列，你可以碰到成千上万个不同的姓氏，虽然也有同姓的，但这种情况不算太多。假如你遇到谁的家姓与你认识的另外一个人相同，你完全可以当即问他是不是那人的亲戚，而许多时候你会发现果然如此。

中国这么大一个13亿人口的国家，有大约700个不同的姓氏，不过大多数人都共用其中一些常见的姓。初来乍到中国时，一开始可能遇到一些人姓李、姓张、姓赵，你会立刻想起你认识的其他人也是同一个姓，从而认为他们是亲戚。这样就错了，这是犯了抱住自己观念不放的毛病。我们北京大使馆有六个中国人，其中一人姓李，另外五个人姓张。我手下两个秘书都姓张，他们虽然同姓，但没有任何亲戚关系。一旦你知道中国大约有1亿人姓李，好几百万人姓王或者姓张，你的想法就不一样了，和你刚到中国听到有人同姓的时候就大不相同了。

我的小孙子跟他父母来北京看我们，他找我说："爷爷，给我起个中文名字。"我把中国职员找来，他们给孩子起了个中文名字叫"欧大福"，小孙子高兴地同意了，但说有一个条件，他悄悄对我说："我同意，但回以色列以后不要叫这个名字。"我问"为什么？"他回答说："如果朋友听到这个奇怪的名字，老这样叫我，那我一辈子也改不了啦！"但是我要说，我用我的中文名字倒觉得很开心，在以色列我就常常用这个名字，同时还向人夸说我名字的不俗含义。"欧慕然"这个名字我一辈子用定了！

开始行动——建立业务联系

我至今仍然清楚地记得踏进大使馆大门的那一天。

大使在他的办公室里等我，上过咖啡和简单寒暄过后，他开始就我们与中国合作要达到的目标阐述他的看法。说实话，大使的期望并不算高，他向我解释说，办通事情很不容易，要我务必保持耐心，立足长远，着眼于大的作为。我不想在第一次见面时和他过不去，但也得向他摆明我的观点。我决定亮出我所说的“行动”这个词，讲明“行动”之所指，让他了解，我对该做什么自有看法。我估计大使是在想，我的抱负未免太大了，现实情况将告诉我，达到我提出的目标确实不容易。

谈完话后，大使领我到会议室去和大使馆的全体人员见面，这当中有以色列人也有中国人。大使将我介绍给大家，然后提到我打算要做的事情，令我感到惊异的是，他还用上了我就“行动”所说的一番话。大使说，这是一种新颖的提法，并要求大家尽量协助我，与我合作。听大使这样说，我当然非常高兴，我想我毕竟说服了大使，我的第一次“行动”算是成功了。我知道，未来的其他行动要困难许多，但我相信也定会成功。

上任以后，我的第一步工作是与中国各部委院所等合作单位建立联系。依我的观点，首要的事情是与人直接接触，亲自认识农业部、农业科学院、农业大学和其他单位的朋友，他们是我的“伙伴”。除了中国的机构和人员，我还要认识和结交他国大使馆与我职务相同的人员。和在中国工作过的人士讨论各种话题，听取他们的观点和意见，这至关重要。他们的意见不一定都要采纳，但有时候却很有用处。

不过我很快就转过弯儿来，要想会见你要会见的人并不容易，得通过手下人员事先多打交道。以为让秘书打个电话给你想要见的人，讲明你想和他见面，并和对方约好见面的时间、地点就万事大吉，这就大错特错了。你总会碰上对方非常忙，他的日程早已排满，只好等他什么时候回话确定一个适当的会面时间。

开始我想，这是在卖关子，这种办法实际上是要给你一个感觉：对方是个重要人物，能见他已经很给你面子了。但后来我才了解到，很多时候有不同的原因。例如对方往往要为会见做些准备，不等充分掌握会见所需的各方面情况材料，他是不会轻易和你见面的。到会见的时候你会惊奇地发现，对方对你要谈的问题了如指掌，而且知道你的态度。做这样的准备是需要时间的，所以迟迟不回答你什么时候安排会见。我得承认，这正是我们应当向中国人学习的地方。

有一次，以色列和中国双方官员会见，我在场。有时我不得不为以色列方面的人员缺乏准备而感到脸红。

2004 年，我弟弟担任以色列副总理兼贸易部长期间来华访问，此前他秘书问我，部长要提什么问题。我写了一份清单，列出两国在科技和农业领域里开展合作的一些要点。会见那天，中方部长开会致辞后，紧接着就提出与他的部门有关的合作课题。以色列代表团大为惊讶，中方提出的课题和我方部长要提的完全一样。实际上不等以色列部长提出问题和建议，中方就已经先作回答了。我一点也不觉奇怪，因为在这之前，我已经与中方有关部门的官员多次会见并提出过这些课题，他们也给自己的部长汇报过了。

同中国各部委的官员和专家见面时，多次听到他们说犹太人有智慧，还提到一些卓越的犹太人的名字。我明白，说这些夸奖话许多时候是为了创造一种良好气氛。从我方面讲，我一般都谈我们两个民族之间的共通之处，我们之间有许多相同的价值观。我说中国人的母亲和犹太人的母亲十分相似，我谈中国是个没有反犹主义的国家，中国人民给过犹太难民可贵的帮助。我告诉大家，现在有越来越多的以色列人学习中文，还特别介绍说我的家族是从中国回到以色列的，我的祖父埋葬在中国的土地上。最后我还告诉他们，我有一个中国干闺女。要创造良好气氛，就要找出谈话双方的共通之处。

让他们把我当“自己人”

我常问自己，我为什么会在中国取得成功？我也曾找出各种理由和解释，但归结到一点，最重要的就是我的待人接物，我看人以及对人说话的方式方法。对方可以是党委书记、市长或省长，也可以是工人或者售货员，我一概以相互合作的态度来对待。对人要平等相待，不要让人感到你高人一等。用我们的俗话说，就是“用平视的眼睛看人”。我在本书另一处提到，我崇尚周恩来，听说在中国周恩来就是这样的人物。我以为这就是成功的关键。

这是我从小在农村生活熏陶下养成的观念，是继承了父亲的性格，我为此对他不胜感激。父亲一生走过了漫长而曲折的道路，作出了有意义的贡献。岁月蹉跎，他始终没有忘记他的根在中国，他的思想行为留下深刻的中国烙印，并给我们以强烈影响。其中使我受益终生的最重要一点，就是平等待人。

一次我们到一个省的科学院访问，夫人陪同我参加该院为我们举行的欢迎宴会，与会的有院党委书记、院长和几位重量级教授。交杯之间，我乘兴对夫人说，我想唱一首非常有名的以色列歌曲，并且要教会在座的朋友。夫人说我发疯了：“第一你不会唱歌，其次你是个外交官，要有外交官的样子。”我说：“好夫人，现在是在饭桌上，我不想吃饭时间还当外交官，而且我希望大家把我当成他们的自己人。”

我要唱的歌是“我们给你们带来和平”。这是一首非常流行的著名歌曲，不仅在以色列，在其他许多地方也都能听到。它不但歌词意义深刻，而且旋律非常动听，还容易上口。我放开唱了，未料到在座的人们报以热烈掌声。我对大家说：“好吧，现在请大家跟我一起唱。”信不信由你，这天晚上到头来大家全学会唱了。我瞅着夫人问道：“你看我的举止有失一个外交官的身份吗？”她说：“哪里，我觉得你的表现非常出色。你显示出外交官不光会交谈，而且还会唱歌，以歌声代表自己的祖国。”

何止会唱歌，我这个初来乍到的外交官还喜欢打乒乓球，喜欢在公共场合露面，融入当地的社会。北京朝阳公园是市区里面积最大的公园，离我住的饭店不算远，我经常到那里走动。公园里有许多好玩的去处，但我来这里只有一个目的，就是打乒乓球。

▲ 北京朝阳公园乒乓球场是我常去一显身手的地方，遗憾的是我屡屡败在中国女将的手下。

不用说，乒乓球运动是中国人的天下，举凡任何赛事，拿冠军的必然是中国人。我所说的中国人，当然既有男也有女。我曾经提到过，我父亲乒乓球打得不错，所以我对乒乓球运动也是情有独钟。不揣冒昧地说，我是个不赖的乒乓球手。在中学的时候，我是同学当中的冠军；在部队上，我是连队里的第一名；到了大学，我仍然在全校独拔头筹。来到中国，未想到依然和乒乓球打得火热。

我们的驻华大使老在我面前夸口说他是个出色的乒乓球手，还给我下战书，商定哪天和我一比高下。有一次我们一同到昆明附近一家农场出差，机会终于来了：农场有乒乓球台。大使认为他稳操胜券，半开玩笑地说："如果我打赢了，你就在使馆里贴出公告，声明大使是全使馆的乒乓球冠军，公开承认他是胜过你的乒乓球好手。如果你赢了，我照样宣布你是冠军，下个月由你上任大使。"可是最后我赢了！我担心驳了大使的面子，当即向在场的中国朋友宣称："我们是在开玩笑，大使哪里会把他的头衔让给我？事实上他打得比我好，不过是放我一马而已。"

但是到了朝阳公园又是另一码事了。我和场上的女将交锋，而且是年纪不小的女将，却屡战屡败，一场也未赢过。连输五场过后，我终于明白中国人何以称得上是乒乓球运动的佼佼者。我回到以色列以后不放弃训练，心想下次再来朝阳公园和女将们对垒时，也许至少能赢回一场，不致太过丢脸。

二、永乐店示范农场适时转型

我到任公使职位后第一件要办的业务，就是接手永乐店示范农场的有关工作。

如前所述，永乐店示范农场是我在1993年开始创办的，后来我每年都要到农场来三四次了解经营情况，和中方的同事讨论有关问题。我时刻牢记拉宾总理的嘱托，要让这个项目不愧为以色列农业技术的窗口。对中国人来说，永乐店农场无疑是个示范场所，是一个学校，可以从中学习和掌握最先进的农业技术和管理经验，同时体验如何根据中国的实际情况采用和推广这些先进技术和经验。而在以色列人看来，它是个非常好的范例，显示一个拥有大量科技的小国与全球人口最多的大国之间的有效合作。事实证明，这个项目在它存在的十年过程中，无论在技术示范或者两国合作的意义上，均取得了良好成果。

示范的历史任务已经完成

示范农场往往起到推动省市之间竞争的作用。我们俗话说，“邻居的草比我们家的绿”，而据我所见，中国人是不甘心别家的草比自家的草绿的。中国的许多省市早就提出到他们那里建立同样的示范农场。从永乐店培养出来的“中国毕业生”，奔赴各地的农场或公司工作，发挥他们学到的知识技能，中国的许多地方都开办了类似的农场。就连不少驻在北京的其他国家代表处，也看上了以先进技术武装起来的这家示范农场，纷纷前来打听，以兹效仿。

但是不容忽视一个事实：任何好事都有到头的时候，用中国的俗话说，“天下没有不散的宴席”。我们要有足够的勇气在一定的时候承认这一点，并在正确的时刻采取正确的决断。这话是什么意思？前面谈到，这家示范农场有着长时间的光荣历史，但同时永乐店的历史性“示范”意义已经丧失，我想给这个项目画上句号，在中以农业技术合作的道路上向前更进一步。

在此之前的1999年，我访问中国后曾经给外交部打过一个报告，我写道：“曾经堪称中国首屈一指的示范农场，今天已时过境迁。”请不要有任何误解，农场依然是个非常优良的示范点，我的意思只是说，如今高水平高效率的新型农场已经遍地开花，示范农场完成了它的历史任务。在我看来，永乐店毕竟只是个橱窗，我的下一阶段工作是要跨出纯粹示范这一步。开展项目要首先考虑经济效益，同时附带一定的技术示范性，这就要具备相当的经营规模以适应市场需求。

我的想法是应该对农场“放手”了，将农场交到当地人的手里。“放手”的意思是说，农场不但要展示新东西，而且要盈利。每个生产或制造商在投资过后都要求获得利润，农场既然为新型高技术进行了大量投资，就应该及时从示范型向商业盈利型转轨。每当我们建立一座示范项目时，都应该同时考虑到何时给予“放手”。

中国农业部的官员认为，项目正当红火之时，不应当就此放手和追求商业上的成就。我对他们说，现在已出现了众多采用以色列技术的新农场，这证明我们的合作已经获得成功，我们该转向其他农业技术领域了。他们的意见一度占了上风，我们在农场多滞留了一段时间，也失去了一些及早启动其他合作活动的机会。

南月明大使对项目的关怀和支持

提到永乐店示范农场十年的成功，我忘记不了一位出色的人物，她就是1996～2000年间担任以色列驻华大使的奥达·沙米尔夫人。夫人有一个为中国人所熟悉的颇有诗意的中文名字：南月明。上面谈到，南月明大使是最先知道我要到中国任职的愿望并表示支持的以色列官方的人。

我在这里特别提到她，不完全是由于这个原因，更重要的是因为她作为一位成功的外交官的贡献和个人品质。南月明夫人对我的支持不仅表现在理解我来华的愿望和热忱上，还表现在其大使任职期间，正当永乐店示范农场发展的重要时刻，她对我在中国开辟的第一个重要合作项目给予的最大关怀和支持。在南月明大使看来，永乐店农场是促进中国和以色列两国友好关系的一个重要因素，不但在技术方面，而且也在政治关系层面上发挥着积极作用。我为这一切至今对南月明大使心怀感激。

南月明大使热心于以中农业合作事业的事迹十分感人。我为写作《我的中国》一书访问过南月明夫人，她说刚到中国不几天，手下人员送上来一份材料，向她推荐四处应当访问的地方：长城、故宫、天坛、永乐店中以示范农场。南月明夫人说："我一看就明白，我要把农场作为我造势和开展有效活动的起点。我不但会见中央政府的要人，而且到全国各省市走访。每到一个地方，我都会介绍以色列的农业发展以及先进技术革新情况，讨论中国和以色列之间的合作前景。"她指出，中国在许多方面获得巨大成就，但也不要忘记，中国还有很大一部分人口居住在乡村，而农业是他们赖以生存的主要来源。

到任以后不久的一天，南月明大使应中共方面的邀请赴宴，主人告诉她温家宝先生要去以色列访问。那时温家宝还是副总理，是党内农业方面的主要负责人。他已经走遍了大部分农业发达国家，也想访问一下以色列。南月明夫人说："我建议他去以色列之前，先到示范农场看一看。他去了农场，所见所闻会给他留下十分深刻的印象。看过示范农场，他会进一步加强访问以色列的愿望。"温家宝对以色列的访问非常成功，回国以后特地邀请南月明大使进餐，其间他从衣服口袋里掏出一只滴头，展示给所有在座的客人，并向大家讲解什么叫做滴灌，介绍他在以色列的亲眼所见。最后，建议大家都到示范农场看看，以真正领会他话里的意思。示范农场在中以合作方面的形象和重要作用，由此可见一斑。

我一生遇到过出使世界各地的许多以色列大使，但是从未见过像南月明夫人这样、深知农业在有效合作方面有重要意义的大使。我不无遗憾地说，南月明大使对发展中国—以色列关系所作的贡献，以色列方面知道的还没有中国方面知道的多。

北京荣誉市民

南月明夫人和我一样，从小生长在以色列农村。父母亲都是农民，她年纪轻轻便跟着父母在地里干活。她后来长期从事政治工作，但是从来忘不了从田野、奶牛场和鸡鸭中散发出来的特有气息。她在以色列政治舞台上扮演过多种角色，曾经当过政府部长，但最为重要的职务应该还是出任驻华大使。

夫人对我说："我到中国出任以色列驻华大使时，我知道在中国设有 50 个阿拉伯和穆斯林国家的代表处，我知道中国的传统政策是支持阿拉伯国家，因为他们拥有丰富的石油资源。但我也知道，我有两个不同一般的优势：第一，中国人民对犹太人民的同情；第二，中国人对以色列技术特别是农业技术的爱慕与珍重。我决定以这两点作为工具，与中国当局以及中国人民进行接触。"

南月明夫人继续说道，"我知道，许多当大使的都以为，与其他国家的大使搞好关系十分重要。但是，我对这点不以为然。从到任的第一天起，我就把主要精力集中在发展与中国人民的关系上面。示范农场，是我与政府不同部门人员进行交谈时常说的话题。"

1998 年，南月明大使到外省一家农牧学院进行参观访问，她在一次座谈会上谈到中国的时候，以幽默而又认真的口吻说："我说的是 New China。我十分热爱新中国以及生活在这块土地上的农民。一个拥有 13 亿人口并且穷人很多的国家，成功地解决了吃饭问题，没有人挨饿，这对中国领导人来说，仅此一点就是十分了不起的成就。我非常钦佩中国的领导人。"

南月明大使以她的真诚努力赢得了中国人民的欢迎和尊敬。我来到北京就任公使的时候，她刚刚卸任不久，但在我四年任职期间，不论我走到哪里，下到哪个省份或大城市，都会听到人们提到她的名字。党委书记、省长或市长都会问我："南月明大使现在哪里，她怎么样？"很显然，她在许多中国人的心中留下了深刻印象。我明白，正是由于南月明大使的深入接触，使许多中国朋友对以色列更为关心和有了更多了解。中国一位驻以色列大使告诉我一段故事：中国总理温家宝先生准备会见以色列总理，他首先召见以色列驻华大使了解有关情况。会见结束时，温总理问："南月明夫人怎样？"总理接着说道，在到过中国的各国驻华大使当中，南月明夫人是最出色的一位。

南月明大使是荣获北京市政府荣誉市民称号的唯一一位外国驻华大使，而且是应邀参加北京奥林匹克运动会开幕式的全世界 15 位贵宾之一。南月明夫人对此难以忘怀，她说，能以北京荣誉市民的身份应邀作为嘉宾出席北京奥运会开幕式，能够再次回到中国，"作为一个热爱中国的以色列人，我感到非常高兴和自豪"。

农场向商业经营转型

如上所述，1999 年访问北京并见过南月明大使一年过后，我到中国出任以色列驻华农业和科学公使，建议农场转型，将其改变为纯粹的商业性农场。这项建议不久便付诸实施，我们根据实际情况及时关闭了成功运作整整十年、享有极高声誉的示范农场。现在永乐店农场已属商业经营性质，全部交由中方人员管理，在永乐店镇再也找不到原来的示范农场。但令我高兴的是，现今以色列的大卫星国旗依然悬挂在农场上，以色列国旗跟中国国旗并排在农场上空飘扬，象征着中国和以色列之间富于成果的合作。

相比起来，我在中国创办的三个农业合作项目，永乐店示范农场具有更大的农业技术综合示范意义，而后两个项目，即奶牛示范农场和新疆干旱农业示范中心，更侧重于专有领域的实际生产应用，这也反映了永乐店示范农场转型的思想。

三、奶牛示范农场和中国人营养结构改良

我作为驻华农业和科技公使到任以后启动的第一个重大农业技术合作项目，是永乐店示范奶牛场。这是继永乐店中以示范农场之后，我在中国开展的第二个农业项目，碰巧都在同一个地点。

▲| 我（左二）在北京永乐店示范奶牛场落成典礼上。

开展中国与以色列在奶牛生产技术领域里的合作，既因为中国十分需要，也因为以色列在牛奶生产技术方面成就显著。以北京三元奶牛公司原有一家农场为基础的北京永乐店奶牛示范农场，获得了巨大成功。

中国人的一个梦想

在地球北部地区如欧洲和北美洲，人们日常习惯吃用较多的奶和奶制品，而在热带地区和远东国家，传统食物中牛奶所占分量则很少。中国是传统上不习惯饮用牛奶的国家之一。中国人喜欢蔬菜不喜奶制品，而奶制品含有丰富的营养成分，如钙。另一个与中国人消费牛奶有关的重要问题是，大部分中国人不耐受乳糖，这就是说，他们不能吸收牛奶中的糖分——乳糖。

根据有关资料报道，20 世纪 90 年代中国人均牛奶年消费量大约为 5 公斤，2000 年为 7 公斤，2005 年为 9 公斤。我估计，目前达到了更高水平。但不同地

区的差别很大，城市人均消费量达到20公斤，而农村只有4～5公斤。相比之下，根据同一份资料，2005年瑞典、荷兰以及以色列的年人均牛奶消费量超过200公斤。

应当指出，中国的奶和奶制品消费量的增长虽然开始较晚，但发展很快。前任国家主席江泽民说过，他希望看到学校里每个学生每天喝上一杯牛奶。这是牛奶生产大发展的一个信号。现任国家总理温家宝在重庆考察时也指出，“我有一个梦想，要让每个中国人特别是小孩，每天都能喝上足够的牛奶。”这就是说，不光是学生而是每个中国人！当温总理说这句话的时候，人民已经开始着手将梦想变成现实。

1994年我回到中国考察永乐店示范农场运行情况，遇到邻近的三元牛奶公司的领导，我对他们说，中国农业发展的下一步重点将轮到牛奶行业了。对方不以为然，他们告诉我说，这不现实，这是梦想，中国人不喜欢喝牛奶，特别是不吃类似奶酪这样的奶制品，他们看不到牛奶行业有什么大发展。话音未落，江泽民主席发出的上述号召使情况立即改变，大家一下子明白了发展牛奶生产的重要性。2000年我赴任以色列驻华公使，接到三元公司打来电话，他们称我是“牛奶业的预言家”。我不否认，这是对我的称赞。

今天面对中国牛奶业的巨大成就，我不禁想，从中国牛奶事业发展的历史来看，江泽民的作用是不能磨灭的。

项目起死回生

还在我和三元公司的朋友谈到牛奶行业的发展前景时，我就向以色列政府建议和中国合作建立现代化奶牛场，并将建议书留在了大使馆。

过了几年，以色列农业部长埃坦于1997年访问中国，他准备告诉中国政府，以色列准备另外开展一个农业合作项目，但他暂时拿不准什么样的项目具有吸引力。部长到了北京，就这个问题与大使馆人员进行商议，才听说几年前奥尔默特先生就写就了一份报告。有人从抽屉里找出我那份多年前的建议书并交到了部长手里，于是这位以色列农业部长告诉中国农业部长说，以色列准备帮助中国建立一家示范奶牛场。

部长在北京宣布这个决定的时候，我正在以色列忙于别的工作，还想不到这个项目有实施的前景。我到大使馆上任后听说这件事情，知道我的想法将付诸实施，心里十分高兴。但是我也发现，奶牛场项目并没有什么行动，农业部答应了的事如石沉大海，这样我们太没面子了。关键是以色列国内有关部门通气不够，资金问题没有落实。我想出了一个主意，将项目移交给以色列外交部负责国际合作的部门办理，农业部将项目拨款转交外交部。我是从农业部出来的，认识部里说话算数的重要人物，于是便找到秘书长和部长本人提出建议，要求将项目的预算转到外交部负责国际合作的专门部门，以便推动项目的实施。经我不断施加压力，谢天谢地，最后总算达成一致，农业部接受了我的建议，外交部也十分赞同，项目才走上了正轨。我终于可以推动项目的实施了。

我到任北京并接触过中国农业部的官员后得知，项目的中方合作者是北京三元奶牛公司，这是一家以经营农业和畜牧业为主的集团企业，归政府所有。我到该公司进行访问，与我们未来的合作伙伴建立联系，为准备在北京建立的奶牛项目选址。我与公司的副总裁一见面就强烈感到，他们对这项合作非常热心。副总裁连声称赞以色列的农业技术成就，并相信奶牛示范农场一定会取得成功。他告诉我，他们将全力支持和配合。说实在话，当时我心中还是没底，虽然类似这样的项目我在别的国家干过不少，但在中国是头一次，而中国和别的国家有所不同：在中国这样巨大的国家里，我们必须把项目精心办成一个样板。

第一步是确定地点。我们到不同的地方踩点，当在一个地方见到一大片玉米地时，我当即说："项目就定在这里。"三元的人也立刻同意了。双方一拍即合，由此开始的与三元的合作，有如一场"恋情"。

我特别感谢我与三元公司副总裁范先生的良好友谊。应当说，人与人之间的合作是项目取得成功的重要因素，人们也许将这种友谊称之为“关系”，这个词在中国常常用以表示人们之间的亲近。我想，我与范先生之间关系的奥秘在于，范先生充分认识到，我对合作项目的全部心思都放在推动公司奶牛部门取得实实在在的成就上，他看到，在与提供设备的以色列公司进行讨论和谈判时，我代表的是三元的利益。

“软件”是关键

我从小就有一个梦想——要创办一家奶牛场。那时我饲养四头牛，给牛挤奶，一直想把挤奶的手工活取消掉，用一种机械加以代替。我不曾想到，时隔几十年，我竟然在异国他乡实现了我儿时的这个梦想，创办了永乐店示范奶牛场，而且是一个采用机械化挤奶技术和实行电子化控制的现代化奶牛场。

来到位于北京市通州区的中以示范奶牛场，你会见到在不同类别围栏里圈养着的一头头体形硕大的奶牛，它们安静地咀嚼着为它们定时定量配给的饲料，或者悠闲地缓慢走动。示范农场并不需要从以色列将牛运来，我们使用的是中国当地的奶牛，种牛来自加拿大，牛群在中国出生，称为“中国奶牛”没有问题。每只奶牛都有自己的“身份证”，这是装在腿上的一个信号机，上面编有号码，为的是随时监测牛的健康状况。奶牛场基本按照以色列的经验和管理方式进行布局和操控，在饲料配方上，则注重根据中国奶牛品种的具体情况进行合理调试和配置。电脑控制房可谓整个奶牛场的神经中枢，可以随时随地观察和掌握奶牛场1000多头牛的饲养、产奶、奶质等多方面情况，而且连室外的阳光、风力、湿度及土壤湿度等方面信息也一一记录在案。奶牛每天定时淋浴，牛场经常保持适宜的气温和环境清洁。

我曾听我们的专家说，原先场里的付酬办法是根据手工挤奶得到的牛奶重量计算的，有的工人为了增加牛奶的重量，不惜往牛奶里加水。现在因为采用了机械挤奶技术，牛奶通过挤奶机直接流入储罐并自动称量，旁人是无法改变牛奶的实际重量的。但更重要的是，这种系统能充分保证牛奶的纯净和不受污染，对年幼的孩子来说尤为关键。我们的合作开创了牛奶生产的全新科学体系。

用计算机的语言来表达，完成这样一个项目既需要具备我们所需的“硬件”即相应的设备和奶牛，又需要所需的“软件”即掌握技术和管理知识的人的因素，就我们的情况来说包括适当的管理人员、运用技术并对当地员工进行培训的专家，以及与当地受益方即中国伙伴的良好合作。光有硬件或者软件是不能完成运作的，只有将两者结合起来，通过软件的驱动才能取得成功。

除了上面谈到的要有一个好的合作伙伴，为项目选派专家同样事关公司的成败。经我精心挑选的专家有一位名叫里阿尔（中文名字叫刘亚龙）的，意思是“光明的人”。应当说，他的确带来了光明。这种光，是专业技术知识与经验的完美结合，优秀的个人行为和经验的完美结合。因此不出意料，里阿尔和另外一位专家科恩，先后分别获得了北京市政府颁发的“长城友谊奖”和国家外国专家局颁发的国家级“友谊奖”，这是对我们工作的肯定和表彰。

创造中国奶牛的高产纪录

在写作本书的过程中，我曾到访过奶牛场，并同三元公司的副总裁共进晚餐。他告诉我，整个公司所有奶牛的年平均产奶量已显著增加，稳定保持在 9000 公斤以上的高水平。事实上，最近示范农场的年平均头牛产奶量已接近 11000 公斤。这种成绩非同小可，须知以色列奶牛的平均年产奶量是 11250 公斤，示范农场的纪录已接近这一水平，甚至超过了所有传统的牛奶生产国。我非常惊讶，果真如此的话，可以说学生胜过了老师。事实证明，中国的奶牛只要以优良的技术进行饲养，它们是知道“回报”的。

在开展牛奶生产项目的过程中，我常举“奥林匹克竞赛”的例子来对中国朋友说明以色列在这方面的成就。我说的是“奶牛奥林匹克竞赛”。我对听众说，以色列奶牛赢得了奥林匹克竞赛金牌。大家以惊讶的眼光看着我，以为我在开玩笑。他们自然要问："这怎么讲？" 我告诉他们，几年前在波兰举行了一次非常有趣的比赛，世界上最发达的产牛奶国家共派出12头奶牛参加。每个国家组成一个两头奶牛的"代表团"，由一名牛奶生产专家陪同来到波兰，他相当于奶牛"运动员"的教练员。奶牛代表团由它们的专家按照本国的方法进行料理，每天每头牛生产的牛奶数量经过严格称量，并对所有成分进行化验。一年下来，以色列奶牛成了"赢家"，获得金牌。

中以示范奶牛场的中国奶牛不愧为以色列奶牛的出色"赛友"，它们也不负众望，创造了优异的成绩。我感到无比宽慰，这证明合作非常成功，而且当中也有我的一份辛劳。这好比你抚养的孩子，看到他们成就了人生，则怎样形容心中的喜悦都不过分。

始终保持"清洁"的牛奶

2007年，时任以色列总理的我的弟弟埃胡德·奥尔默特正式访问中国，特别到奶牛场参观。那年1月的一天，埃胡德早上抵达北京，在下榻的凯宾斯基饭店稍事休息之后，便驱车20多公里来到位于通州区永乐镇的中以示范奶牛场参观。2007年正值中以建交15周年，我弟弟成为九年来第一位访华的以色列总理，同时他也成为2007年第一位访华的外国领导人。

以色列总理为了表明他会用手挤奶，叫人给他一只杯子，然后走到一头奶牛跟前开始挤奶。杯子盛满了新鲜牛奶，他一手举起一饮而尽。奥尔默特还为设在该奶牛场的"中以现代奶业技术合作中心"揭牌。总理特别

▲| 奥尔默特总理畅饮三元新鲜牛奶。

兴奋，他对在场的客人们说，他为合作项目的成功感到骄傲，尤其高兴的是，这个项目是由他长兄办起来的。我现在听起来，胸中某种遗恨之情油然而生，心想我们的双亲要是能够看到和听到该有多好啊！整个过程在当晚的电视节目里播放了。

当天我有事去山东，晚上才回到北京。第二天我接到三元公司副总裁打来电话说，昨晚电视播放过后，他接到无数次电话，人们纷纷要求直接到奶牛场来购买牛奶，宁愿花比买一般新鲜牛奶更高的价钱。他们说，既然以色列总理能够直接喝下刚刚挤下的牛奶，这说明牛奶质量有保证，百分之百符合卫生，用不着担心污染。

在我撰写这段文字之前不久，中国发生了牛奶三聚氰氨中毒事件。大家知道，三聚氰氨会在人体内积累并造成毒害，主要是伤害肾脏，对长期饮用含有三聚氰氨牛奶的幼童特别危险。中国的不幸事件造成多人受害，有些幼童因此死亡。牛奶行业巨头“三鹿公司”是事件的祸首，该公司的大量牛奶产品受到三聚氰氨污染，另外两家牛奶公司“伊利”和“蒙牛”的产品，也被发现含有三聚氰氨。唯独三元公司置身度外。没有被三聚氰氨污染的任何迹象。

当我得知，三元没有卷入此次中毒事件，三元品牌产品始终保持“清洁”时，我感到无比欣慰。我们的示范奶牛场属于三元公司的一部分，事实说明，牛奶生产技术只要使用得当，产品质量完全可以放心。后来听说，三元集团被选为北京奥林匹克运动会和残疾人运动会的食品和奶制品唯一供应商，我更是十分高兴。我觉得，我们的合作为三元增添了身价和声誉。

事件已经过去，但是从这个事件中可以得出教训：如果不加注意，高速发展往往也会带来严重问题。我不是要袒护这次事件的责任人，我要说的是这类事件是时有发生的。几年以前，在以色列也发生过非常相似的事故：一家重要牛奶加工厂的牛奶掺入异物，许多吃用过这种牛奶的儿童都出现了健康问题。后来经调查发现，是一名工人错将别的东西加到了牛奶里，牛奶厂厂长只好离职。但愿牛奶行业不要再重犯这类错误了。

四、新疆干旱农业示范中心——和水荒作斗争

2000 年我来华之前，曾向外交部提交了一份报告，建议在中国西部一个干旱省份设立示范农场。我在建议书的前言中说明，中国缺水问题非常严重，西北地区尤甚，而我国在这方面拥有丰富的经验和技术，中以两国有着共同合作的良好基础。事实上，西北地区农业经济的发展有赖灌溉，但却受到水资源严重缺乏和土壤盐碱化的制约，此外该地区还缺乏先进的农业技术。

我还指出，中国西部各省的发展水平落后于东部，这个地区的开发将是中国经济进一步发展的重头戏，以色列在这方面应当有所作为。假如以色列能够帮助解决西部面临的这一问题，建立起高效的干旱农业，这对中国人来说意义重大，将会受到他们的重视和赞赏。依我的看法，干旱农业项目是对中国西部开发大战略的响应。

项目背后的政治外交背景

我提出报告的时候，并不了解以色列正在竭尽努力与中国就有关矛盾问题达成谅解，也不知道中国非常熟悉的人物西蒙·佩雷斯访问中国进行斡旋。特别重要的是，我不知道有一件事与这次访问有关，那就是佩雷斯随身带上了我的建议书，以便向中国政府提出建立干旱农业示范项目一事，作为以色列迈向消除两国之间误解的第一步。

大家知道，2000 年，也就是当时的外交部长佩雷斯先生访问中国的那一年，中国和以色列之间在某些先进军事装备的交易上出现矛盾，即“法尔康”预警机事件。当时，以色列按照双方协议为中国生产此种先进的战机，尽管有外部压力要求停止生产，以色列依然顶住压力坚持了一段时间。江泽民访问以色列时，得到当时以色列总理的保证——以色列将信守承诺，继续开发该型战机并供应中国。不幸以色列最终还是在美国的巨大压力下屈服了，通知中国将停止该款先进

▲ 佩雷斯是中国人民的好朋友，这是他以总统身份参加中国驻以色列大使陈永龙夫妇在官邸举办的招待会。

战机的制造生产。毋庸赘言，这引起中国方面的极大不满。以色列因为违约，需要给中方一定数量的补偿。

现任以色列总统佩雷斯先生2000年以外交部长身份访问中国时，答应在中国西部建立一座示范农场，他甚至承诺以色列将为此项目投入400万美元。当时我还没有到大使馆工作，但听说总统给当时的总理巴拉克打电话说，他要向中国作出有关兴建农场的承诺。巴拉克问，这样一个项目大概要多少钱，佩雷斯向周围人打听，有人说400万美元，佩雷斯就将这个数目告诉了巴拉克。巴拉克说："好吧，我批准。"人们后来说，如果佩雷斯当时说1000万，他也一定会获得巴拉克的批准。

该项目是以色列在国外承担的最大项目之一，甚至是最大的。对我们以色列人来说，它不仅是培训他国人员的项目，而且是我们进行学习的项目。我想，以色列谋求维持和中国的良好关系，是以色列所以乐于为这个项目注资而且超过400万美元也在所不惜的原因之一。

要信守佩雷斯的资金承诺

我到中国上任公使职务以后，首先是抓奶牛场的建立，待这个项目安排完毕，便顺理成章地进入到另一个更大项目的准备工作，我们给这个项目起了个名字，叫“干旱农业”。

那时候我心里明白，摆在我面前的这项任务，并非是接手已在进行之中的现成项目，等待我的是有待启动的一副全新重担。我要召开许多会议，对议定的项目进行反复讨论，选择适合的地点，照顾到西部各有关省份。我常从中国政府方面的人士哪里得知，几个省份都想获得项目，希望佩雷斯总统的承诺在他们那里得到兑现。

我们一直等待以色列国内正式批准项目上马，但同意动用开展活动所需的预算资金的消息，迟迟不见回音。等了好一阵子，依然毫无动静，我别无选择，只好自己想办法推动事情运转，当时灵机一动，决定采取常人看来非同寻常的一个行动。

我们知道，佩雷斯是中国人民的好朋友，在中国人民当中享有很高的声誉。他自2007年就任以色列总统以来，一直兼任以色列—中国关系促进会名誉会长，2008年已是85岁高龄，仍坚持到北京参加奥运会开幕式。既然是佩雷斯先生许下的承诺，就不能当儿戏。

当时我的老上级和好朋友波哈莱斯教授正在“佩雷斯和平基金会”当领导，他与佩雷斯关系密切，我于是提笔给他去信。我在信中告诉波哈莱斯教授，听中国各方面的反映，他们对佩雷斯的态度深表失望，他们本以为佩雷斯是个非常可靠的人，相信他说话算数，他答应的事情一定会兑现，但看来并非如此，至今他的承诺不见动静，我请求波哈莱斯教授将情况转告佩雷斯先生。其实信中所说是我临时现编的，并不完全属实，但我想这番“善意的谎言”也是迫不得已，为的是信守我们对中国方面所作的承诺。

这份加急信件发出三天过后，大使打电话找我说有急事。我赶到他的办公室，一见面大使就对我说：“我刚刚收到紧急来电，批准动用项目的预算资金。”大使说他感到有点莫名奇妙，事情为何惊动到总理办公室，而且文件这般紧急。我一听就知道这是好消息——我的小计谋终于得逞了。至于为何这般紧急，个中原因我一直埋藏在心里。

新疆选点峰回路转

接下来遇到的第一个问题是为示范项目选址，不料在这个问题上出现了一些不必要的周折。

选择一个合适的示范农场地点，要综合各方面的考虑。这样的地点需要有较高的成功机会，而我认为成功的因素主要有三点：气候条件、土壤条件以及与之合作的人。那里的人会同你友好合作吗？此外要考虑对我们的国家是否有利。有利与否要分两方面讲：一是国家的形象，二是对我们的产业能带来怎样的经济效益。

为了决定选址地点，我找了许多人进行商量。我访问过不同类型的人群，他们各有各的打算：外交人员主要从政治上着想，科学家更多地从土壤和气候条件上考虑，不同技术领域的公司和生产厂家又另有主意。我还拜访了中国驻以色列大使馆的科技参赞，我想了解怎样的合作方式对中国农业有利。我和中国参赞的合作一直非常良好，直到我们两人各自完成任期以后依然保持着友好往来。

西部有两个地方最适合开展这个项目，一个是甘肃省，另一个是新疆维吾尔族自治区。从我们的观点来看，新疆最为适合，这也是中国方面的主张。

▲| 我（前排左四）在新疆中以旱区农业示范中心启动仪式上。

新疆维吾尔自治区是个别具一格的地方，这里有戈壁滩，有中国最大的沙漠——塔克拉玛干沙漠和古尔班通古特沙漠。著名的丝绸之路的重要一段从这里经过。自治区的土地面积为166万平方公里，居中国各省区之首。信奉伊斯兰教的维吾尔少数民族，大部分生活在新疆。在中国，这是唯一不以汉族人居多的省区。对世人来说，这本是个边远而陌生的异地，但因2009年发生的重大事件而为世界各地所知晓。

如我之前所说的理由，我认为这里有开展干旱农业的最大前景，便下定决心将项目设在新疆。但是做大使的都有他们自己的一套主张，而这些主张往往和专业方面的考虑相左。事实上这里的确面临两个不能回避的问题：一是新疆人口以伊斯兰少数民族居多，占这个地区人口的50%左右；其次，这个地区离中国的中心城市太远，在这里设立项目，其影响难免有限。

要尊重他们的主张，但我也要维护我自己的主意，为此我要首先说服我们的大使，让他同意我的选择。我和大使开诚布公地展开了讨论，我指明摆在我们面前的有两个方案：甘肃或者新疆。大使确实不太赞成将项目放在新疆，他在这个问题上面临各方压力，为此伤透了脑筋。他担心新疆的民族构成问题，弄不清当地的维吾尔族穆斯林人对以色列人进入这个地区有何反应，觉得不太好办。在大使看来，当地的维吾尔族虽说也是中国人，但他们毕竟是穆斯林，自然会与其他国家的穆斯林有联系，因此他宁愿选一个当地人口相对比较友好的地区。大使说，新疆人口的45%是维吾尔族，5%是回族，这就是说大约50%属穆斯林，而甘肃人口只有5%是回族，归结起来他主张选择甘肃。

我对大使说，我找过一些中国人咨询，他们了解这两个地区的情况，都说新疆成功的机会更大，因为当地种植葡萄、甜瓜等作物的经验丰富，这对将来项目取得较好成果十分有利。至于甘肃，像这类作物都是首次栽种。另外，我还和以色列技术设备生产商讨论过这个问题，他们也主张选择新疆，因为那里有开展业务的更好前景。我告诉大使说，我们不能忽视以色列厂商的利益，他们有对盈利的考虑。我指出，我们开展项目不但要做到充分展示我国的技术和知识，对中方人员进行培训，而且要让以色列厂商对项目的投入达到最优化，也就是说，他们提供的设备既优良又价格便宜。我说，我视自己为中方的信使而不是以色列方的代表，这和以色列厂商的长远利益并不矛盾，农场办成功了，也就成为了推销他们的技术和产品的宣传广告。

为了说服大使，我将他领到新疆实地考察我打算开展项目的几个地点。我们在新疆各地走访三天，与当地的汉人和维吾尔人举行会谈，最后回到乌鲁木齐的自治区农业厅，会见农业厅负责人，并进行讨论。不料我坚持选择新疆的方案近乎毁于一旦，过程说来十分有趣。

我们说明了项目的来龙去脉，提出要找一个合适的地方实施项目。大使转告主人说，以色列政府准备为项目提供资金，眼下正待选址。主人一听便说好办：“我们有个特别好的地方。”“在哪里？”我们问。对方回答说：“就在这里。”原来他所说的“这里”，竟是办公大楼的所在地。主人补充说：“你们的资金足够盖一座多层高楼，地方够用了。”按照他的解释，拆掉旧楼，再建新楼，又大又体面，有足够地方使用，不要说给公使先生安排一间特别办公室，就连修建停车场和游泳池也绰绰有余。

听他这样一说，我们有点不知所措，原来这位先生以为我们的资金是用来盖大楼的。我心想不是别人把话传错了，便是对方自己把话听错了。这时只见大使嘴角上露出一丝微笑，想必他已是心中有数，拿定主意要选别的省份了。我心头不禁咯噔一下，弄不好这就断送了我在新疆的计划。我灵机一动，不等大使表态，赶忙接过话题说道："你的意见不错，但遗憾的是大楼不宜用来开展项目，地方太小。我们需要2500亩土地。"主人这才转过弯儿来，最终明白了我们的来意。我进一步解释说，项目需要很大一块地盘，要造暖房栽种鲜花和蔬菜，还要种植棉花、西红柿、粮食以及其他作物，此外要修建进行培训和办公的用房。我很高兴，大家都没失面子，以色列大使和当地主管都释怀了，进而将讨论引入了正题，最终达成了将项目定在新疆的共识。

还是应当感谢自治区农业厅的朋友们，项目的资金没有误花在豪华办公楼的修建上，今天我们看到的是比一座豪华办公楼壮丽得多的大片现代化农业园田。它和中国人民用自己的双手在戈壁滩上创建的越来越多的农业园区一起，组成一幅变沙漠为绿洲的美丽画卷。

以色列最大的对外农业合作项目

中以旱区农业示范中心，是中以两国政府合作建立的最大的国家级农业项目，它集农业技术研究、示范培训和商业规模经营于一体，总体目标是提高在恶劣自然条件下的农业生产效率，促进新疆及西北干旱地区的农业现代化进程。

以色列投资设备、技术在5000亩的农田里，建设旱作节水农业示范基地。这不但是以色列在中国，而且是以色列在世界其他任何国家开展的最大的农业项目。如果考虑到中国是人口最多的国家，论经济规模是四个最大国家之一（写到这里，已经可以预期中国在新世纪第二个十年开始之时跃居世界第二大经济体），建立一个大规模的项目是十分自然的事情。尤其值得提到的是，这是以色列在一个以穆斯林民族居多的地区获得成功的项目，可以说这是以色列国际合作的一个成功范例。

示范中心分布在离乌鲁木齐市不远的两处地方，一个是昌吉市的新疆农业职业技术学院，另一个是东泉新疆干部学校。农业职业技术学院示范中心占地 3000 亩，以色列智能温室大棚里，各种盆栽花卉、大棚蔬菜生机勃勃。在农业干部学校，开辟了 2000 亩以色列节水灌溉大田。项目自 2003 年投入运行以来，取得了巨大成绩，节水灌溉使农作物用水每亩地比漫灌节约将近一半，农作物却增产达到了 20%。

新疆示范农场处于边远地区，过去很少有人来往，但是自从项目开展以后，这里来人络绎不绝，不但自治区本地，就连外省也有许多人前来访问。今天人们来到这里，看到的是沙漠里一片欣欣向荣的绿洲，是人类征服沙漠的技术力量和信心。

有一次我同中国农业部长会面，谈到我们有幸在中国帮助建立了三个以色列农业示范农场：第一个在 1993 年，第二个在 2001 年，第三个在 2003 年。这三个示范农场，可以看做中国这个大国和以色列这个小国之间农业合作的几座里程碑。我为此感到骄傲的是：永乐店示范农场帮助催化中国高科技农业概念的普及和推广；示范奶牛场没有受三聚氰氨

▲ 我（左三）陪同以色列大使（右四）访问新疆旱区农业示范中心。

事件的波及，为中国人实现“每人每天一杯牛奶”的梦想助了一臂之力；新疆旱区农业示范中心，以其巨大的经营规模和设立于一个自然条件相对严酷的边远地区而为人称奇，正在为中国人民开发西部地区的历史性进军作贡献。

维吾尔人努尔——我们的好朋友

应当特别提到的是，中方派来担任项目经理的人员是维吾尔人，叫努尔·穆哈默德，是一个优秀的汉子。他非但没有我们大使原先所担心的民族成见，还和我们相处友好，工作非常出色，使我们之间的合作很有成效。

项目的建设过程并不容易，但由于有中方的良好配合，我们终于把项目办得十分漂亮。在项目开展过程中，我经常访问乌鲁木齐，到项目现场考察每个阶段的工作情况，给专家们下达指示。每次访问碰到的最难对付的问题，不是别的，而是喝茅台酒。说来别人都不相信，经过在新疆的磨练，我竟能一喝就是一二十杯。记得一次我陪大使到了乌鲁木齐，赶上当地设宴招待，餐桌上主人接连敬酒，中方项目负责人努尔向大使叫板，谁也不认输。到头来还是大使赢了，他喝了17杯，而努尔喝了15杯。努尔是我们事业上的合作者，同时也是与我们对饮的最大酒友。说实在的，新疆项目的中方人员不论是领导、技术专家或者农民，也不论汉人或者维吾尔人，都成为了我们的要好朋友。大使对新疆穆斯林少数民族地区的担忧和疑虑化解了，换来了切实的放心和信任。

写到这里，我想起和大使在一起经历过的另一桩趣事。且说我们的驻华大使拥有博士学位，但属文学而非技术学科。有一次，我陪大使到中国的一座重要城市和一所大学的校长会见，大使告诉校长说，他是博士。校长想当然地以为大使是搞科学的同行，于是便兴致勃勃地操起科技话题，向大使详细介绍他们大学各个科学领域里的研究情况，话里塞满了许多让大使摸不着头脑的专业术语。我见大使默默地坐在一旁，担心他会变得不耐烦以致突然冒出个什么话来，扫了校长说话的兴致。我可不愿出现一种让在座的人都感到尴尬的局面。我不等校长把话说完，便从旁抢空点拨道："大使是个专家，但更熟悉中国历史和文学。"我朝大使使了个眼色，他明白我的用意，接着便张口大谈起中国文学。大使对这类话题胸有成竹，校长则对大使的渊博知识由衷敬佩，最后满座皆欢。

会见过后走出门外，大使松了一口气，说我给他解了围，他对我出手相助一事将永记不忘。后来几次听说，校长在别人面前对以色列大使大加赞赏，说他不但是科学方面的专家，而且精通中国文学。我想，人们听到校长这番话都会对大使肃然起敬，但恐怕不是看在他的科学造诣上，而是欣赏他对中国文学的博学多才。

生活里遇到的事情往往就是这样阴差阳错，但是一时间的临机应变，便会使局面峰回路转。农场选点我赢得了转机，校长会晤使大使脱离困境，落得皆大欢喜。也许这就是我们常说的不同文化、不同民族心性碰撞的细微表现，而适当的包容和机智，小小的心计和回旋，相当于一种润滑剂，磨合双方的理解和共识，融汇了人们之间的谅解和友情。

我前后到过乌鲁木齐 22 次，可以说对新疆相当熟悉。我和接触过的朋友谈到新疆时，发现他们大多数人没有到过这个地方，甚至许多人对它了解很少，听说我去过许多次而且对那里如此熟悉，他们都感到非常惊讶。我热爱新疆，我和我的以色列同事为那里的示范农场洒下了汗水，和当地的朋友结下了深厚友谊。

五、从现场培训到大学讲堂

人与人之间的交往少不了送礼，国与国之间的交往何尝不是如此。

假如我没有说错，至少在我涉及的农业领域方面，每个从以色列来到中国的贵宾，访问末了都要送上一份礼物。三个农业示范项目如此，农业技术培训和教育事业也不例外。如前面谈到的，1992 年拉宾总理访问的结果，创办了一座中以示范农场；1999 年农业部长埃坦访华的结果，促成示范奶牛场的诞生；2002 年当时的佩雷斯外长访华，带来了新疆干旱农业项目。在农业培训和教育事业方面，则有 1993 年在佩雷斯外长推动下建立的中以国际培训中心，以及内塔尼亚胡总理访华时邀请一大批中国大学生访问以色列，全部费用包括来回机票均由以方负担。

说来这不奇怪，这也是入乡随俗，沿用的是中国人送礼的习惯，而且更多的是要展现以色列对中国人民的友好意愿。应当说，通过培训和教育的方式，向其他国家传授和转移先进技术，是以色列对外交往和合作的一个强项。

技术转移："适用"而非"照搬"

我在前面曾经谈到，技术推广是以色列农业成功的"秘诀"之一。但是，技术向别的国家转移和推广应用，会遇到一个与当地情况的适应问题。

不论在中国还是在别的国家，经常有人对我说，以色列有很多先进技术，希望同我们开展合作。但我也发现，对方希望获得技术的想法往往甚是幼稚，他们简单地认为，技术是可以换个地方搬来搬去的东西。我许多时候都要为此费些唇舌，说明根据具体情况学习和应用别人技术的道理。每次在中国参加研讨会或者讲习班，我经常端来一杯茶摆在桌面上，用它做工具说明什么是技术，为了将技术从一个地方转移到另一个地方应该做些什么。

和对方讨论技术转让时，我会问："看见这杯茶了吗？"我接着将茶杯挪到桌面的另一端，又说，"仔细看，茶杯还是原来的茶杯，里面的茶原来多少还是多少，唯一改变的是杯子所处的位置。"接下来我就把话题展开了，我说："技术的情况就不一样。技术不能从一个地方挪到另一个地方而原封不动，技术必须根据新的地方进行适当调整。周围的环境条件、人们的心态和知识都不同了，技术要适应这些变化了的条件。"犹太人有个习惯和长处——看来似乎是再简单不过的事实和道理，总要深究不放。

在我看来，以色列专家到中国建立示范农场和培训新技术，首先遇到的难题就是如何对技术进行适当改进以适应本地人。英语里有两个词十分相似，“adopt”（采用，搬用）和“adapt”（适应，适用）。两个词的拼写和发音差别不大，但究其意思则相去甚远。Adopt——原封不动地采用，Adapt——要根据新的环境条件作出改变和调整。所以我常对派往别的国家的以色列专家说：Adapt and don't Adopt（要“适用”而不是“照搬”）。

说这话时，我总忘不了我们派到牙买加的一位专家，他在我到该国考察项目时对我说：“我弄不明白他们为何听不懂我的意思，老不照我说的办。在我们以色列的基布兹，一说就通。”我对他说：“我们是在这里，而这里与我们那里不同。如果在这里可以像在那里一样照章办理，何需你来这里？当务之急，是将你原有的东西拿来并针对当地条件和当地农民进行适当调整。”

在中国，我对派到农场的以色列专家叮嘱了一遍又一遍：“千万别对中国人说这样的话：丝毫不差地照我说的去做，不得走样。”这样的话合作项目势必失败。当地人有他们做事情的传统，我们应当做的是给他们指明目标和达到目标的途径，他们会有自己的好办法。我说过，最重要的是如何与人交往。

现场培训

我们在国外传授以色列技术有不同的方式，其中之一是现场培训——将某一专业的学员集中到一个实际场地，由导师就该专题的技术进行讲授和示范。这样的培训班一般吸收50～100名学员，为期5～6天。培训班选择在不同地点进行，根据当地情况确定不同的技术门类。我想再次强调，技术不像一般产品，是可以原封不动地从一个地方搬到另一个地方的。我们遇到的一个困难就是，从以色列派人到中国开展培训之前，他们首先要学会沟通两个国家、两种现行技术、两种传统和文化之间的差别。

我希望在中国尽可能地多办现场培训，并向设在耶路撒冷的负责部门提出，在世界上举办这类培训班的国家中，数中国的人口最多，因此他们有理由获得举办更多培训班的机会。我的意见被接受了，培训班的数量增加了，在我四年任职期间，在中国总共举办了167次培训班，而同一时间在不同的72个国家中总共举办了472次培训班，中国占了当中的35%。世界各地参加培训的总人数为24557人，其中中国人为11647人，占47%。我在公使职位上工作四年，总共培训了近1.2万名中国技术专家，他们来自大部份省市，涵盖了各种专业。

对以色列人来说，1.2万名学员是个很大的数字，但只要了解中国地广人多，农民数量浩瀚，特别是他们有尽快提高农业技术水平的迫切要求，就知道这个数字并不足够。我总不忘我父亲当年的感受：中国农民是小规模和落后的经营方式，迫切需要帮助他们改变经营方式，提高生活水平。

但是我却遭到了来自以色列内部的责难。一天我接到以色列外交部一位女士打来的紧急电话，她负责协调世界各地的现场培训计划。她告诉我，外交部总司长通知说，根据一些驻外大使的投诉，这类培训班主要是在像中国这样一些国家开展，光提供服务而收不到足够利益。

我要感谢这位打电话的外交部女士，她为我进行申辩。她对部领导说，她认为这些投诉正好是对我们在中国开展活动的赞扬。她请领导转告这些大使，中国毕竟是世界上人口最多的国家，有理由获得比其他国家更多的培训，再说以色列有特别的兴趣与中国合作，最重要的是：所以在中国多办培训班，因为这里组织得最好，远胜于其他任何一个国家。

我非常高兴听到外交部一位女士如此评价。事实上，我听到不少从别的国家回来的专家反映，那些地方毫无准备，来参加培训的人员寥寥无几，简直是浪费时间。相反，从中国回来的专家则满心高兴——无论是受培训人员还是组织方均十分认真和投入，培训效果非常显著。难怪外交部的女士说，她很难往其他国家派专家，因为他们都想去中国。她坚持说在中国办培训班最为有效，这样一来为我解了围，部领导也就有了武器来对付各种抱怨和责难了。

与中国农业大学的合作

早在我到中国任职公使之前，中国农业部和以色列外交部就在 1993 年 10 月联合创办了中国—以色列国际农业培训中心，将它附设在北京的中国农业大学。虽说中心早已开办，但当我到任以后，这个项目依然是我职责范围内的工作重点之一，我为加强此项合作倾注了全部心血。

▲| 与中国农业大学党委书记瞿振元（右二）在一起。

记得刚刚到北京上任不久，培训中心的中方负责人向我反映，按照协议，以色列方面应当为中心配备一部办公用车，但是以方按原预算提供的资金尚有不足，这项承诺久久不能实现。看似一个扯皮的小问题，但我觉得事关诚意，而且如果拖延不决，对我这个刚上任的以方代表来说也很没面子，弄不好给下一步工作带来不利影响。为此我一再向我方主管单位外交部交涉，颇费一番周折，最后终于争取到了一笔追加款项，把置车的问题解决了，使双方的合作在物质条款方面达到一个完满的结局。

应当说，没有农业大学方面的努力是不可能取得培训中心这些成就的。有三位朋友我想在此特别提出，这就是大学的党委书记瞿振元、前任大学校长和现任广西自治区副主席陈章良教授以及中心主任黄光华教授，他们为推动农业大学和培训中心与以色列的友谊和合作，发挥了举足轻重的作用。

有一次，以色列总统来华访问，我听大使说，他们想找一家中国大学授予总统荣誉博士的称号。这种称号不具任何学术价值，只是对被授予人表示尊敬的一种象征。总统到达之前几天，大使找到我说，他们和好几家大学进行过接触，但没有一家愿意合作，授予荣誉称号的事一直没有落实。我告诉大使说：“您坐等十来分钟好吗？”大使照办了。我拿起电话拨通“我的大学”——中国农业大学，找到中国以色列培训中心主任。我卖了一个小关子，说是现在有件好事，以色列总统就要来访，各家大学都在竞争给他授予荣誉博士称号的机会，又说我已告诉大使，肥水不流外人田，这个机会非中国农大莫属。我要主任转告校党委书记和校长——两人均是我的好友。挂下电话不过十来分钟，我便收到对方回话说，大学决定授予总统这个称号，我告诉大使说：“您可以放心通知国内了。”

另一次，一位参赞找到我，说他是负责中国和以色列之间文化合作事务的，并告诉我说，特拉维夫大学和一个图鲁斯少数民族村落组成的舞蹈团应邀来华参加联欢节，只有一次出场机会，他们不高兴，希望有哪家大学与之合作，多演几场，但一直联系不成功。他听说我为总统安排过授予荣誉称号的事情，希望我帮忙。我要他坐下等候，接着拿起电话找到中心主任，告诉他有关舞蹈团的事情，也沿用总统荣誉称号的办法，鼓动他将活动安排到“我们学校”。又是不过十分钟，对方回话说：搞定了。

参赞对我说：“你简直是个魔术师！”我说：“不，我只不过与大学党委书记和校长以及中心主任有良好的个人关系，密切合作，每当遇到问题，像拖延付款之类的事情，为证明我是个讲信用的实干的合作者，我必定挺身出来把事办好。这样一来，我们逢到有事需要大学帮助和合作的时候，他们也都义不容辞。”

开演的时候来了一千多名学生观众，整个演出活动非常成功。最后男女学生都跑到台上和演员们一同欢歌共舞，学校领导人还连声向我道谢。

中国—以色列国际农业培训中心

中国—以色列国际农业培训中心附设在北京中国农业大学的校园。中国农业大学是中国现代农业高等教育的发源地，已有104年历史。

1993年5月，当年的以色列外交部长和现任的以色列总统西蒙·佩雷斯宣布

▲| 以色列总统卡察夫（前排左七）访问中国—以色列国际农业培训中心。

中心正式成立。1998年中国农业部出资在大学东校园兴建了一座4000平方米的大楼，增设了由以色列外交部赞助的新型仪器和设备。中心大楼有多种用途，设有办公室、教室、实验室、招待所和展览厅。1998年5月，现任以色列总理本杰明·内塔尼亚胡访问中国时，参加了中心新址的剪彩仪式。

设立中心的目的，是通过培训中国农业各方面的高级人才，引进以色列的先进农业技术，促进中国农业的发展。后来中心不仅充当向中国引进以色列先进农业技术的窗口和桥梁，而且成为中国和以色列乃至其他亚洲国家之间进行科学交流和开展先进科技合作的基地。

中心划分了培训、研究与发展、推广和市场开发等部门。在培训方面，共举办了65届中以国际农业培训班和针对其他发展中国家的12届培训班，有超过500名中国和外国（包括以色列、英国、美国、葡萄牙、德国）专家应邀讲学和进行学术交流，大约3000名来自中国的高级农业技术人员和项目经理以及400名来自其他发展中国家的专业人员在中心接受过培训。

除了培训班，中心还举办双边或多边专题研讨会，来自40多个国家的大量专家学者参与了这个平台的国际学术交流和合作，涉及的专题有：农业的持续性发展、农业生物技术、肉牛技术与管理、农业水肥管理及盐渍化控制，等等。

合作研究是中心的主要活动之一，近年以来，中心和以色列研究机构的科学家共同完成了由两国政府资助的一系列合作研究课题。

中心致力于开发学生的知识专长和学识，推动这些学生应选参加以色列研究计划。以色列外交部下属的国家合作中心玛沙夫为学生提供部分国际旅费和在以色列的生活费。许多中国农大的专家到以色列参加学术交流或者合作研究活动。中心与国家科委、中国工程院、北京农业局、开封市、广西农业厅以及其他部

▲| 与夫人在中国—以色列国际农业培训中心大楼门前留影。

门，成功选派了不同代表团赴以色列学习现代农业技术和管理经验。

中心还成功接待了来自以色列的一些最高级代表团，包括现任以色列总理本雅明·内塔尼亚胡和以色列前总统卡察夫分别率领的代表团。另外一些高级代表团，像以色列农业部长、希伯来大学校长、以色列外交部高级官员和以色列农业研究组织的专家，都曾前来访问。

中心自成立以来，对加强中国和以色列之间的友谊和合作，特别是在农业科技领域里的合作发挥着重要作用，使两国均受裨益。温家宝总理在与农业大学校长谈话时指出，北京农大为中国农村和农业经济发展作出了巨大贡献，大学与以色列的合作则是其中一个重要因素。我荣幸地成为促进这一合作的人员之一。

更上一层楼

现场培训积累了一定经验后，我得出一个想法，需要“更上一层楼”了。让现场培训覆盖接触更加广泛的受众，特别是接触将来担负重任的对象，一个好办法就是搬到大专院校里进行，纳入大学的教学课程。

上面谈到的国际农业培训中心合作形式，为我们提供了借助大学资源开展科技交流和培训的机会，但它和我这里所说的设想完全不同，中心的活动和任务与大学教学毫无联系。

大专院校的毕业生，是涉及未来农业领域各部门的潜在领导者。我们要直接接触将来成为农业领导人才的年轻一代。我想，将现场的先进农业技术内容纳入到大学的教学课程中，由专家在大学讲坛授课，通过联系实际的示范方法，传授先进技术的基本要点，会收到更大效果。我们不但有可能接触到更多的听众，参加培训的人员吸收讲课内容的能力也更强。在我看来，这是一种长远投资。我和中国农业部人员交流时，曾引用种子和果实——栽培的终极成果作为实例，说明我们所能做的是播撒种子，至于由种子结出果实，则是推动培植过程的他人的事情了。

四年任职过后回到以色列，经过一番考虑，我向以色列外交部提交了一份报告，阐明将培训工作伸展到大专院校的主张。我并不是否认继续其他方式的合作，只是开发更加有效的合作途径而已。可惜我的建议没有被外交部立即采纳。我想他们一定搞错了，盯住原来的一套不放，固步自封，不愿创新。我们都知道，各地的农民都是相当保守的，害怕变化，我担心外交部的人因距离“战地”太远，也会流于保守。我的建议要付诸实施，恐怕尚待时日。

值得欣慰的是，就在离任公使职务的时候，我荣幸地受聘为中国几座知名农业大学的客座教授，至少有机会部分地拓展我的上述小小抱负。现在我一年几次到中国来，就是出于这个原因。

六、圆梦哈尔滨

中国是我父辈和祖辈曾经生活过的地方，是我祖父的长眠之地，我一直怀着一个夙愿，要前去瞻仰我祖父的墓地。来到北京出任公使之后，在机会来临的第一时间，我便专程到哈尔滨了却我的心愿。

拜祭祖父坟墓

如我在序言中所说，那是2001年1月，我到哈尔滨的时候正值一年中最寒冷的季节，气温在摄氏零下31度。

哈尔滨犹太墓园位于市区东郊，是哈尔滨皇山公墓的一部分，由我们下榻的饭店驱车前往，需时约莫半个来钟头。到了公墓所在地，见负责人出来迎接，微笑着向我们表示问候。上过热茶，主人便将我引到门外，迎着寒风和白雪，徒步前往我祖父约瑟夫的长眠之地。我被周边的景色震惊了——一座座坟墓都淹没在白雪下面。我不由得心中暗想，这趟扫墓恐怕是白跑了。不过我马上就领教到公墓主任的本领——主任领着他的手下人员，迅速在雪地里刨出一条小路，然后将坟墓上的积雪清扫干净。

这是我第一次看到祖父的墓地，走到近旁，只见是一座陈旧的坟茔，仅剩了一小部分，坟墓的一端已经坍塌，上面长出了一棵小树。墓碑上篆刻的文字已经模糊不清，我请墓园的负责人将墓碑涂上黑墨，露出字迹以便仔细辨认。

开始时我十分懊恼，心想也许可以将祖父的遗骨送回以色列，和家人安葬在一起。但经过一番思索，我还是决定让祖父留在下葬的原地，这是他生前得以安身和抚养全家人的地方。祖父去世以后，埋葬他的这片墓地毕竟得到了关照和保存，让他的子孙、让我自己能够前来凭吊。留祖父继续安息在这里，也是表达我们的一种心意——感谢哈尔滨市和黑龙江省当局对墓地的关心和保护。

我联系兄弟们商量共同筹钱修葺祖父坟茔，大家一致赞同，随后我和夫人找墓园管理处办理。我提出把长在坟顶上的小树拔掉，管理人说不能拔，这是福兆。于是我向他解释说，依照我们犹太人的传统，坟墓不能被杂物分割两半，是必须合拢为一个整体的。说完一同去挑选用做墓基的大理石，选定质量很好的黑色石料，接着谈修墓的价钱。

我们来到墓园以后，主任曾向我表示，他非常理解我们要把墓地修葺一新的心情，他将尽量降低造价。他反复说了几遍，我不禁怀疑问题有些复杂。过了一会儿，他手下人员进到屋里，给他送来一张账目明细表。主任先说给我们优惠价，接着照表念了起来。他开始报坟墓总价，听来还算有谱，我以为其中已包含了各项费用，但主任继续往下报，还有劳务费、刻碑费等 17 种名目的价钱，结果算下来比当初的报价高出 4 倍。主任报罢价钱，收尾说他十分高兴，价钱很低。

以色列的使馆官员来拜谒陵园，引起了当地人的巨大兴趣，政府人员和媒体记者纷纷前来协助或者采访。我们坐在墓园主任的办公室里，周围挤满了报社记者、提着摄像机的电视台记者以及当地政府人员。当着这么多人的面，对着一台台摄像机，我也不好说什么，只好点点头，对主任表示感谢，多谢给了很低的价钱。我心想，要是在丝绸市场或者珠宝市场，听摊主报出一件我要买的货物价钱，我免不了要和他讲价的，最后可能将价钱杀到只剩最初要价的几分之一。但今天谈的是修墓，讨价还价的事情是太不合时宜了，我只好作罢。中国人的某些心理和性格习惯，是西方人难于理解的，就像这次我在修墓过程中遇到的主任，他办事不紧不急、慢条斯理、周全细密。同中国人办事打交道，注意到这点也许非常重要。

▲| 前来拜谒祖父墓地。

不过话说回来，后来当我看到修葺一新的祖父的坟茔，庄重而肃穆，我还是感到十分宽慰，并且从心底里感谢陵园主任和他手下的员工们，觉得把祖父的坟墓留在哈尔滨是做对了，让祖父可以在他心爱的这片土地上安息长眠。我想，当年我祖父在哈尔滨生活时，绝对想不到有一天他的孙子会从以色列来到哈尔滨，为他尽到这番孝心。

两个民族友谊的历史见证

我们是应当感谢哈尔滨政府和人民的，正是由于他们的精心关怀和保护，皇山犹太人墓地才得以完整保存下来。

在中国，只有哈尔滨的犹太人墓地保留下来了，其他城市像上海和天津都已完全消失。文化大革命的浪潮是这些墓地消失的一个重要原因。有一次，我问哈尔滨犹太人墓地的管理人员，为什么这里的墓地没像别的地方一样受到毁坏？他们说，幸好墓地离市区很远，红卫兵根本不知道墓地的存在。虽然经历了文化大革命的风风雨雨，祖父的坟茔毕竟得到了保存。这就像中华民族和犹太民族自身的命运，几经磨难还是生机盎然，他们之间的友谊更显珍贵。

听说当地政府为此投入数百万元人民币，几度进行大规模修缮。现在的犹太人墓园已涣然一新，走进犹太建筑风格的大门，迎面耸立着一座刻有大卫星的方尖纪念碑，由葡萄藤搭成的甬道两侧，排列着600余个保存完好的大理石或花岗岩墓碑，掩映在绿色的松柏树丛中，记录着犹太人在这片土地上繁衍生息艰苦创业的动人事迹。在这里安息长眠的犹太先人当中，除了我的祖父，还有以色列前总理拉宾以及现任以色列中国友好协会会长考夫曼的亲属。

哈尔滨的犹太人墓地不仅在中国，而且在整个远东地区都是规模最大、保护最为完整的犹太人墓园。近年来，有越来越多的原居哈尔滨的以色列、澳大利亚、法国、美国等地的犹太人及其子女、世界犹太学研究学者到墓地参谒，缅怀先人的生平事迹。现在，哈尔滨的犹太人墓地是散居世界各地的原哈尔滨犹太人居民及其后裔寻根之地，是他们为悼念先人而日夜思念与向往的地方。正如我弟弟奥尔默特在拜谒我们祖父墓地时所说："我一直有一个梦想，就是亲自到父母生活过的地方看一看。是中国人的善良和大度，让成千上万的犹太人躲过劫难，活了下来。寻根是我一生的梦想——即回到我家族的故乡。"

▲ 设在哈尔滨犹太人公墓里的方尖纪念碑碑座上镌刻着以色列副总理（后来的总理）奥尔默特的致辞。

哈尔滨的犹太人墓地是犹太民族和中华民族友谊的历史见证。方尖纪念碑的碑座上，镌刻着我的弟弟、当时的以色列副总理和后来的总理奥尔默特的题词：

感谢你们保护我们家族的过去，并且让过去曾是这个犹太社区一部分的人感受到了他们的尊严，感受到他们受到的尊敬。这一切将使我们永远铭记曾有很多犹太人生活过的这座城市——哈尔滨。

告慰犹太先人在天之灵

第一次拜谒祖父墓地的时候，我有幸参加了著名的哈尔滨冰雪节。那天晚上我被领到冰封的松花江边。冰天雪地，路面上结着冰，车子爬行了好长一段时间。目光所至之处，到处覆盖着厚厚一层冰雪一样的“被子”，一片白茫茫的。

哈尔滨冰雪节不仅在中国，而且在全世界都是规模最大的冰雕艺术盛会。这里呈现出来的是一片迥然不同的冰雪新天地，它展示出中国人民的激情和创造力，反映了中国传说中的神话故事和世界著名建筑物的各式冰雕和雪雕作品，美仑美奂。白天看，是巧夺天工的神奇创造；晚上看，更是妙不可言的迷人仙境。巍峨的建筑物和教堂互相辉映，园景里鲜花灿放、飞瀑奔流，雄狮、猛虎、蛟龙四处出没，在五彩灯光的照射下光怪陆离，有如梦幻一般。

这番景象不禁让我想到，当年我们的父母亲在哈尔滨生活，每年受尽冰雪严寒煎熬，却见不到如此美妙的景致，心中有一种莫名的遗憾。但是仔细一想，在这个城市童话般的美境里，也凝结着我们犹太先人付出过的劳动和心血，包含着他们对后代寄予的希望和嘱托，这对他们的在天之灵当是一种莫大的慰籍。美丽的哈尔滨也属于他们，属于我们。

我的祖父一直不愿离开中国这片土地，在这里度过了他的一生，把他毕生的劳动和心血汇入了这座城市的发展之中；我的父亲即使回到了以色列，也一辈子没有忘记他的第二故乡，时刻关注着中国农民的命运，直到临终还用中国话留下他的遗言。

可以告慰于先人的是，子孙们没有辜负他们的遗愿和期待，也在为勾画这座城市的美景贡献自己的一分力量。每当我站在祖父的墓前，就在心中默想：今天奥尔默特家族的子孙不是回来了吗？而且他们不再是流散的难民，而是一个独立的以色列国的公民、这个国家的政府总理和高级官员，实现了复国主义梦想的犹太人民的代表；我们的奶奶曾经在这里摆小摊卖牛奶，我们的父亲在这里经营农场，而他们的子孙正在秉承他们的事业，在他们曾经生活和拼搏的地方，帮助建立起最先进的现代化农场和奶牛场，参加消除农业落后和人民生活贫困的斗争；我们也像我们的祖辈和父辈一样，和这里的人民结识和友好相处，不断融入到他们的生活当中，不忘自己作为哈尔滨人后裔的背景。

我的确怀着满腔热情和无限的感激，在实际工作中与中国友人共同努力，在中国这片热土上作出我们应有的报答和贡献。我很高兴，我的努力得到中国友人的充分认同，正如当地媒体所作的报道：在欧慕然公使的大力推动下，以色列同中国签署了一系列农业和畜牧业合作项目，从广西到黑龙江、从新疆到山东，他几乎跑遍全中国。他还特别关注把一些合作项目，诸如农业科技示范园、奶牛饲养示范园、节水灌溉工程、农作物抗病保健技术合作，尽量安排在哈尔滨。他虽然不是在哈尔滨出生，但也像其家族的上两代人那样，一直把哈尔滨视为“第二故乡”。这些项目的创设，可算是以色列人民对哈尔滨人民深情厚谊的一种回报，也可算是他的家族对哈尔滨乡亲们表示的一点敬意。

2004年我弟弟时任以色列政府副总理，我陪同他再次来到皇山墓地为祖父扫墓。我们一同伫立在祖父的坟前。当天下着蒙蒙细雨，天空布满黑沉沉的阴云。在墓前祈祷过后，我代表我们兄弟两人讲话，记得我说：

▲ 2004年陪同弟弟、当时的以色列副总理奥尔默特（居中）拜谒祖父坟墓。

天空浓云密布，父母亲你们在天之灵，当从那遥远的天堂，透过浓云密雾俯看我们——你们的孩子，他们正站在哈尔滨的土地上。你们曾在这座城市成长和受教育，并在这座城市的建设中留下足迹。相信你们此刻正在看到，我们在祖父墓前祈祷，代替你们向黑龙江省和哈尔滨市表示感谢，感谢他们为保存犹太人陵墓、让人们可能前来祭拜先人坟墓所做的努力。我相信你们正在看到，我们代表你们转达谢意，你们会感到无比欣慰。

▲ 黑龙江省领导拜谒我祖父墓地，按照犹太人的礼仪在大理石上摆放石块。

这是我们的肺腑之言。

圆梦哈尔滨

正如我在序言中所说，来到墓地，我有一种圆梦的幻觉，我似乎感到生命中的一次循环已臻闭合。循环始于我祖父踏足中国，终于我今天祭拜他的坟墓。

每个到哈尔滨、到中国来寻根的犹太人，也都像我和我的弟弟一样，是在圆梦，冥冥之中实现生命当中的一种预期和梦想。

记得我在以色列电视台接受过一次电视采访，向观众介绍刚刚在以色列出版的我的著作《我的中国》，同时畅谈我在中国的经历和感受。节目播出以后，有一天我接到一个电话，从那边传来一位我不认识的妇女的声音。打电话的人也不自报姓名，劈头就对我说：“奥尔默特先生，中国不光是你的，而且也是我的。”

我一头雾水，赶忙跟她解释，中国既不是你的也不是我的，而是中国人民自己的，接着问她是谁和为何如此声言。她在电话里对我说，她信奉犹太教，在耶路撒冷生活，她生来就相信自己是经过灵魂转世的中国人。她说，有一天她毅然决定到中国去试探和考验自己的感觉，她到了北京又到了上海，但是在这些地方找不到什么特别的感觉。后来她到了广州，当她刚刚踏上这方土地时，刹那间全身感到一阵冲击，立即领悟到这就是她一度作为一个纯粹的中国妇女生活过的地方。

这位女士提到广州，不是没有道理的。据说早在唐朝末期，就已有犹太人来到和聚居广州（沙博里:《中国古代犹太人》）。这个时间甚至早于开封。

我不敢说我相信灵魂转世之说，我也不曾在某一天突然感觉自己生为中国人，但我确确实实怀着对中国的一番深情。我能对她说什么呢？迟疑一两秒钟，我在电话里告诉她说:“我是个幸运的人，每次到中国，周围都是许许多多活生生的人群，而现在你给了我一个机会，让我不仅接触活着的人，而且感受到多少辈以前生活过的人们的现身。”说话时我嘴边挂着一丝慰藉的微笑，她当然没有看到。

我不知道到有多少犹太人像这位妇女一样，也像我一样，有说不清的中国情结。这不仅仅是来自个人的或者一个家庭的经历体验，而是来自一个民族的历史联系。也许，我之所以选择中国，还因为在我的犹太民族性中有一种根深蒂固的中国情结。

我从当兵打仗，到寒窗苦读，到服务本国农业，开展国际合作，到返回我的第二故乡中国工作，尽到了我作为一名以色列犹太人应尽的努力，为我的祖国以色列、也为我的第二故乡中国的建设和发展作出了一份贡献。我生命的长征路上有过种种磨难和挫折，但也结下了一些硕果。长征的路还没有走完，我还要在我有生之年的最后一段路程上，继续发挥余热。我想这是我能带来的最好的鲜花和石块，将其奉献在祖父的墓前，也作为圆梦的纪念。

新一代友谊使者

一、两国关系的蓬勃发展

我在2008年出版的《我的中国》一书中指出：1992年1月24日以中两国建交以来，各方面、各领域的关系得到长足发展。农业、科学、高新技术、经济贸易、文化乃至安全，都成为以色列和中国之间关系发展的物质基础。

在这里我不想避讳一个事实——两国关系的发展并非一帆风顺。我指的是政治外交层面上的一些问题。隼式战机、空中预警机等军事贸易项目的失败，有着深刻的国际政治背景，这都是我们不愿看到的。但是我相信，这些个别挫折不会影响到两国和两国人民之间友好关系的发展大局。以色列是个领土和人口小国，但以创造力而论十分富有，以色列正是依靠这种创造力成为全球技术最发达国家之一。中国是世界上文化和资源最丰富的国家之一，有为将来实现迅猛发展所需的巨大人口潜力。两国之间的合作，必将带来丰硕成果。

经济与贸易合作的迅猛增长

两国建交以来，双边贸易额以每年10%的速率增长。1992年两国建交的第一年，双边贸易额为5000万美元，2008年猛增至55.3亿美元。两国贸易不平衡，2008年以色列从中国进口为42.5亿美元，而对中国出口仅为12.9亿美元。中国出口多于进口是十分自然的事情，但以色列正在加紧努力以扩大对华出口。根据中国最近的官方资料，两国经贸合作呈现出蓬勃发展的态势，2010年双边贸易额达77亿美元，比建交之初增长150倍。据有关方面估计，按照目前中以双方贸易每年30%的快速增长速度，五年之内中国将取代美国成为以色列的最大贸易出口市场。

中国和以色列的经贸、技术和文化合作是多方面的，大家比较熟知的是农业。农业一直是两国建立正式关系之前很长时间的联系桥梁，后来也对两国关系的进一步发展起着非常重要的作用。中以农业和科技的合作，是两国政治、经济和文化全面合作的一个主要方面。但也不要忽视其他方面，而且从财务的观点来看，农业已不居首位。在我任职以色列驻华使馆农业和科技公使期间，我也有幸亲自见证了两国关系的全面发展。

值得注意的是，经济和贸易合作领域进一步拓宽，从最初的农业合作扩大到海水淡化、生物医药、可再生能源、电子通讯、网络技术等多个领域，贸易往来和高技术合作并行发展。新型碟式太阳能发电、车载电子产品和液晶屏幕显示等高科技项目，已成为中以双方经贸合作的亮点。

今天，我们在以色列到处可以看到中国人商业活动的足迹。在超级市场或沿街商铺里都可以看到“中国制造”的日常生活用品，此外中国人还正在朝技术含量更高的活动领域进军。

最引人注目的，恐怕是中国民用建筑工程公司正在海法兴建的地下隧道。海法是以色列最美丽的城市之一，它从海平面一直延伸到海拔500米的高坡上。著名的巴哈教派教堂就设在海法。建设中的隧道将把海岸和城市所及的山巅直接相连，计划在2011年投入使用，届时将成为以色列境内最长的隧道。有550名中国人在海法为这一项目工作。在以色列的最大城市特拉维夫，同一家中国公司参加轻轨铁路工程建设。据中国大使馆的商务专员告诉我，管线方面也有不少工程在做。此外，中国一家大型的家用电器生产厂家正在考虑在以色列设立研发中心。在电动汽车和双动力汽车方面，也有望开展合作。

文化交流与合作深入发展

两国人民的友好关系，扎根于两个古老民族的历史和文化的联系和相似性，来自两国人民的相互同情和理解。我不能不提文化合作的问题。文化项目的价值是无法用金钱来衡量的，特别是中以两国都是具有同样古老而灿烂文化的国家，文化合作的价值和意义非常重大。索珊娜·海因美夫人从2001年到2006年在中国任职以色列大使馆文化专员，我从她那里了解到，近年来两国文化艺术交流活动十分活跃，成绩斐然。

不少反映中国题材的影片开始在以色列电影院放映，影片的生动故事和所表现的中国社会和自然景象，让以色列观众对中国无限向往。不久前由以色列人摄制的一部影片《面条》，讲述一名中国儿童流落在以色列的生活和命运，在以色列国内引起轰动。当我坐在特拉维夫一家电影院里观看这部影片，看见那熟悉的人物面孔和熟悉的街道和田野时，不由得心潮澎拜，禁不住要飞回到他们身边。

以色列画家和摄影家在两国举办了多次艺术展览，像以色列著名摄影家沙乌尔·西加尔在特拉维夫举办的中国人物摄影展，以色列摄影家在重庆举办的以中国为题材的庆祝中华人民共和国成立60周年摄影展，大屠杀的幸存者女画家露丝·珊妮在北京和哈尔滨举办的个人油画展，均获得巨大成功。以色列的音乐家和表演艺术家对中国进行了多次访问演出，其中包括世界著名的以色列交响乐团。在以色列的书店和图书馆书架上，可以找到大量从中文翻译过来的书籍。最近以色列出版了两部关于中国的专门著作，一本是前以色列驻印度和驻华大使耶雅达·海因姆教授所著的《从眼镜蛇到龙》，另一部就是本书的作者——前以色列驻华农业和科技公使奥尔默特所著的《我的中国》。

在中国，最近出现了热衷于了解犹太文化的所谓“犹太学热”，而在以色列，中国文化同样成为人们关注的焦点。中国的传统绘画、书法、戏剧、服饰、陶瓷、杂技以及少数民族的风俗习惯，引起以色列民众的极大兴趣。中华医药、中国“功夫”和汉语成为社会上的热门货。许多以色列学校都开设了汉语课，以色列特拉维夫大学的孔子学院在2007年正式成立。现在以色列的医院大都附设有中医门诊部。

二、理解与共赢

对以色列人来说，和中国人做生意，发展和中国的经济贸易关系，要注意文化差异的问题。

现在中国对以色列的出口大大超过从以色列的进口。我在任驻华公使期间，一直考虑为何会出现这种贸易不平衡现象。我知道，我所从事的农业技术领域在中国最负盛名，但中国从以色列进口的农业设备数量，却低于从农业技术水平不如以色列的其他许多国家的进口数量。我想从以色列方面寻找答案。我在《我的中国》一书和多次会见当中都曾详细探讨过这个问题。

不同的生意观念

近年来涉及中国和中国人民的话题，最多的莫过于如何在中国做生意了。我不久前到过香港，特意到书店浏览，发现在我翻阅的46本书当中有27本属于这个题材。这些书为外国人提供种种如何在中国做生意的良方，我对这些建议不感兴趣，也不打算做什么补充。我关心的是如何进一步加强中国和以色列之间的商业联系。为避免任何误解，我想说明一下，在以色列出版了大量书籍，举办了各种各样的讲座和培训班，专门介绍与中国做生意的方法和窍门，但在我看来，受益的多是主办方，参加的人难说有什么真正收获。这里存在着某些障碍。

我往往觉得，主要问题出在生意观念上的不同。以色列人认为什么事情都要快，他们来了几天，进行了几次讨论，一起吃了几顿饭干了几杯酒，和主人寒暄问好，就以为受到如此热情招待，生意是肯定跑不掉了，似乎道路已经打通，只等几次长途电话和几件电邮就会万事大吉。但他们万万没有想到，短短首次访问过后，还有很长很长的路要走。他们也可能听说过“一步一步来”，但并不完全理解这话的真正含义。从理论上讲，他们会在某次会议上听说过要有耐心，但他们实际上从来没有遇到过这里所要求的那种耐心。

以色列人没有做长期谈判的准备。我不得不说，中国人在与客户商谈之前所做的充分准备，令我无比佩服。他们要知道的全知道，甚至犹太人在中国的情况以及中国和以色列之间的关系，他们也不会忽略。很遗憾，大多数犹太人对中国文化和历史知之甚少。我在中国待了这么长时间，总算有了一些有关中国历史的背景知识，深知显示这点本事是何等重要。我想，一个外国人如果在谈判过程中显示出他对中国人的历史、习俗和各种大事有所了解，必定会引起对方的好感甚至共鸣。可惜我们的人往往不能做到。

生意观念的不同，还表现在以色列人总希望省钱。涉及营销方面的开销，他们必定想办法降低到最小程度。举一个例子，我在中国担当农业和科学公使期间，每年都印发一份小册子介绍以色列的农业技术和在中国开展的活动。小册子是用中文印制的，配有精美的插图，分送到各省市政府部门和农业厅局甚至县级党委机构，发给各大公司和学校。我们为以色列公司创造机会发布广告——要知道在政府的官方刊物上刊登广告，这在任何地方都是十分可贵的，更何况是在中国。可是很奇怪，许多公司宁可派代表到中国跑一趟，花费既大又毫无收获，而对于出版刊物他们却抱怨太费钱，不愿登广告。

我还可以举出许多不该省钱而省钱的例子。省钱本身不是坏事，但要省得得当和是时候。如果省了几百甚至几千美元而丢了做一笔生意的机会，那未免有点得不偿失了。我不幸看到过不少这类蠢事。当我们和中国做生意时，要记住“时间就是金钱”这句话的分量。要取得成功，就要有充分的耐心，耐心就意味着时间和金钱。许多公司没有耐心，不愿多花时间和费用，而进入中国市场的过程是少不了要花时间和费用的。

心态上的差异

有些以色列人对我说，中国人内向、疏远、不友好。我回答他们说，“你们说得不对，你们所以有这种看法，是因为你们还没有和他们建立起个人交情。”

个人交情，不等于你要登门拜访，而是说你要尊重对方，而且表现在行动上。中国人要真正感到你理解他们，尊重他们的传统和文化。我还要进一步说，你要爱他们。这事说说容易，但要融会贯通和付诸实施，就需要时日了。这就是说，需要耐心、努力和坚韧不拔。许多以色列人不明白这个道理。我告诉他们不要误解了“干杯”和周到的接待，这些并不代表已经成了事。我对自己有一个要求：不要瞧不起人，要平等待人，尊重他人。

我在几次经历中体验到，不理解中国人的心态会给成功设置严重障碍。以色列人多次因为办事不当而冒犯了主人或者谈判对手，这里有两个例子是我亲身经历和亲眼看到的：

有一位能源技术方面的发明人，邀请我参加他们的代表团到中国去商谈该项技术的合作事宜。听说他们的四名团员都没有到过中国，我要求和他们见一面，告诉他们到中国去要注意些什么，如何进行谈判。我还向他们说明，中国人的幽默感和我们不同，建议他们坐在一起的时候不要乱开玩笑。到达中国以后，代表团应邀参加晚宴，东道主是一家中国投资公司的女代表，这家公司准备为这项技术投资。在座的全是男士，只有中方的女代表一个女士。我方代表团里有位律师，正当大家忙于举杯饮酒的时候，他突然站起来说了个笑话。说了半天，他自以为非常逗笑，但在座的客人毫无反应。我悄声叫他止住，哪知这位先生大概喝多了酒，反而高声嚷道：“奥尔默特先生说大家听不懂我刚才的笑话，我再说一个，只要是人一听就懂。”这本来已经很不礼貌，再听他开讲他的第二个笑话，我更是坐不住了，他竟然扯上了十分露骨的男女关系的话题。这样的笑话在妇女面前是绝对说不得的，何况是在中国妇女面前，更不用说眼下是由中方女主人主持的正式宴会场合。翻译不知如何是好，没有将他的话全讲出来，不过从现场出现的尴尬场面可以看出，中方人员多少明白了笑话的意思。不用多说，这次访问从一开始就给弄砸了，中方往下只同意和我一个人保持联系，而且再也不接受我们这位律师的任何文件，合作就此告终。应当说，律师的举止在以色列人看来至多有些轻浮，而在中国人看来，则是难以原谅的粗俗和失礼。

另外一次，有一位以色列生意人要到中国去谈生意，邀请我作陪。我告诫他，用餐时不得对送上来的饭菜说三道四。我说，看见什么不愿吃就不动它好了，服务员会自动端走。主持欢迎晚宴的主人是一家大公司的总经理，餐桌上摆满了只有在中国才能见到的丰盛菜肴，有些菜的所用材料是中国人——特别是中国的南方人爱吃而以色列人不吃的东西，而这次访问的地点正好是在华南。不料我们这位以色列人对主人冒出一句话说："你们怎么吃这类东西，我在任何开化的国家从未见过。"不待说，这一来生意谈不成了。

我举这两个例子，不是要扫我国人民的面子，而是想向中国朋友表示，我们要从失误中吸取教训，以求达到两国人民之间富于成效的建设性关系。

中国国情和适合的战略考虑

前面谈到，自从示范农场的暖房投入运行、中国对这方面技术表现出巨大兴趣以后，以色列公司纷纷加入进军中国市场的行列。一开始，以色列公司的基本思想是在以色列国内制造所有技术设备和器件然后再运到中国。他们没有考虑到中国人的能力以及中国工业的发展速度，没有考虑中国能够生产越来越多的东西。他们后来才醒悟过来，知道大部分东西都可以在中国生产。

我对他们说，最好和最有前景的办法是在中国建立合资企业，就地生产暖房骨架以及其他部件，留一些先进的技术产品从以色列进口，只需要从以色列带进"聪明"的零部件即可。可是以色列生产厂家不听我的意见，结果整个市场都被中国公司占领，以色列公司被挤出了市场。

中国农业市场的另一大特点是，中国农村多是经营规模较小的农户，他们的经济能力十分有限，而以色列的技术解决方案多是面向财力较大的农户。不过关于这点也不要有误解，其实以色列开发出来的技术既面向大农户也面向小农户，只不过以色列小农户有较强的经济能力，他们承受得起这些技术的成本以求达到好收获和更高的收入。

以色列人没有找准在中国该找的农民生意对象。我不是说把大农户完全排除在外，我认为大农户会使用以色列的先进技术并从中受益，我只是说应当把小农户列为以色列农业技术瞄准的一个重点。这就是说，我们要下功夫开发廉价的技术设备，让小农户在国家的支持下买得起、用得起这些设备。我常听中国人说，以色列技术不用说一定是最好的，但是太贵，往往超出了中国农民的购买能力。我给以色列公司施加了很大压力，要求他们开发适合中国小户农民的便宜而实用的滴灌设备。他们的确做了努力，也开发出相应的较廉价的适用设备，但可惜在营销方面没有下够功夫。

我看到的另一个问题是，大多数公司都奔发达地区去经营，乍看发达地区比较有吸引力和有利可图。但这使我想起一个故事：有人跑到灯光底下寻找什么东西，别人问他丢了什么，他说他在离灯 100 米的地方丢了一只戒指，但那里很黑。“那你干吗跑到这里来找戒指？”他回答说：“因为这里光亮。”照理说来，“光亮”的地方一定是较发达地区，但政府大力开发的欠发达地区，却有更好的机遇。这就是说，现在中国西北地区更加有利可图。

以色列公司自己之间的斗争，则是阻碍以色列加强向中国出口技术的另一大障碍。一个公司靠贬低对手公司的形象来抬高自己，这种做法是十分可笑的。诋毁其他以色列公司最终只会自食其果。以色列具有明显优势和可做文章的题目为数不多，因此只有拧成一股绳，才会在与其他国家的竞争中处于一定的有利地位。现在的情况是以色列公司自己窝里斗，结果互相削弱，给他国竞争者以可乘之机。

在中国市场上讨价还价

到中国来的外国旅客，大多将主要时间驻留在北京，兼顾游览和购物，而且往往把购物放在首位。我觉得，这样弄不好会浪费时间，错过机会去接触许多更有意思的事物，如感受中华民族丰富而古老的文化。但是只要留心，购物本身也大有文章可做。这是一种买卖双方的博弈，在中国这种博弈往往更有声有色。这样说吧，游览名胜好比是在课堂上课，到市场上买东西则是实际的锻炼和较量。

西方出版的任何一本书只要谈到访问中国，总免不了劝告出访人注意一件事情，那就是买东西时不能照卖货人的要价付钱。我说的卖货人，一般是指那些年轻的女孩子，他们总会对你说："这个价钱是单给你的。"卖货人明知这是说假，买货人也不傻，尽管如此，双方还是乐此不疲，依旧是照此你来我往。最后谈下来的价钱不出原来要价的 20%，有时甚至只有 10%。在市场上最常听到的一句话是："吃不哩！"（走了调的英语词"cheap"）问题是有些幼稚的旅客，他们将价钱砍到一半，就以为拿到了好价钱，赚了一个大便宜。

我兄弟任职以色列副总理兼商贸部长期间曾率团访问中国，当时代表团中许多人都是第一次来华，不知道这种游戏规则。有一次到天坛游览，我也跟着去了，团里一位商人走过来指给我说，同行的一位女士买了便宜货："一块劳力士表喊价 1200 元人民币，好不容易谈下来，400 元成交了。"我对他说："跟我来。"我们走到刚才卖表的摊贩那里，我用英文说买块劳力士手表，摊主说给我优惠价 1200 元："这个价钱单只对你。"这时我改用中国话说："老弟，我住在本地，我知道价钱，给你 20 元。"摊主二话不说，就按我还的价钱把表给了我，还笑眯眯地说："你怎不早说住在本地？"同来的商人一直在旁亲眼目睹全过程，他对我说："好哇，给我来个十块八块的，带回去给公司员工当礼物。"

有时我想，这种事虽说很是逗乐，但毕竟对中国人的形象是一种损害。有人可能会说，市场和商业买卖是不同的，但我相信，事情日积月累，最终会形成一种普遍形象深入到市场甚至整个商业领域里。有的外国人就认为，他们和一些正规大公司进行的谈判，跟市场上的买卖没有两样。

亚康项目的故事——耐心与诚意的回报

以色列孵化器的发展模式，我曾经致力要带进中国。其中一个项目的地点选在西南地区的贵州省会贵阳。和我合作的两名中方代表都是科学家——高先生和毛先生，他们都是现代化新中国年轻人的代表。高在日本留过学，毛在美国和以色列留过学，都在获得科学博士学位之后回到国内，投入到祖国与家乡的发展事业中。毛博士曾在以色列一家著名的科技研究所学习过，了解孵化器的重要性和对发展技术的巨大潜力。我想，通过他们可以说服当地政府推动这个项目的开展。

中方对项目很有兴趣，答应拨出一座新建成的大楼供项目使用。我在以色列找到了两家从事孵化器投资的公司，他们准备对“中国项目”进行投资。双方同意，以色列人不但带进资金，而且负责带进他们开发和即将完成的技术。技术完善阶段放在中国，开发成熟了的技术经政府批准后在中国投入生产和推广。按照以色列的做法，由地方政府出资 85%，项目成功和盈利后，政府收回它的投资，政府的作用就是推动技术的发展和让居民从中受益。

当我们已接近和以色列投资方达成最终协议时，突然听中方代表说，政府认为他们的出资不属投资而是需要偿还的贷款——他们不能有损失，款项要在四年后还清。我尽量向中方解释，以色列的办法促成了许多闻名世界的技术成果，以色列投资方也是看在这点上才同意到中国来参加这个项目的。我说，孵化器取得成功，将会带来大量工作岗位，给人民带来巨大利益。但是毫无结果。我想和政府领导直接面谈说明情况，也不见回音。以色列投资者本来准备既带来资金又带来关键技术即带来发展，他们也是冒着一定的投资风险的，在这种情况下也只好作罢了。

于是一个好项目胎死腹中。我感到十分沮丧，失去了在这个领域里与中国开展合作的一个好机会。我决定放弃在这个省份的活动，不但因为我在自己的以色列同胞面前丢脸，而且因为我没法和当地人员充分沟通，特别是无法和当局的领导直接见面，无法对一些十分可贵的项目尽到我应尽的努力。

中国人常说“生意不成情谊在”，我没有断绝与两位专家的联系，他们毕竟是在贵阳建立一家孵化器的创导者，希望与以色列方面——具体说与我本人开展合作，以引进以色列的先进技术。经过多方周旋，项目果然慢慢出现转机，在当地政府的支持下得以向前推进。我在2010年访问贵州的时候，曾经让我一度沮丧的项目终于成功启动了。这就是目前正在开发的雅康果汁。

雅康是一种多年生植物，生长在秘鲁的安第斯山一带，味甜，含有称为菊粉的甜味物质。有意思的是，这种植物是耶路撒冷菊芋的近亲，仅就它冠以以色列首都的名称而言，我们之间的合作应当说也是事出有因。

雅康有何好处？关键是雅康的甜味来自果糖而非蔗糖。我们知道，果糖的糖分比蔗糖所含热量低得多，这对糖尿病患者以及想保持身体苗条的人特别重要。果糖不易为人吸收，不像我们普通吃用的蔗糖。雅康的另一大优点是能降低胆固醇水平，这对需要控制胆固醇水平和防治心脏病突发的人们来说至关重要。雅康对改善肠道功能很有好处，有便秘毛病的人饮用雅康果汁很快就能解除烦恼。

栽培雅康简单易行，在中国南方地区生长非常成功。目前贵州的雅康果汁生产项目已进入收尾阶段。雅康果汁产品已在中国登记专利，市场需求看好，雅康果汁和雅康粉的前景无量。其他国家包括以色列都对此种产品具有极大兴趣。我很高兴能参与这个项目的合作，希望本书出版的时候，大家都能在超市或者药店买到这种新产品。

三、新来的犹太侨民

我以为，说明两国人民和两个民族关系发展走向的是人，是活生生的人连同他们的事业。

我认识许多在中国的犹太朋友，他们来自以色列或者其他国家，他们的活动深入到社会生活的各个领域，为发展两国和两国人民之间的友谊竭尽努力。以下是他们当中几位的有趣故事：

补充说一下，我是以色列犹太人。世界上有近半数犹太人生活在以色列，但另一半生活在其他各国。生活在以色列境外的犹太人，都把以色列国视为自己的故乡。因此，当我在本书中写到其他国家的犹太人时，请读者不要误会是我把问题弄混了。不是的，世界的的犹太人是一家，就像散布在世界各地的华人一样，他们都把中国视为自己的故土，有所谓“大中华”的概念。凡是犹太人，都必然和以色列联系在一起。

李碧箐和她的“和睦家医院”

在北京东四环北段外侧的酒仙桥，原是中国早年的电子工业重地，现在已成为一个集新型服务业和艺术创新活动为一体的新兴繁荣社区。这里有高级的国际酒店如著名的丽都假日饭店，有重要的跨国公司机构如西门子的中国总部，中央美术学院新址也设在这里，名闻遐迩的798现代艺术园区更是中外游客向往的游览目的地。

▲ 设在京城将台路附近四得公园边上的和睦家医院正门。

我从北京离职以后回到中国访问，经常下榻于这里的一家五星级酒店——“柏丽”酒店。在这里一条笔直宽阔的林荫大道路边，背靠广阔的“四得公园”，坐落着一座只有两层楼高但风格十分讲究的建筑，楼面墙壁上用中英文镶着几个大字：“UNITED FAMILY HEALTHCARE”（“和睦家医院”）。它主要为驻华的以色列大使馆和其他国家使馆提供医疗服务，来这里的大多是外国人。但也有少数富裕的中国人，他们不计较医疗费用高昂，应当算是北京的新贵一族。

医院的创办人是位女士——犹太人罗贝达·莉普莘，中文名字叫李碧箐。她20世纪80年代就从美国来到中国，话友的公司和她有过交往，那时她还是个年轻的大姑娘。到我在以色列大使馆任职与她相识，她已是一位事业有成和三个孩子的妈妈了。

李碧箐生于纽约，大学毕业后专修中文。当时中文在美国不像现在一样风行，只有少数地方能找到学习的机会。她说，当时她们班上有六名学生，上课时往往只剩下两人。大家都说她“疯了，想学中文”，连父亲也劈头盖脑地批她个没完。

1978年中文学习结业，她想去中国闯荡一番事业，但当时美国人进入中国有限制，不在一家与中国做生意的公司任职是很难获得签证的。她找到一家与中国做大生意的美国公司，在那里获得一份差使，但她对这家公司的业务并不感兴趣，只是为了通过这个渠道寻求机会去中国。老板是波士顿来的犹太人，问她在中国有什么事情可干，李碧箐回答说，给中国引进医疗技术大有可为——中国与外界隔绝多年，缺乏现代医疗所需的新技术和新设备。后来换了个新老板，他对做石油生意有兴趣，于是告诉李碧箐，她要么做石油要么搞自己的医疗技术和设备，她坚持干自己这行，找了另外一个也有这方面兴趣的女搭档走了。

李碧箐的主意拿对了。她们各自拿了点钱开办一家小公司，决定留一人在美国，另一人长住北京，到北京来的正是李碧箐。过了不久她发现，办医院很有盼头，于是两人决定冒一冒险，开办了一家小诊所。不料诊所越办越大，很快发展成了个大医院：医疗队伍扩大了，有来自十个不同国家的65名全职大夫和150名兼职大夫。上门看病的人分别来自60个不同国家。他们又在上海新开了一家诊所，准备在广州再开一家。

每到礼拜五晚上，李碧箐都要请犹太人聚餐，我是她家的常客。按犹太人的习惯，礼拜五的晚餐正逢第二天安息日的前夕，算是过节。就是这样一次兴高采烈的晚餐，促成李碧箐和一名犹太新闻记者兼自行车手喜结连理。她的丈夫骑自行车跨越多个国家来到自行车的首都——北京，与李碧箐办完婚庆，接着又骑上自行车踏上新的旅程。他以这种方式从不同国家给多家报纸发去报道。他们现在有三个小孩。

听李碧箐说，她自己也是促进中国和以色列建立正式关系的当事人之一，我甚感诧异。她说，1988 年当局高层人士就开始给她传递信息，表示与以色列建立关系的意向。有一次她应邀参加有高级官员出席的宴席，开始不明白为什么会获此殊荣，但随着不停的干杯和上菜，才渐渐听出他们的意思，宴会结束时她终于吃准了有关信息，后来也给有关方面转达过去了。

我不敢说她在中以建立正式关系方面有过多少贡献，但我得承认，许多时候犹太人总是心系以色列的，你满可以把从纽约来的李碧箐当成是半个以色列人。2010 年在中国与以色列建交 18 周年之际，以色列驻华大使馆与和睦家医院基金会联合开展“生命爱心”活动，为患有先天性心脏病的 18 名中国儿童提供免费治疗。

拉比西蒙

正统派犹太教中的一个派别运动称为“恰巴德”(Chabad)，运动的中心不在以色列而在纽约。发源地是在俄罗斯的一个城市，后来扩展到东欧。尽管受到布尔什维克当局的迫害和后来纳粹分子大屠杀的摧残，运动继续存在。1940 年，躲过大屠杀的一个家庭的幸存者逃到美国，从而推动了此项运动的大发展，使其逐步成为犹太人生活中的一支强大力量。恰巴德建立了自己的机构，世界大多数国家的许多城市都有恰巴德会堂，数量多达 3300 座。

恰巴德这个名称很有意思，它是希伯来语三个字头的拼音，包含了人们常说的犹太人固有的三个重要因素：智慧、理解、知识。恰巴德的独到之处，就是强调理智高于情感。

拉比西蒙于2001年到达北京，当时我在任以色列驻华公使。记得使馆人员都认为，这位长着大把黑胡子的怪人在犹太人社区里微不足道，但很快我们就改变了看法，拉比西蒙叫我们大吃一惊，大家开始对他另眼看待了。他刚来的时候不过30来岁，短短时间里竟然打造出犹太人的一方天地。

我专门访问过他。据他说，他出生在伦敦，家里信教，有12个孩子——6男6女。大家也许会问，为何信教的犹太人生这么多孩子？原来《圣经》里有一条对信众非常重要的戒律：不要丢弃你的精子。男人的精子进入女人的身体以后，就形成胚胎，而胚胎即人，丢掉精子就等于杀害一条人命。就因为有这条戒律，信教的家庭一般都有很多孩子，有的甚至超过12个。

西蒙被送到美国念书，后来成为拉比，结了婚。他23岁就当上拉比，被派到香港做当地恰巴德拉比的助手。他萌生了一个念头——要在北京设立恰巴德会堂。恰巴德领导层不同意，理由是北京没有那么多犹太人，但西蒙是个非常执拗的人，而在我看来他是个心有大志的人，梦想做一个敢作敢为的强人。他不厌其烦地说明，为何在中国首都设立恰巴德会堂非常重要，最后到底把领导层说服了。

▲| 会晤在北京的犹太人拉比——西蒙。

西蒙到达北京时，未想到第一个批评他的人竟是以色列驻中国的大使。大使说："你要干什么？你来了，想要让这里的犹太人长住下去，而我在鼓励他们移民以色列。"拉比西蒙对大使说，他们两人各自的工作都重要，互不矛盾。他接着开始建立各种机构，为那些希望在通常教育之外获得补充教育的犹太人提供机会，让他们接受进一步的犹太教育。他为青年学生办了一所学校，又为妇女们找地方进行各种治疗。他组织犹太教的洁净肉食店和餐馆，这对信教的犹太人非常重要，因为假如在北京没有犹太餐馆，找不到洁净食品，光吃蔬菜，这对短期来北京的人是很难熬的。他并不就此止步，还协助以色列国家航空公司为乘客配备洁净餐食。有了洁净餐馆，就可以免除以往从以色列带食品的做法，为北京飞往以色列班机上的乘务员和乘客直接提供新鲜的洁净食品。

拉比西蒙经常组织犹太人的各种节日庆祝活动。最近两年，我在北京参加过两次逾越节家宴。2009 年逾越节，拉比西蒙在北京一家最豪华的酒店举行庆祝活动，参加的犹太人有 300 多人。我和夫人当时碰巧在北京，拉比请我们当嘉宾出席宴会。那天晚上拉比不但做东，而且充当节日表演的主角。他诵读仪式上规定的经文，讲述《圣经》上记载的古代故事，解说《摩西五经》中描述的情景和犹太人现实情况的共通之处。他为孩子们做各种表演，组织他们开展比赛。

宴会上拉比突然宣布，在场的奥尔默特先生是今天宴会的嘉宾，并邀请我上台致辞。我还来不及反应，就被推到了台上。他递给我一只玻璃杯子，说要给我斟满葡萄酒。按照犹太人的传统，在这样的仪式上，这杯酒要送给上帝派遣到现场的信使并喝完。这是庆祝活动的压轴戏，我举杯将酒喝了，全场爆发一阵掌声。接着我对大家讲话，对拉比西蒙表示感谢，并说我非常荣幸能在这里充当以色列国的信使，尽我的努力来加强以色列和伟大中国之间的合作。我说，尽管以色列是个小国，但在发展与中国农业技术双边关系

▲｜ 参加犹太人宗教人士在北京举办的节日活动。

方面却作出了重要贡献。

2010年我们重新回到中国，正好赶上逾越节。当时我们在上海，但立刻专程赶回北京过节。拉比在晚会上当众宣布，他非常高兴他的朋友奥尔默特教授同夫人也来参加今天的活动，并且又像上次一样把酒杯递给了我。我非常兴奋，颇有感触地说，有这么多朋友聚集北京参加今天的逾越节晚会，说明中以两国关系的良好发展，也说明中国人民对不同民族传统和宗教的尊重。我还特别高兴地看到，拉比在会上将酒店的中方管理服务人员拉到一起，对他们表示感谢。他说，是中国朋友的尽心努力使逾越节的庆祝活动办得如此成功和出色。

拉比的作用非同小可。

犹太学教授埃尔里希

阿弗隆·埃尔里希教授是多部犹太学著作的作者。他受聘于中国的山东大学，在该校哲学和社会学学院担任全职教授、宗教系主任、犹太学和国际宗教研究中心主任等职。

埃尔里希教授生于澳大利亚，16岁那年移居以色列，在几所学校学习犹太学并当上拉比。他在以色列读完大学后，到澳大利亚进一步攻读并获得博士学位。他先后在意大利和澳大利亚担任拉比，事业有成，最后来到中国。

埃尔里希教授在山东大学讲授不同课程，同时到悉尼、纽约、耶路撒冷以及牛津和剑桥两所大学讲学。他名列山东大学十大优秀教师之一，荣获山东政府友谊奖。我和埃尔里希教授是在几年前认识的，当时一块儿陪同以色列大使到山东大学访问。我发现埃尔里希有十分丰富的有关犹太民族的历史和文化知识，是犹太人民和中国人民之间出色的桥梁。

以色列城市姑娘的中国爱情

中国人和以色列人通婚，是中以两国人民关系当中特别有意思的一个话题。

两个不同民族的人之间通婚，存在基本思想意识、文化传统甚至宗教信仰差异的问题，有时候这些问题会带来相互沟通的困难和麻烦。

果真如此吗？也许生活本身有足够的力量，使生长在天隔两地、受到不同文化传统教育的人们连结到一起，显示出爱情和理解是生活的最强大的支柱？

有位中国妇女对我说，她绝不会嫁给外国人，因为心性和文化传统习惯都不相同。她的英文名字叫格萝丽。但是我知道，有许多异族通婚是非常成功的，我就认识这样两对夫妇：一对是以色列姑娘嫁给中国男子，另一对是这位以色列姑娘的哥哥娶了她中国丈夫的妹妹。按照中国人的说法，这是“亲上加亲”，难道还有比这更好的例子可以说明异族通婚成功的事实吗？

我特地访问过中国人和犹太人结婚的几对夫妇，让我们听听他们的经历和体会。举三个例子，他们是彭江华和塔尔、M先生以及G先生同他们的中国妻子。

彭江华是个中国小伙子，有个英文名字叫哈利，他刚来我们以色列使馆时讲英语，后来渐渐会说几句希伯来语了，我们之间的沟通更容易了。我有些弄不明白，两个不同的世界怎能沟通在一起：姑娘来自以色列一个科学发达的城市，而小伙子从小生长在中国边远省份的一个小山村。我和他们聊了起来。

问：哈利请告诉我，你是怎么从你们村子来到北京的？

答：1999年我高中毕业，叔叔要我到北京大城市去闯闯，他说，那里找工作的机会比在家里好得多。我于是到了这个陌生的世界，一开始不太习惯大城市的生活。不久得到朋友的帮助，一家政府保安公司接收了我，培训我当个保安员，培训完毕就被派到你们使馆来担任驻馆的中国保安，配合以色列保安人员工作。就这样。

问：这里的人性情和习惯都和你不同，而且你还得听以色列上司的指挥，有难处吗？

答：我得来个大转变。现在与我相处的人，跟我有生以来认识的人完全不同。这里的人都受过高等教育，经验和知识比我和我的朋友强多了。我慢慢懂得，要想长进必须学习。

问：为了实现自己的抱负，你都做了些什么？

答：我想丢下这份工作去上学。我朋友说我发疯了，说我哪里考得上大学。我想也是，但我不服输，不放弃。能考上大学太幸福了。我主修英语。

问：你和塔尔是怎么认识的？

答：以色列人邀请我去过普珥节，只有我一个中国人。这个节日的习惯是晚上联欢，来的人都戴上假面具。我也扮成和你们的人一样，戴上假面具。塔尔是使馆的一位女友请来的，我们俩开始搭茬儿，接着在一起又说笑又跳舞，很快我觉得我们之间萌生了好感。

问：塔尔你说说，你也对他有了好感吗？

答：是的。在使馆参加晚会后过了三天，我回以色列去了。走之前我想找他，但联系不上。离开中国时很扫兴。

问：那么后来你是怎样联系到他的？

答：离第一次见面过后四个月，我们又在使馆碰上了，从此以后就谈上恋爱了。哈利隐瞒了这种关系，因为他们是严禁和任何使馆人员建立私人关系的。哈利后来将这件事告诉了保安公司的领导，但没有点明塔尔。领导不反对他继续接触，不过这样一来，哈利得请他的领导上高级餐馆，为此花费了不少钱。

问：哈利，上学是怎么回事？

答：太不容易了。我们家乡这个地方，不把上学当成好事。我父母要我先结婚和干活挣钱，在他们看来，上学是花钱的事儿，说不准能否赚回什么来。

（塔尔插话说：我第一次到他们村里，感觉就像到了动物园，我是动物园里一头最有趣的动物。村上的人都到哈利父母家里来瞧我，一拨接一拨。哈利告诉我，村里是破天荒第一次来个外国人，乡亲们当然好奇。这村子离北京1100公里，村里人大部分没有到过北京。）

我在北京待了八年，基本不认识我的邻居是谁，而在村子里，到处是我的朋友，村上的人我全都认识。

问：塔尔，村里的情况怎样？

答：我到过那里两次，说实话，条件很差。我不算是个娇小姐，但我想我在那里住不下去。房子很简陋，冬天特别冷，没有自来水。我想，哈利到过大城市一定不愿回到村里了。乡亲们心地好、和善，人人相互知根知底。这使我想起小时候在以色列生活过的地方。

问：哈利不但到了大城市，而且找到了一位外国女朋友，村上人都有什么想法？

答：村上出了个能在大城市混出模样的好小子，他们都感到骄傲。村里出来的人能讲英语，他们觉得是个奇迹，至于上过大学，他们简直不敢相信。

问：塔尔，你对今后有何打算？

答：我们结婚。婚礼怎么办，我由他母亲做主。我晓得这是件大事，在他母亲来说，是她终生最大的事。我父母喜欢哈利，高兴我们俩结婚，将来我们要到村里举办婚礼，对我父母来说也是他们一生的大喜事。

问：你们不觉得你们之间有什么合不来吗？

答：是有合不来的地方，而且不少。但我们商定谁也不要去改变谁的任何东西。我们彼此就此相爱，不做任何改变。每天和哈利在一起我觉得幸福，分开是无法接受的。哈利永远不会回到他原来的地方了，我也一样。

问：塔尔，哈利是中国男子，你觉得他有什么大男子主义吗？

答：我们之间什么都谈。我丝毫感觉不到他是男子我是女子，因此我要听从他。

在中国经商的M先生

我给这位以色列商人取个代号M。他曾在以色列军队服务，退役后也像许多以色列小伙子一样去远东，周游印度、泰国、中国等各个国家。他回国以后上大学，主攻中国历史和中文，毕业后觉得自己的普通话讲得不够好，决定到中国进修中文。

我在中国任职期间遇到过许多在以色列大学学习中文的犹太人，他们到中国以后都发现，要想口语流利还有许多困难。M到北京语言大学接受了三个月的语言强化训练，结业以后他觉得可以自己走遍中国而不需要任何翻译了，旅行几个月使他很好地锻炼了汉语口语能力。后来他回到以色列攻读人类学，但是身上种下的“中文病毒”又把他送回了中国。他给几家以色列公司当代表，先是一家灌溉公司，后来又在其他公司兼职。他娶了一位漂亮端庄的中国女子为妻，现在有了一个女儿。

问：以色列商人在中国遇到的主要问题是什么？

答：以色列人缺乏耐心。他们往往看不到前景，不懂得采取适当行动的必要性，只想立竿见影。由于这个缘故，他们不懂得投入所需资源以达到积极成果。他们想省钱。当然省钱是好事，只要不损害所要达到的结果。

问：这是你看到的唯一问题吗？

答：以色列的中央管理层和待在中国的人员之间存在巨大差距。待在中国，在绝大多数情况下都比远在天边知道得多。我讲一个例子，这是以色列人都熟悉的事情。好比战士远在战场，而将军坐在远离战场的指挥部里，按照他在军事学院学来的原理向战士发出指示，要求他们做这做那。问题是他的指示和现实情况毫无联系。

我多次向特拉维夫的上级建议如何做好生意，但他们就是不听。结果是，按照他们的决定去做大多数情况都把事情办糟，而按照我的建议去做总错不了。我不以为我比特拉维夫的任何一位上司高明多少，我只晓得我比他们清楚中国人的想法和做法，中国人期待我们的是什么，我们应当如何同他们进行谈判。

问：你会讲中文，这对做生意是否很有帮助？你认为在中国做生意或者当公司代表，会讲中文是必不可少的吗？

答：不用说，会一国外语非常有好处，语言能帮助我很好地建立私人关系。就阐明问题以及明白对方意思的能力来说，这是不言而喻的。但最主要的是，你有能力听懂他们自己之间的谈话。如果你继续问我，我还会说，许多情况下肢体语言比口头语言更加重要。中国人特别重视肢体语言，谈判失败往往不是因为以色列人嘴上说了什么，而是因为中方误解了以色列人的肢体语言。我们一般听了对方的话就当真，就根据听到的作出结论，殊不知中国人比较复杂，因为他们不光听对方说的话，还要看对方的"肢体语言"。

当律师的 G 先生

G 先生是位犹太人律师，在中国生活和工作，娶了个中国太太。我到中国任职之初就和他相识了。

且说有一天，我这里来了个陌生人对我说："我们俩素不相识，但是你有个儿子，他在以色列把我女朋友抢走了，后来又结婚了。"说得我一头雾水。我央他把事情说清楚，于是他接下去说了一段故事：他和我们一同住在雷霍沃特这座城里，和我儿子达立特是中学同学，两人非常要好。岂料他原来要好的女朋友认识了达立特，两人很快就相互爱上，把他给甩了。这件事叫他非常懊恼，但不致影响他坚持到中学毕业。他后来当了兵，又上大学攻读法律，最后当上了律师。大学毕业后要到各地走走看看，于是到了中国，就此落地生根，找到工作，认识一位中国女子并结了婚。以色列律师很少有在中国工作的，G 先生算是其中一个。

问：你中文讲得怎么样？

答：我普通话讲得不错，能谈判。我中文会写会念，不过得承认，我还不能用中文编出能提交法庭的文件。

问：你都有些什么样的客户？

答：主要是以色列公司，但也有一些其他国家的公司。

问：对以色列人到中国做生意，你有什么看法？

答：我是在公司工作的，所以我的看法只涉及公司而不是个人。我想，所谓的以色列大公司，绝大多数都相当笨拙，不理解中国市场。经理人员待在以色列，很难感觉到这里生活和商业经营的脉搏。我听到这里不少以色列公司的代表抱怨说，以色列的经理层发来一项又一项指令，却不了解中国商人的实际想法和做法。小公司的问题更大，他们只想省钱，不愿做"家庭作业"。这些公司一味埋头谈生意，搞接触，不去了解与生意和环境条件相关的各方面问题。

问：这对你的法律咨询工作有什么影响？

答：我在上面说过，这些公司想省钱，所以从来不找我进行法律咨询。他们以为什么都懂，结果亏了钱，停了业。

问：你能帮他们什么忙？

答：我在这里生活和工作了许多年，又娶了个中国媳妇，完全可以充当他们和中国商业界的桥梁。我了解以色列人的心理，也了解中国人的心理，知道如何在中国法律和规定的框架内将两种不同的心理沟通在一起。

问：你和中国女子结婚，不会遇到两种不同文化带来的矛盾冲突吗？

答：我觉得，中国人比较忧心和谨慎。举例说，他们比较关心健康问题。比如，我多次听我太太说，"别吃这种东西"，"洗完澡别光着脚"。她现在正怀孕，所以我们家里的电脑给关掉了，她连放电脑的地方都不敢靠近，因为在她看来，电脑有辐射，会伤害胎儿。

（关于健康问题，我补充几句。我不久前去中国的时候，正赶上猪流感闹过不久。当飞机在机场降落时，乘客都要留在飞机座位上接受卫生检查，医务人员登上飞机给乘客逐个测量体温，发现坐在后排的一位乘客体温是37.1摄氏度，就将他列为疑似病人加以隔离。在别的国家，这样的体温怎么也算不上有病。我估计，经过 SARS 之后，人们的警觉性高多了。）

问：你知道你太太身怀的胎儿情况吗？

答：在中国是不可能了解胎儿情况的，医院不允许鉴别胎儿的性别。但据我所知，在私人医院可以搞到有关情况。

问：按照犹太教的规定你太太不算犹太人，因此你们将来的孩子也不算犹太人，你对这点不担心吗？

答：我希望我太太皈依犹太教，成为一个犹太人。这点很重要，因为尽管我们今天在中国生活，但将来总要回到以色列去的。当然要等好些年。

四、中国的犹太学热

大概没有多少人知道，中国的中央电视台（CCTV）曾专程到以色列考察“以色列奇迹”，探索这么小一个国家怎么会一跃而为世界上最发达的国家之一。摄影组在以色列完成拍摄任务以后，还要到世界其他地方继续采访，了解这些国家或地区里的犹太人社区对周围社会产生的影响。

▲ 位于北京将台路附近与犹太风味餐厅连成一体的犹太会堂式大厅建筑。

这是近年来中国人关注和热衷研究以色列以及犹太社会和文化问题的突出事例。可以说，中国正在出现所谓“犹太学热”。我认识不少中国朋友，访问过中国研究犹太学的专业机构，他们是这股“犹太学热”的中坚力量，他们对研究犹太人社会历史和文化作出了巨大努力，为促进中以两国和两国人民之间的相互了解和友谊，作出了值得尊敬的贡献。

曲伟和哈尔滨犹太学研究中心

曲伟是中国黑龙江省社会科学院院长、研究员，哈尔滨犹太历史文化重点学科带头人。他领导的黑龙江省社会科学院成立于2000年，下设一个专门研究犹太人问题的哈尔滨研究所。

曲院长是个非常能干的人，对中心的活动尤为关心。经他创导和推动，研究所开展和完成了多项研究课题和活动，为研究所争取到省政府在财政上以及其他方面的支持。我在英文版《北京新闻周报》上读到采访曲院长的一篇报道，现节录部分内容如下：

问：为什么这么多犹太人到哈尔滨来而不到别的城市去？

答：中长铁路的建设带进许多犹太人。另一个原因是1904至1905年日俄战争期间，俄罗斯士兵开赴中国，其中有不少犹太人。俄罗斯战败，国内将责任归咎于犹太人，掀起一阵反犹浪潮，致使大量犹太士兵滞留哈尔滨和东北其他城市。俄罗斯的“白俄分子”歧视犹太人，同样迫使大量犹太人离开俄罗斯进入中国。

问：犹太人在哈尔滨的情况怎样？

答：他们可以自由从事他们愿意从事的工作。他们有教育、出版和选择职业的自由，与在俄国的情况完全不同。

问：当时哈尔滨居民对犹太人有什么看法？

答：哈尔滨人对在俄罗斯遭受苦难的犹太人十分同情。他们敬佩犹太人的勤奋和聪明。犹太人和中国人生活在同一个社会，和平相处，在许多方面互相帮助。

问：20世纪初期，犹太人在许多国家受到歧视甚至残害，而在中国没有出现类似的痛苦现象，这是为什么？

答：中国人民和犹太民族历史上都饱受欺凌，受到其他国家民族的侵略和占领。中华民族是仁慈、善良和宽大容忍的民族，他们没有对其他民族的排异情绪和心理，相反，他们一般敞开胸怀向其他民族学习。

问：经过对犹太人文化的多年研究，你认为我们可以向犹太人学习什么？

答：我们有许多东西值得向犹太人学习，特别是在以下一些方面：犹太人非常重视教育，不管多穷都不放弃孩子的教育，所以出了这么多科学家。只要活在世界上，他们都生活在同一个社区里，宗教信仰将他们联系在一起。以色列建国以后，居住在哈尔滨的犹太人组织了一个协会，通过协会做了许多事情，包括赞助旅居哈尔滨的犹太人，给他们提供教育机会。我想指出一个带有革命性意义的情况，我相信，犹太人具有一种对他们的行为产生重要影响的基因。我们大家都知道，我们要勤奋，要有创造性，但实际上没有几个人身体力行。我们懒散，无所作为，无法克服自身的缺点，而犹太人能自我克服缺点，所以他们如此优秀。由此我产生一个想法，就是他们身上的基因一定有什么不同。

我非常感谢曲院长对犹太人所说的这番话，甚至也同意他的说法。但从另外一方面讲，谈到中国人，我与他有不同看法。由于半个多世纪前中国所处的境况，中国人的创造能力无从发挥，而自新中国成立以后，情况发生了根本变化，世界看到中国人具有何等巨大的创造能力。我抱有一个观点，犹太人的创造性和中国人的智慧和能力结合在一起，会产生出巨大力量，从而有助于解决中国面临的某些重大问题。

李述笑，哈尔滨历史学家

李教授是哈尔滨犹太学研究中心的历史学家，他和中心的其他人员在曲院长带领下，开展有关犹太人问题的研究。

李教授在大学念俄语，到市图书馆工作十年，大部分时间和俄罗斯文学打交道。我采访过他，有关内容收集在《我的中国》一书里，现引用部分章节如下：

问：你怎么想到要在哈尔滨研究犹太人问题？

答：我在市中心图书馆工作时，经常读到有关犹太人在哈尔滨的史料，渐渐懂得城市里的许多事情都是由犹太人干出来的。我决定钻研这个问题，由于有曲院长的支持，我得以将全身心投入到研究之中。

问：经过调查研究，你了解到犹太人对这座城市作出过什么贡献？

答：犹太人对建筑艺术的影响，今天依然清晰可见。在哈尔滨，有些风俗习惯是过去受到犹太人的影响遗留下来的，将哈尔滨与其他城市做个比较，你会发现，哈尔滨人比其他地方的中国人吃面包、喝啤酒来得多。要知道，哈尔滨啤酒最先是由犹太人创办的哈尔滨啤酒厂生产的，而且这是中国最早的啤酒。

问：你开始研究时，中国和以色列建立正式关系了吗？

答：没有，还没有正式关系。但尽管如此，党和政府并没有阻止我的工作。

问：过去住在哈尔滨的犹太人大多都回到了以色列，和他们联系有困难和障碍吗？

答：不能说没有困难，但尽管有困难，我还是收集到许多有价值的材料。在见到你和你当总理的弟弟之前很久，我就已经知道你们和你们父亲的名字。我甚至还知道你们父亲的绰号，知道他在哈尔滨组织了一批青年人，教他们击拳，保护犹太年轻人不受反犹的“白俄”欺负。我找到了你父亲和这些年轻人合照的照片。

许新，南京大学犹太学研究所所长

许新教授是南京大学宗教学系主任兼犹太学研究所所长，是在中国开始系统研究犹太学问题的先驱。

许教授在20世纪70年代开始对犹太文化产生兴趣，但实际从事研究是几年以后的事，动机出自对美国犹太文学的爱好。自从两个犹太作家获得诺贝尔文学奖，他就着手在南京大学开设有关美国犹太人作家的课程。他应邀到美国芝加哥大学讲学，在那里待了两年。在此期间，他花费大量时间钻研犹太文化，拜访犹太人，和他们讨论犹太人的文化和习惯。1988 年他设立“中国犹太学研究会”，并于 1993 年编辑出版名著《犹太学百科全书》中文版。此后还撰写出版过有关犹太人问题的若干著作。自 1995 年开始，他到多所大学授课，其中也包括以色列几所大学。他在南京大学开设的课程有：犹太史、圣经、犹太文化、大屠杀。

许教授非常希望看到越来越多的犹太文化研究成果，因为在他看来，这可以启发当代中国人学会如何在与外部世界打交道的同时，不至于丢掉自己的独特传统。许教授说，关于犹太人和中国之间的联系已经说了不少，但见诸实际行动的并不多，“我们需要人民来推动计划的实施，大家要采取行动”。

我赞同许教授的意见，举办讲座、研讨会甚至出版书籍对加强中国和以色列之间的联系固然重要，但更需要解决实际问题。也许有人说我自相矛盾，自己写书却又非难著书。我要说的是，我写书是为了推动实际问题的解决，我在以色列出版图书是为此目的，现在写这本书也希望在这方面有所裨益。我在中国推动合作事业，就是希望我所做的事能对中国的现实起到积极的影响和作用。

我很高兴，谈到合作问题，我和许教授可谓殊途同归。许教授所做的研究有一大优点，即不局限于某个具体的犹太人社区，而是让我们对犹太学和犹太人民有一个全面的了解。他将世界犹太人社会与中国的关系，以及中国与以色列的关系这两个问题区别看待，这是个独到的见解。他建议在中国设立一个常设代表团代表整个犹太人世界。许教授批评一些犹太人组织，包括“美国犹太人大会”，认为他们对推动中国犹太学研究没做多少事，也批评开封犹太人问题长期以来没有引起足够重视。许教授着重指出，孙中山先生曾支持贝尔福尔宣言，即承认犹太人对以色列享有权利的宣言。

我钦佩许教授的独立思考和不畏直言，但同时我对他的一些想法不敢苟同。在中国设立一个代表全世界犹太人的国际组织，也许不是一个切合实际的主张。我估计许教授看到，只要是犹太人，他们无论处在世界何地，总把以色列国视为他们的代表，但也应看到，任何国家都不会同意某一国际组织和该国建立独立关系。

潘光，上海犹太研究中心主任

上海犹太研究中心成立于1988年，是上海科学院的一个下属部门，潘光教授是该中心的负责人。

中心是中国研究犹太学和以色列事务的最有影响的研究单位之一，其研究重点集中在上海犹太人历史、中国其他犹太人社区以及中东政治局势。中心组织召开有关专业的全国和国际会议，一些国际要人像以色列的拉宾、沙龙和埃胡德·奥尔默特，美国的希拉里·克林顿，德国的施罗得和奥地利的托马斯·克列斯蒂尔，都曾访问过该中心。我不是要人，但也曾荣幸地应邀访问过上海犹太研究中心。

潘光，生于上海长在海南，到北京人民大学上学，后来又进读上海华东师范大学，先后获得历史专业硕士和博士学位，是美国以及新加坡多个学术机构成员。他的研究成果曾经获奖。

潘教授何以会在上海投入研究犹太人的工作，这事说来颇有趣味。我看到过他接受采访的报道，他说是拿破仑·波拿巴给予了他启发。潘光在攻读硕士学位时，曾研究拿破仑经历的战争，注意到拿破仑打算占领位于现在以色列的阿卡。拿破仑准备了一份声明，声称犹太人拥有在这片古老的土地上建立独立国家的法定权利，这片土地就是当时的巴勒斯坦。拿破仑说，在征服整个巴勒斯坦地区之后，他将把这个声明付诸实施。这是早在以色列宣告独立之前150年的事情了。拿破仑没有取胜，未能占领阿卡，他要建立一个独立以色列国的计划付诸东流。潘光被这个历史故事所感动，而且他自小生活在与犹太人相邻的环境中，这使他萌生了研究犹太课题的念头。潘光认识到，犹太人民建立独立国家的理想和犹太复国主义的兴起，是在情理之中，这和中国人民要取得自己国家独立的理想一样。他到以色列访问过四次，自认为曾致力于推动中国和以色列建立正式关系，并为此感到骄傲。

顺便说一句，事有凑巧，本书的合作者、我的笔友曾经送给我一份珍贵的礼物，这就是他不久前翻译出版的、英国作家麦克林恩所著《拿破仑传》一书的中文版。我看不懂中文，但在这部将近700页的厚重著作的封面上，拿破仑的英雄形象和背景上的战争场面，对我来说却非常熟悉。这份馈赠引起我极大的兴趣和好奇，我告诉话友说，在西方历史上，拿破仑是对犹太民族表示同情并且给予道义支持的不可多得的政治领袖人物，而且就是拿破仑这种与西方普遍存在的反犹主义相对立的观点和态度，激发起我另一位中国朋友对研究犹太学的巨大兴趣。两位中国朋友和一个犹太人，因两百多年前一位历史伟人的故事而更加拉近了心灵上的距离。

故园情深

一、北京情怀

北京像是一本厚重的书，它的每一个景点、每一处胜地，如上面谈到过的紫禁城和长城，犹如一篇篇书页，告诉我们这座城市乃至整个国家和民族悠久和灿烂的历史文化。我爱北京也像我爱耶路撒冷，喜欢深入到这个城市的各个角落，探索它的历史足迹，接触普通人的生活，感受它的人文气息。

北京的著名胜地我几乎都一一走过，这样的地方太多了，完全列举出来，恐怕用一本书也写不完，况且我不想有“班门弄斧”之嫌。人们会问，对大多数中国读者来说，北京这些地方耳熟能详，何必要我在此多费笔墨呢？

不过我还是想说，这些公园或古迹是如此吸引我，我来过许多次，固然是为了观赏和享受这里的美丽景观，更重要的是感受这里的文化和生活，同时拍些照片做个纪念，也是作为一个驻外使节的一份分内之事，给要来中国的朋友们做些推荐。我在这里只想捡几个曾经几度留连的去处，记下我心灵上留下的感触，也让中国读者知道，一个以色列犹太人对他们这座伟大都城的印象和“恋情”。

公园晨练

北京最吸引人的是它众多美丽的公园，它们是城市里的“绿肺”，能稍微缓解电厂和其他工业企业废气对环境造成的污染。

日坛，是我初到北京时距离寓所最近的一个市内公园。只要在北京，几乎每天一大早我都要到那里散步，呼吸新鲜的空气，看众多市民晨练、跳舞和打太极拳。外国人感到十分奇怪，有的人站在那里拍打腹部，有的人抱着一棵大树使劲将身子往外拽。我知道这是中国人常说的练功，相信当中有其深刻的“养生”道理，但也不便多问，生怕打扰了他们的晨练作业。空地上到处有成伙人围在一起唱歌或奏乐，我总要跑到跟前聚精会神地欣赏，每当他们演唱或演奏完毕，我会情不自禁地报以热烈掌声。特别有意思的是看人们跳西方古典舞蹈，像探戈和华尔兹。摆在路边的播放机播放出动听的音乐，一对对年长的舞者伴随着优美的旋律悠然起舞，一张张面孔绽放着灿烂的笑容。我的步子禁不住放慢起来，也要跟着乐曲的节拍前后挪动了。一天伊始来到公园，我有一种说不出的好心情。

我知道，北京有比日坛更宏大的祭祀殿堂场所，像天坛、地坛、月坛，有更开阔美丽的公园像景山公园和北海公园，那里每天也像在日坛公园一样，出现市民群众晨练和唱歌舞蹈的盛大场面。听说北京市民的公园晨练和唱歌活动最早起源于景山公园，而且至今仍以那里最为盛大和壮观。红墙边上，古柏树下，矫健的身影、高昂的歌声，似乎是向人们发出一个古老民族正在奋起的信息。

什刹海的中西文化交融

我们在北京居住的那些年，人们晚上喝酒和听音乐的去处是三里屯，大多数旅游者爱到这里散心，而现在，热点已经转移到什刹海去了。这是北京新兴的酒吧一条街。

这里有一个不大的湖面，四周布满了各式餐馆和酒吧，到处播放着音乐，洋溢着热闹的气氛。特别是在夏天，凡是初到北京的朋友，我一定要带他们到此一游。在湖边坐上一阵子，喝杯啤酒（我最爱的还是青岛啤酒），耳边回响着西方的爵士音乐，观看着在湖面上荡桨的青年男女，说不出的心怀舒畅。

但不要以为只有夏天才适合到这里游玩，冬天你能在这里看到人们在结冰的湖面上溜冰。要不是怕摔倒，真想上去和他们凑个热闹。只恨我没有这个福分，在以色列的气候条件下，是找不到机会学习溜冰的。

这里的一大特色，是古典与现代、传统与新潮的碰撞和兼容，在西方的酒吧和爵士音乐组成的喧闹场景后面，沉淀的是厚重的京都文化。话友告诉我说，这里是京城文化荟萃之地，它保留了北京原有的民俗文化和富有京城特色的传统风景。湖边散落着历代达官贵人、名人志士的寓所，有清朝时期的豪华王府花园和民国以来的名人宅邸，如宋庆龄故居等，集中了保留完整的大小胡同和四合院，是北京胡同游的胜地。在这里，你可以看到中西文化的交汇与融合，一个正在对外开放的古老国度生活的生动写照。

不过话友也说，今天什刹海的繁盛，也像中国近年来经济文化发展的突飞猛进一样，是付出了代价的。他记得三四年前来这里重游故地，本来是要寻访最能体现往昔北京古都风貌静谧、和谐的感觉，然而看到的却是截然不同的一番景象。话友颇有感慨，说他在日记中对当时的心境有过一段记载：

站在银锭桥畔，回首往南望去，天边远处，巍巍琼华岛和白塔已静静沉入茫茫夜色之中，近处只见什刹海沿岸一带灯火辉煌，霓虹灯闪耀着璀璨的光芒。既令人向往，也令人感到迷茫。“映日荷花别样红”的昔日一方盛景似已难寻，我们在心底深处刻意追求的一片和谐和宁静、往日京都的风情，正在渐渐隐去。现在已是另外一番风光抢占了镜头，包围在我们近前：物质的充裕，商业的繁盛，还有人欲横流。

我只能说，这是“见仁见智”的事情了。不过今天发展中国家在致力发展本国经济的同时，的确面临着保护传统文化和自然环境的严重挑战，中国也不例外。

香山揽胜

香山公园是北京附近最美丽的一个去处。

从市中心驱车前往需时将近一个小时，但是到了那里你就觉得这是非常值得的。你已经远离了闹市，投入了自然的怀抱。可以乘缆车直达山顶，从高高的峰巅上俯览远方的城市，遥望市区上空覆盖着一层浓浓的雾霭，那是污染。你可以松一口气了，至少有几个小时的时间躲开这层浓雾。

坐缆车上山固然是个办法，但最好的方式还是步行爬山。有南北两条不同的路径，我都试过，沿路观赏不同的胜景，好不怡情。也许南线更为有趣，你可以见到双清别墅。这里是香山公园南麓，环境幽雅，竹林苍翠，松柏挺拔，银杏遮天蔽日，更有古朴的建筑引人前往。然而真正使这个地方闻名天下的并不是她的秀丽风光，而是因为这里曾是毛泽东主席和中国共产党中央委员会总部的住地。从韶山到井冈山，从井冈山到遵义又到延安，最后经西柏坡到达北京香山，毛主席领导中国人民一路走来，取得了扭转中国命运的历史性胜利。听纪念馆人员介绍，毛泽东自 1949 年在香山双清别墅居住了五个月，在此写下了《人民解放军占领南京》的不朽诗篇。

与香山相邻的八大处，也是我常去的地方。我们可以从一处庙宇步行到另一个庙宇，一路上领略沿途的美丽景色，每到一处都能感受历史文化的熏陶。有趣的是，这里冬暖夏凉。我最爱九十月份的香山和八大处，那是观赏红叶的时候。都说香山最壮观的景色是在秋天，那时枫叶正盛，万山红遍。

但也有过不愉快的记忆。有一次逛完香山，到了公园门外，迎面过来一位出租车司机招揽生意。我们上了车，出租车启动上路，但很快我注意到驾驶座旁的计价表有些异常，没走多远，表上的价码数字已经跳到相当于我们来香山的全程水平。回到市内目的地停下车来，出租车的标志突然不见了，这显然是一辆假冒出租的“黑车”，我沉下心来问司机多少钱，他指了指计价表，不用说上面显示的数字高得出格。我说：“OK，等一等，让警察来问个明白。”听说叫警察，司机跳上车一溜烟跑掉了。

我对一般的出租车司机没有意见，据我所知，他们绝大部分都讲诚信，不会欺骗乘客，但也有些人专“宰”外国客人。这不出奇，世界上好些地方，比如在罗马，出租车司机坑人的事情屡见不鲜，他们按你说的地址故意绕远道多收钱，我在北京和中国的其他城市还不至于碰到这种情况。

“万牲园”和大熊猫

北京动物园既古老又新型，它已有一百年的历史，从最早的兼养少数动物的农业种植试验场发展至今，已成为国内最大的动物园和世界著名的动物园之一，从中可以看到北京游览文化的变化和发展。

听说它在慈禧时代号称“万牲园”。我来园的时候，是否有万头动物，不得而知，但有一种动物足以让西方人流连忘返，这就是可爱的大熊猫。当然还有别的珍奇动物像金丝猴、红顶鹤，这些只有在中国才能看到。但北京动物园的镇园之宝毕竟是大熊猫。

我到动物园参观的时候碰巧赶上大熊猫妞妞十岁生日，好几百人参加它的生日庆典，同声高歌：“Happy Birthday to You, Niuniu!”妞妞兴高采烈地啃吃大家抛给它的竹子。俗话说，“口味和气味各有所好”，不能把自己的所好强加于人，看到妞妞对竹子甚至一些野花如此爱好，甚是有趣。

我不知道为何大熊猫的名字都是双音，现在这只叫“妞妞”；36岁去世的老大熊猫叫“美美”；1972年尼克松访华时送给他的一对大熊猫叫“玲玲”和“兴兴”。更有趣的是，以画大熊猫著称的一位中国画家的名字也是双音：曾洋洋。话友告诉我，在中国，双音的称呼词是亲昵和爱怜的表示，例如人们对自己心爱的幼年儿女都以双音词称呼。

中国总共送出了24只大熊猫给九个国家作为特殊礼物。我希望有一天我的国家以色列也得到这样一份宝贵礼物，让孩子们也让成人们能有一睹大熊猫风采的乐趣。

听话友说，早年在清皇朝末年和民国时期，该园曾是农事试验场，专供粮食、果蔬和花木的种植试验，解放后才正式辟为动物园。没有想到，我所喜好的一个现代化动物园，它的历史竟然和我在中国从事的事业相关联。

紫竹和郁金香

中山公园的郁金香是外国传来的，紫竹院的紫竹则是北京的土生土长。

位于天安门西侧的中山公园，是北京历史最悠久的公园之一，它以历代皇帝在这里祈祷五谷丰登的五色土社稷坛著称，因公园内设有纪念革命伟人孙中山先生的纪念堂而得名。

现在这里是市民常来赏花的好地方——一年一度的郁金香花会，吸引着四方来客。公园分九个区域展示的郁金香，数量达30万棵之多，把整个公园变成了花的海洋。当夜幕降临，华灯初上，花色与灯光交相辉映，如梦如幻。不用说，这是我这个爱花人同样常到的地方。

有人告诉我，1977年荷兰女王贝娅特丽丝对中国进行友好访问时，带来郁金香花种球赠送给中国，现在这些繁盛美丽的花朵，就是当年的赠品繁殖的后代。郁金香簇拥在公园里一座巨大的石牌坊周围，和那上面的几个大字“保卫和平”互相辉映。据说石牌坊曾经三易其名，原来叫“克德林坊”，是1900年八国联军攻陷北京时中国政府被迫为当时被刺死街头的德国大使克德林就地修建的。第一次世界大战德国战败，这座牌坊更名为“公理战胜”并移置于现在的位置，新中国成立以后才换成今日的题名。我想，郁金香和石牌坊，以它们各自不同的经历共同承载着中国人民的一个美好期待和理想：不要帝国主义侵略战争，让人类的尊严和世界和平像鲜花一样到处开放。

位于西城靠近动物园的紫竹院，也是我常到的北京公园之一。不过来这里不像去中山公园是为了看花，而是看竹。说实在的，我第一次到紫竹院，完全是冲着它富有诗意的名字而来。我是农学家，格外好奇紫竹长的什么样子。我见过许多品种的竹子，所有竹子生长初期都呈绿色，后来有些竹子开始变色，不但有紫色的，而且有褐色和红色的。不过竹叶一直保持翠绿，只有竹竿呈不同的颜色。我以为我在紫竹院会看到这些颜色的竹子，但还是失望了，我能找到的只有紫色的竹子。

但紫竹院毕竟是我的一个好去处，这里不但有遍布园内70余处多达40余万株的茂密竹林，而且三面湖水绿波荡漾，河溪穿园而过，是一个以竹造景的江南式山水园林。据说历史上这里本是燕京都城的一个重要水源，经过多年开发而形成河道和渡口皆备的水系，修建有花园庭院。1900年八国联军入侵北京，摧毁了包括紫竹院在内的许多胜地。在此之前的1860年第二次鸦片战争，英法联军火烧圆明园，那里还留下一些残垣断壁，像耶路撒冷的哭墙一样供人们缅怀和凭吊，而劫掠过后的昔日紫竹院，留下的只是一片荒草。解放后才在这片荒地上修建起今天的公园。

紫竹院不算大，但是我心仪的北京公园之一。不用说，茂密的竹林，湖面上的桥梁和湖中心的芦苇、荷花，都是我相机镜头搜寻的目标。

潘家园的情谊

请恕我在这里把潘家园列上，它虽不是一个景色怡人的公园，却有着深刻的文化底蕴，是一个远近闻名的古玩市场，也是一处值得去逛的美妙地方。许多外地游客，包括本地人都慕名而来。

那里有多达6000多家铺子，商品不计其数。不过其中不少是赝品，摊主骗你说是古代制作的，其实真正造出来不过一个月，甚至不过三天。但是你不必多虑，一般的旅客照买不误，而且带回国内对邻居们夸口说，这是古代珍品，他能“淘”到实属万幸。更加难得的是，经过他一番讨价还价，拿到的价钱非常之低，于是，买主俨然成为了他居住所在地的英雄人物。一传十，十传百，大家都说他们的一位邻居在中国捞到了非常值钱的宝贝，而且价格特别便宜。

对我来说，比什么都赏心的倒是能买到旧的招贴画、照片、相册和各种旧

▲| 夫人的画作《颐和园园景》。

▲| 夫人的画作《颐和园园门》。

书。我发现不少难得的相册，里面收集了在各个美丽省份拍下的照片，记载下这些省份或城镇最具特色的景物。每次到北京，我必定到潘家园逛逛，而且带上相机，每次总能抢到三两张新的有意思的镜头。

我曾经十分纳闷，为何以色列导游不将旅客领到潘家园来。后来我才明白个中道理，并因此感到愤愤不平。导游领去的地方，都指望卖货方给回扣，而在潘家园这样的市场一分回扣也是捞不到的。我在以色列曾经为此找旅游公司提意见，说他们不应该只安排游览最火爆的地方，冷落了像潘家园这样的去处。

我和我夫人以各自的爱好，分享这丰富多彩的世界呈现给我们的乐趣。我摄影，她绘画，这自然是我们爱到潘家园的一个重要动机。

我在北京工作期间，我太太显露了她的绘画天分和才能。常言道："海阔天空任遨翔"，这正好说明今天在中国，给我和夫人尽兴拍照和绘画的无限机会。人物、建筑、风景都为摄影和绘画提供无数宝贵的题材。不瞒大家说，当话友看到我夫人的油画作品时，有不尽的惊讶，在他看来，这些作品简直是出自职业画家的手笔。我向话友解释说，这是夫人自 2001 年到中国居住以后完全靠业余自学得来的本事，话友更是感慨不已。我们都相信列金娜的绘画天分，但是她的艺术灵感和成功的绘画表达，应当说是和她在中国的生活经历和情感分不开的，北京公园的景色或者丽江少数民族的生活风情，凝铸了我夫人对中国的理解和热爱。

我们喜欢在礼拜六和礼拜天去逛潘家园，这个时候最热闹。当你漫步经过那一个个画摊，看到琳琅满目的画作和缤纷的色彩，心中不免为之陶醉。北京潘家园市场有许多画家和卖画的摊点，郭女士是其中之一。

一天，我夫人要到潘家园市场买些绘画材料，溜达到了郭女士的摊位。我们跟她说想买几米画布，她说眼下没有货，但满口答应一定给我们找到。她一边说话，一边要留我们坐下喝茶。我们操着蹩脚的普通话连带用手比划和她聊了起来，告诉她我们是从哪个国家来的，在中国做什么。听说我们从以色列来，是外交官，她不由得更加兴奋起来，说她非常钦佩以色列和以色列的历史。

过了一天，大使馆的保安通知我们，有一名中国妇女在门外给我们送东西，我出来一看，原来是郭女士，她把我们要的画布专门带到使馆来了。打这时起我们成为了要好的朋友。每逢到北京，我们少不了要去她的摊位看她，每次她都要送我们一幅画，怎么说也不肯收一分钱，我们也从以色列给她和她女儿捎些礼物。我们之间的友谊也可以说是一种关系，不过这种关系是不带任何物质利益的，只是人与人之间的情谊，许多时候它比任何其他一种关系都重要。

▲| 夫人的画作《北京潘家园市场一角》。

我觉得，郭女士是中国人的一个例子，表明他们高兴和世界各地来的人民建立直接的联系，无奈由于语言障碍而无法直接沟通。外国人往往是通过像潘家园这样的市场与当地人进行接触。在这里，外国人看当地人个个都像是要讹他们更多钱的卖家，而当地人看外国人是一个又一个可以从他们那里索取更多钱的对象。如果把双方这点侃价关系的外象剥掉，他们之间就完全如同我们和郭女士之间一样，有着真实的友谊。中国人常说，不打不成交。

中西荟萃的北京餐饮

中国是既古老而又现代的，北京这个有八百多年历史的古都，正在宣告向国际化的大都市迈进。这种努力在北京的日常生活中随处可见。

中国人常说，“民以食为天”，我也是因在中国特别是在北京而尽享口福。让我们看看在这方面发生的也许很有代表性的变化。

在北京，老字号的餐饮像北京烤鸭依然占据半壁江山，焕发着青春。但是更多具有新型经营理念的中餐馆，不断涌现，像“俏江南”、“七彩云南”，这是话友比较熟悉并带我和夫人去过的地方。

中餐菜肴是太多了，菜谱上的名称用一本书也列不完，最诱人的当然是著名的北京烤鸭。都说到北京有三个地方是非去不可的：长城、故宫、烤鸭店。1989年我第一次到北京也不例外。外国人到了北京，无不首先打听哪家是最好的烤鸭店，第一顿饭就是烤鸭。

不过吃完烤鸭，下一顿就要考虑别的中国菜了。我喜欢色香味俱全，“贝瑞娜”正中我的下怀。这是一家位于东城外国使馆区附近的餐馆，门面不大，取了个时髦的英文名字“BERENA”，我估计是为了招揽外国顾客，但供应的却是地道的中国菜。贝瑞娜有什么吸引力？除了中国风味的菜肴，它还注意融入了一些西方元素。不光是它的英文名字，铺在餐桌上绿白相间的方格台布、镶嵌在墙壁上欧陆风情的油画和服务人员的西式着装，都让你仿佛置身于特拉维夫或者西方一个什么城市的酒吧，但同时享用味道浓郁的地道中国菜。有一次我们正在用餐，餐馆的女老板走到我跟前，突然向我提出给她捎些以色列歌曲的唱盘。我问她有什么用处，她说，以色列人来用餐时，我要给他们播放以色列歌曲。后来我的以色列朋友在这里听到亲切的本国歌曲，都感到无比的惊讶和兴奋。

你经常能看到那里的座上客是许多老外，而我和我从以色列来的朋友就是常客。一般来说，来了以色列客人，我头一天晚上请他们去烤鸭店，第二天晚上去贝瑞娜，从来没有人抱怨过我的安排。我弟弟在任以色列总理期间到访中国时，曾来此地便餐。不用说，这也是我与话友唐教授几次相约会面和畅谈的地方。

好莱坞出品的电影大片，结局有喜有悲，贝瑞纳算是一个悲剧。

2010年10月我访问北京，再次来到这家餐馆门口，却见大门紧闭，上面贴着一张告示：停止营业。贝瑞娜多年来一直在工人体育馆的边上经营红火，天天满座，不事先预约是轮不上座位的。不巧这个地方要新盖大楼，餐馆被迫搬迁，挪到了朝阳区新建的一条街，街名甚是吉利，叫“好运街”。开始生意还过得去，但不久附近冒出来一个集购物与游乐于一体的大型商场“蓝色港湾”，那里的餐饮业十分火爆，贝瑞娜竞争不过，最终只好关门大吉。街上相邻的各家餐馆恐怕也难逃这不幸的下场，看来“好运街”并不好运。

在北京除了中餐，举凡意大利、俄罗斯、比利时、印度、法国、韩国、美国、泰国及其他菜系，都能找到。现在你可以看到越来越多的美味西餐馆出现在大饭店、商场甚至街头，他们与传统的中餐馆在北京的饮食大舞台上竞放异彩。而引人注目的中国饮食行业的“美国化”现象，如麦当劳、星巴克、比萨屋和哈根达斯，不但在北京和上海这样的大城市里能够见到，可以说在中国遍地开花。我并不是说反对这类美国餐馆，只是觉得“不合胃口”而已。我想，中国有这么多美味佳肴，何必让一些外来的“垃圾食品”取代呢？

我感兴趣的倒是那些能让我们这些老外品尝真正家乡风味的餐饮，比如说比利时的“莫劳洪玺西餐厅”（Morels Restaurant）以及“一星餐厅”（First Star Restaurant），这是我为初到北京的本国朋友经常推荐的去处。“莫劳洪玺西餐厅”

的老板莫列尔先生曾在法国、德国、比利时、瑞士和荷兰等国多家五星级饭店当过执行主管，获得过许多西方著名政治家和明星的赞扬，其中有比利时国王、法国前总统希拉克、著名喜剧大师卓别林、007 演员罗杰·摩尔等人。他娶了个中国女子为妻。常言道，“成功的男人后面总有一个贤内助”，莫列尔先生姓鲁的夫人（英文名苏姗）力劝他在中国开办自己的餐馆，让他从一个主管的身份一跃而为两家餐馆的老板兼主管。高超的厨艺、周到的服务，丰富的酒水，让你感到物有所值。江泽民主席和朱镕基总理对莫列尔先生也称赞有加。北京有许许多多成功的西餐馆，我只是对莫列尔有所偏爱。比利时主管和中国妇女的结合，是他们获得成功的秘诀。

有趣的是，你甚至可以在北京找到一家以色列餐馆。这家以色列餐馆越办越红火，现在有了一个新址，就设在上面谈到的和睦家医院的右边，标明餐厅属“犹太风味”，英文名是“Dini's Kosher Restaurant”。

北京餐饮业中西并举的局面，对我这位老外来说，无疑是个福分。

▲| 在京城将台路附近新开张的蒂妮犹太餐厅外貌。

二、鲜花长开的国度

以色列以盛产和大量出口鲜花著称。话友早在 1987 年访问以色列的时候，对以色列先进发达的鲜花产业就有着非常深刻的印象。但以色列并没有适合种植鲜花的最佳自然条件，花卉业也像整个农业产业一样，主要建立在现代科学技术的基础之上，例如利用暖房创造人工气候条件。中国就不一样了，整个中国就像是一个自然界的大花园。中国南北相距几千公里，气候差别很大，你可以追随地域上季节的变化，观赏那多姿多彩的应时鲜花。

我喜欢花，尤其喜欢中国的许多鲜花节。我见识过贵州的杜鹃花节，洛阳的牡丹花节，桂林、沈阳和广州的荷花节……

成都的红桃白雪

桃花是报春的鲜花。中国人民把桃花视为吉祥的信物，桃红柳绿是春天的象征。每逢年初的春节，特别是在南方，都以桃花作为节日的装饰，将鲜花盛开的桃树摆放在住家和公共场所最显著的地方，就像西方圣诞节常青的枞树。中国传统文化常把桃花比作女子的美丽容颜，一首脍炙人口的唐诗说“人面桃花相映红”。中国人之推崇和热爱桃花，从此可见一斑。

中国各地有众多的桃花节，但以成都龙泉最为著称。因此自 1987 年以来一年一度举办的龙泉桃花节，也就成为我的首选。我在中国任职期间，绝不会错过前往参加的机会。

顺带说一句，成都不但有龙泉桃花节，而且有龙池冰雪节。“龙泉”和“龙池”，一字之差，但都属龙——中国的著名图腾，而且都是令人称奇的自然景观。

论冰雪节，中国人大多都知道有北方的哈尔滨，殊不知还有南方的成都龙池。一次来到成都，听说西北 70 公里外有个国家龙池森林公园，海拔 2000 米，那里正在举办冰雪节。我想看个究竟，于是择机前往，从市里驱车两个小时到达目的地，有幸亲眼见到了那里别具奇趣的一番景致。登临冰雪节舞台，所见四周是淹没在白茫茫一片雪海之中的莽莽山峦和森林，气势雄伟，景象万千，果然名不虚传。冰雪节的规模不像哈尔滨大，冰雪雕塑作品也没有那么多，来访的游客还很少，但我以为它也是不容错过的。

举办桃花节的龙泉景区则在成都的东南方向不过十多公里。这里盛产闻名世界、品种优异的蜜桃，花色粉红，果实硕大，味美甘甜，有“中国水蜜桃之乡”的美名。

龙泉山景色秀丽，蜜桃林绵延234平方公里，春天到来，是一片桃花的海洋。除了桃树，还有杏树、李树、梨树和樱桃树，各种鲜花争奇斗艳。最为诱人的是，这时尚属春寒料峭，山顶上依然覆盖着皑皑白雪，但是沿着山坡往下看，那层层叠叠、漫山遍野的鲜花竞相开放，已经是春花烂漫。红桃白雪，多么迷人的景象。

早春二月，正是万物复苏的季节，我来参加此时的龙泉桃花节，既有农业方面的专业考虑，也是为了饱览这片人间仙境，为我的摄影画册凭添更多美妙的图片。

贵州的百里杜鹃

杜鹃花是暖春时节漫山遍野盛开的花朵，共有1000多个品种，它是尼泊尔国花，也盛产于中国，在贵州有着特别尊贵的地位。

记得前不久的一个春天，我专程到贵州西部毕节地区观赏期待已久的杜鹃花节盛会。我来到黔西县金坡村，进入自然景区观赏，仿佛是从一湾湖水驶入一片汪洋大海，眼前豁然开朗。徒步登上山头，站在高处举目了望，只见那无边无际的天然杜鹃花从脚下一直延伸到天边，万顷花潮波涛汹涌。据陪同前来的中国友人介绍，杜鹃花林带绵延50多公里，总面积达130多平方公里。70多个品种数不尽的杜鹃花，在这三四月份的春暖季节怒放。漫山遍野色彩缤纷，不但不同品种颜色各异，而且同一棵植株上的花朵也会有不同色泽；花枝高矮参差、层叠交错、千姿百态，说不尽的烂漫与辉煌。

精彩的民族文艺演出，更给这个天然的杜鹃花大舞台带来浓烈的欢乐气氛。参加花节演出的有彝族、布衣族、苗族等三个少数民族的姑娘和小伙子，他们在芦笙的伴奏下围着篝火翩翩起舞。还有斗牛和斗鸡表演，这一切都被杜鹃花的海洋所包围，置身其中，犹如进入梦境。

我并不夸张，你知道“金坡村”名字的由来吗？相传古时候一对新婚情侣乌勇和金秀上山挖煤，99 天一去不返，却遗下乌黑发亮的煤块留给后人。为纪念这对情侣牺牲自己造福他人的崇高精神，人们将煤命名为“乌金”，把大山取名为“金坡”。这事感动了天上的仙女，她们飞来金坡播撒花种，让美丽的杜鹃花开满山岭。据说每当月明星稀之夜，乌勇和金秀就会现身，和仙女们在杜鹃花丛中唱歌跳舞，清晨散去还丢下白色的飘带在半山腰飘荡。当你观赏彝族、布依族青年男女在百里杜鹃花丛中表演“跳花坡”歌舞的时候，不正是体验这美丽的神话故事么？

洛阳牡丹花“国色天香”

在北京的时候我就常到景山去观赏那里的牡丹花。景山离故宫不远，园中矗立着五座小山峰，每座峰顶各建有一间琉璃亭，由此处可环视整个北京城。它是北京最大的牡丹花种植园，培植有约 200 个品种共 2 万株牡丹花，当中有不少难得的珍品。

但是，景山的牡丹花景观与有名的洛阳牡丹花会相比起来，则好比中国俗话说的“小巫见大巫”了。

洛阳这座素称“九朝古都”的中国最古老的都城，是中国著名的牡丹之都。它是牡丹花的故乡，已有 1500 年的种植历史。现有种植和观赏面积达到 3 万多亩，培育出 1100 多个品种。当今洛阳牡丹更传播到了世界各地，在意大利、德国、法国、日本、美国、荷兰、南非、澳大利亚和其他地方，都能欣赏到中国的这一奇葩。

2005 年我有幸赶上第 24 届洛阳牡丹花节，一睹中国的“国色天香”的芳容。依我看，洛阳牡丹不说是群芳之冠，也的确是美丽无比的。

牡丹花的颜色非常丰富，红、白、粉、黄、紫、蓝、绿、黑，无所不有，还有一花带两色的，可谓五彩缤纷，美不胜收。丰盈而娇嫩的硕大花朵，衬托在绿油油的茂密枝叶上，是那样姣美艳丽、雍容华贵，难怪在中国牡丹被誉为“花中之王”，洛阳人以它为市花，中国人当它为国花。据说周恩来总理对牡丹有过这样的评价：牡丹是中国的国花，是我们中华民族兴旺发达、美好幸福的象征。

我参加花节那年，自4月开始为期一两个月，全市上下布满了牡丹花，共有一千万株多达700多个不同品种，各大公园、各条街道、各家庭院都有栽培和展示，蔚为壮观，其景象是我这个外来赏花人无法用笔墨形容的。听话友说中国有古诗如是描写：“洛阳春日最繁华，红绿荫中十万家。”并以“锦绣”相形容，果真不假!

牡丹节的开幕式上，我看到3万人表演太极拳，这是世界上人数最多、规模最大的节目表演。最近听说洛阳牡丹花会要升格成为国家级的“中国洛阳牡丹文化节”，这个留给我难忘印象的花会想必更加盛大和美好。

芙蓉花盛放南北

夏天要以荷花为代表了。荷花还有另一个美丽的名字叫“芙蓉”。

在中国，鲜花总被赋予象征意义。受到千百年来传统诗词歌赋的传颂和赞美，荷花更以其高贵的品质为诗人所称道。有一著名的词句赞赏荷花“出淤泥而不染”，象征清纯、高洁、赤诚。我最喜欢的一个摄影题材，就是在水面上盛开的荷花。

中国的夏天，荷花是最普遍、最常见的花朵。人民群众也最爱赏荷，南北各地有数不清的荷花节，我见识过其中几个地方的盛况。

参加荷花节有一个不可不去的城市，就是北国的沈阳。沈阳荷花节从7月25日开始到8月10日为止，我过来的时候正值花节的中期。荷花胜地是该市的西湖，湖面面积大约1万亩，其中3000亩生长着天然荷花，湖中心是座700亩的小岛，上面也布满荷花，被誉为“中国荷花之乡”。沈阳以荷花和音乐表演欢迎天下来客，西湖所在地的居民与世界四方宾朋交上了朋友。据说荷花节是促进地方经济发展的一个动力，举办荷花节的新民市为此赢得的招商引资项目已达千余项，总资金达 20 多亿元。

如果错过了北方的沈阳荷花节，请别着急，更适于荷花生长的气候炎热的广州，有另一个更加盛大的荷花盛会等着你。盛夏时节，在烈日和雨水交织之下，广州多个著名的荷花清池迎来了荷花争相怒放的胜景。最著名的荷花产地是番禺水乡，那里河网纵横交错，池塘及河道中长满荷花，一片花香百里的繁盛景象。

同属南方的桂林荷花节规模不算大，但是我的相机也为开放在奇峰怪岩之下的“向日红花”留下了不少珍贵照片。在举办花展的公园里，21 个荷塘布满了各样品种的荷花，我见到 1.5 万株盆栽荷花共计 280 个品种。我对桂林有特别感情，1989 年当我第一次访问中国时，到达广西的第一个城市就是桂林。

据说荷花不但美丽可让人欣赏，而且具有极高的食用价值和非凡的医疗功效，尤其有趣的是壮阳。莲子和莲茎，都是上佳的营养品。荷花茶据称属于“素”茶，犹太教徒来到中国不妨品尝一下，也许这是参加荷花节不可忘记的又一个理由。

云南——中国的花卉王国

我在这里提到的不再是花卉节，也并非愉快的赏花之行，虽然我们涉及的是中国的“花卉王国”——云南。

云南以其得天独厚的自然条件号称植物王国和天然大花园，是世界上著名的植物基因库。这里生长着大约 2500 种野花，其中大多数是稀有品种。这个中国的“花卉王国”，现在已发展成为中国乃至亚洲的最大花卉生产和出口基地。根据有关资料，从 2005 年到 2010 年，全省花卉生产面积由 24 万亩增至 63 万亩，花卉总产值从 50 亿元增至 232 亿元，出口总额从 5000 万美元增至 1.5 亿美元。鲜切花产量高达 60.5 亿枝。

云南一位副省长在一份材料中说到，近年来云南花卉业发展很快，该省鲜切花的出口量居全国首位。看到这份材料我感到十分高兴，因为以色列在云南花卉业的发展过程中扮演着非常重要的角色。云南省人民政府和以色列合作组建的“中以花卉培训中心”，自2000年在昆明成立以来，为加快提高云南花卉的种植技术水平和产品的技术含量，促进云南花卉业上规模、上档次发挥了积极作用。

我非常希望为中国的大花园增添一份色彩，将以色列花卉业的先进技术和管理经验融入到中国花卉事业的发展当中。可惜我在任职过程中的一次行动遭致挫折，云南花卉专业人员派赴以色列的培训计划在最后一刻胎死腹中。

▲ 陪同以色列农业部长（右二）访问云南——中国的“花卉王国”，我在华开展合作的重点地区之一。

我曾安排云南省派出一个30人的代表团到以色列实习花卉栽培技术。派出人员从花卉种植行业中选拔，主要是进行花卉种植新技术的专业培训，目标瞄准不同国家的外部市场。培训内容包括几个方面：花卉种植场实习，大学和高级研究院所听课，并由农业部花卉技术推广方面的专家陪同到各地花卉农场参观访问。我事先征得了农业部、有关院校以及许多农场的同意，并对云南来的申请人逐个面试和确定了合适人选，经过几个月准备之后最终定下了出访日期。但是就在出发之前三天，以色列发生一起恐怖事件，一些人遇害身亡，云南当局通知我取消项目的计划行程。

以色列和云南花卉王国的鲜花合作事业方兴未艾，我相信，今后这方面更多的活动定会成功。

三、多姿多彩的节日文化

要说过节，世界上大概没有哪个民族有着比中国人和犹太人更多的节日了。我发现中国的节日不但和犹太民族一样多，而且有许多相似之处，都包含着丰富的历史文化典故，都记录着民族的奋斗经历和精神性格，往往十分美丽。有的甚至习惯和含义都相同。我像喜爱犹太人节日一样，喜欢中国的节日。

春节人潮

我在中国一年之中要过三个新年：一月一日的公历新年、一般在公历二月的中国农历新年——春节，以及一般在公历九月的犹太人新年。

中国人过年，是全家一年下来难得的全家团聚的日子，要在一起吃年夜饭——团圆饭，同时怀念家庭里已经逝去的亲人。和犹太人的新年只有一天过节不同，中国人的新年一过就是十天半个月，大家歇息在家，串亲访友。中国朋友告诉我说，他们过年的食品是非常讲究的，不但在一年之中最为丰盛，而且每种食品都有含义，例如年夜饭是必定上鱼的，在中国话里“鱼”与“余”谐音，表示丰足有余。

我还发现，新年伊始家家都摆上时令的鲜花，像水仙和碧桃。新年的花市热闹非凡，特别是暖和的南方城市如广州。鲜花象征健康、和谐，象征事业兴旺。我们犹太人常说：“请用鲜花和我打交道”，意思是说：如果给我鲜花，就不会拿枪对着我。厅堂里、桌面上摆放鲜花，传达出浓浓的亲情和友谊。

中国人还习惯在除夕打扫庭院，家里家外清理得干干静静，迎接来年一个全新的面貌。大年初一到初三是不许扫地搞清洁的，这使我联想起我们犹太人过逾越节，也是在节日之前将屋子彻底清扫干净，家具都要搬动，所有角落不能放过。孩提时期，逢到这几天特别忙碌和高兴，我们称之为“革命的日子”。

在中国过年那些天，城市里的街道上人山人海。我在任公使四年，只有两年在北京过年，就是为了躲开这四下里的人潮。记得第一年过年，我们以为逮着了机会，有时间去看看平常没到过的北京一些景点了。谁知我们想错了，出了门外，只见到处是行人，道路被汽车堵得严严实实，一打听才知道，不光北京本地人，许多外省人也携家带口到北京过年来了，而且他们许多人都是第一次到北京。在天安门广场南头，主要是外地来的人们排成长龙，耐心等待着进入毛主席纪念堂瞻仰伟人的遗容。

第二年我们以为情况会有不同，还留在北京，但等到的还是一样的热闹景象。于是第三年和第四年我们只好离开北京到了外地，虽然还是拥挤，但毕竟是换了地方，有了新鲜感。

中秋赏月

在中国，除了春节，中秋节算是最重要的节日了。每到中国农历的八月十五，正当一年之中月亮最圆的时候，家家户户阖家团聚在一起赏月，备足节日的食品月饼和生果茶水，边吃边饮，仰头观望夜空中银盘般明亮的满月，讲述那有关月亮的许许多多美丽传说。这是月亮的节日。

世人以为，是美国航天员阿姆斯特朗代表人类第一个登上了月球，但在中国人的观念里，早在几千年以前，中国的嫦娥姑娘就已经成功奔月了。嫦蛾姑娘的丈夫后羿，才艺惊人，接连射下九个太阳。光是这个故事，我就读过六个版本。除此之外还有更多的故事，像“月亮老人”、“吴刚献酒”、“玉兔”，等等。

我喜欢这些美丽的传说，但我以为最有趣的还是其中关于抵抗蒙古人统治的故事。据说当年汉人在月饼里埋藏字条，将起义时间的信息传递到各家各户，最终一举拿下被蒙古人占领的城市。这是多么智慧的战略思想！

这是我在中国经历次数最多的一个节日，总共四次，每次都在不同的地方，体验不同的习俗。我看人们在月光底下吃月饼，或者头戴花环四处游玩。我每年都在商店和超市里看到堆积如山的各式月饼，也学会了中国人的习惯，买上一盒月饼给朋友和有业务关系的人们送礼。给信教的犹太人送月饼就不太合适了，在各种原料制成的饼馅中心有一小片猪肉，那是犹太教徒绝对禁止食用的。

我想起在西方的华人餐馆里，每逢用餐完毕，总见服务员送上来一些小点心，剥开来里面会露出一张小字条，上面写有各种祝福。这也许是月饼故事的延续？

清明节的香火

清明节是在四月初，不是欢庆的节日，而是哀愁和凭吊先人的日子。这一天，在天堂和在人间的亲人团聚了，活着的人为死去的人举办纪念仪式，表达对故去的亲人的哀思。

清明节的前一天，人们习惯不吃热食，只吃冷餐，是所谓“寒食节”。我听说一个非常有趣的故事：相传春秋时期晋国国王的长子晋文公，被王妃诬告阴谋叛乱，逼他出走，以阻止他继承王位。晋文公别无出路，只好带上随从流亡他乡。他携老母和众人藏身绵山，断了粮食，饥渴难熬，随臣介子推在自身股上剜肉为王子充饥。晋文公得救后才知食物的来源，感激涕零，跪地拜谢。王妃死后，晋文公归国为君，重赏群臣，唯独忘记了拯救他性命的义士介子推。后来国王想起此事，派人上山寻找这位救命恩人，但介子推不愿夸功争宠，拒绝出山。文公听从进谏，放火烧山逼介子推露面，未想到最后发现介子推抱着母亲被烧死在一棵大树下。国王非常内疚和后悔，下令纪念这位恩人，每年这个日子严禁生火，人们只吃冷食。这个习惯从此流传下来，人们祭扫先人的日子也就成为了“寒食节”。

我是在贵阳赶上清明节的，主人应我的要求将我领到该市一家主要的陵园观看节日活动。着实令我大开眼界，只见前来祭扫的人群络绎不绝，他们将食物和钱币（大张的假币）等祭品摆放在坟前，点燃香烛，燃放鞭炮，空气中弥漫着浓烈的香火和硝烟的气味。人们在墓前或跪或立，面对篆刻着先人姓名和生卒年月的墓碑喃喃祷告。

2010 年 3 月末在上海，碰到一些初次从以色列来到上海的朋友，他们要求我给他们当旅游向导，这时正好快到清明节了，我就建议他们到时去现场看看中国人扫墓的情景。我们因有别的事情先到青岛去了，留下他们在上海，但后来得知，他们错过了清明扫墓的机会。据他们说，跟谁也打听不到要去的地方。也难怪，对老外来说，墓地并不是一个游览的目的地。

我们自己倒是在青岛赶上了清明节的活动。我们来到郊外一片墓地，看人们熙来攘往，在自家先人的坟墓面前摆放上食品鲜花，点燃香火，为去世了的亲人虔诚祷告。有人看见我们这些老外，颇为好奇，问我们来干什么，我告诉他们说，哈尔滨有我们祖父的坟墓，趁清明节这个机会，我们就地到这里的陵园来，也是为了给我们的先人寄托怀念和敬意。这一番话，拉近了我们和对话人之间的距离，好像我们都是在同一个世界上，为在另一个世界里的共同亲人祝福。

中国人和犹太人之间的一大共同点就是怀念和尊敬去世的先人。活着的人和死去的人之间的感情联系，正是过去的历史和现在的现实之间的黏结剂。尊敬前人，正是尊敬历史和悠久的文化，尊敬将中国人和犹太人联结在了一起。

少数民族节日——瑰丽的多元文化

我想，不接触中国的少数民族和少数民族文化，就不会真正了解中国。中国地域辽阔，人口众多，汇聚着许多少数民族，这是由包括汉族在内的 56 个不同民族组成的大家庭。在这个多民族的大家庭中，少数民族占全国人口的 8%，汉族的占比例为 92%。但是，只占人口 8% 的少数民族却给整个民族大家庭增添了特别的色彩。

长城、故宫、天坛、颐和园以及其他著名的名胜古迹，固然是不可不看的，这是中国源远流长的历史文化的重要组成部分。但要全面了解中国多姿多彩的面貌，你还得深入到各省市，深入到少数民族地区，亲身体验中国这个伟大文化大熔炉的灿烂光辉，其中包括少数民族奇丽的节日。至少对像我这样一个老外来说，参加少数民族的节日，了解他们的生活方式，是一种莫大的乐趣和很有教益的体验。

▲| 夫人与纳西等少数民族妇女在丽江古城。

云南是中国少数民族齐聚一堂的缩影。全省居住着26个少数民族，占全国56个民族数目的几乎一半。

到云南就必须到丽江，那里有非常值得欣赏和了解的宝贵古文化遗产，即一种可以被称为远古少数民族文化的活化石——充满魅力的鲜活的纳西族东巴文化。最有意思的是东巴古代文字——象形文字，这种文字不是用字符而是用绘画表达事物的意思。这是世界上唯一现存的图形文字，但东巴人大多数都不会读不会写，唯一会用图形文字的只有东巴教士。

▲| 夫人的画作《丽江纳西妇女》。

我们到过丽江五次，也许我们还会去第六次第七次。如果有人问我，到过北京和上海，第三个该去的地方是哪里，我会毫不犹豫地回答说："云南，一定不要错过丽江。"丽江是联合国教科文组织授予"世界文化遗产保护城市"称号的中国唯一城市。

彝族火把驱魔

在云南，彝族火把节是少数民族当中最盛大的一个节日，这是彝族同胞的传统新年。

火把节是在中国农历6月下旬，相当于公历7至8月，共举办三天。村中各家各户宰杀牲口，祭拜天地，彝族男女老少倾家出动，汇集在村头寨边的广场，举办各种庆祝活动。这里有精彩的民族竞技表演，你不必专门跑到西班牙去看斗牛，到云南参加火把节就足够了，你也用不着上美国去欣赏摔跤比赛，在这里就可以看到这种激烈的竞技。我有幸到过这里，平生第一次看到不是在体育场而是在野地里举行的斗牛，看到不是在赛台上而是在光秃的野地里举行的男子摔跤。

彝族火把节以石林和楚雄两地最为隆重。到了晚上，人们集中到村头的广场上，点燃火把，烧起一堆堆篝火，尽情欢歌跳舞，通宵达旦，以示驱魔除害，祈求丰收和幸福。彝族男女青年也趁这个美好的节日选择情侣，在篝火堆旁，在夜幕底下相识和谈情说爱。在昆明石林风景区，你可以看到数以万计的中外游客前来与当地的彝族人民一道，手持火把，把整个大地照得通红透亮。

彝族多数生活在山区和半山区，是旱地作物民族，刀耕火种，一年四季都有火伴随着他们，无论生产、生活都离不开火，火塘里的火苗一年到头不熄灭，其民族性格像火一样刚强、粗犷、强悍。彝族人相信，火具有超人的力量，能够击退魔鬼，驱赶恶煞。

一次我到云南访问，参加彝族的火把节，看到每家每户门前都点燃着火把，村子中央立着的一支最大的火把竟有20米高。巨大的火把周围分布着无尽的小火把，头顶上则是火点一般的星星，仿佛把我带回到了我们以色列犹太人的篝火节。以色列篝火节是为了纪念大约2000年前犹太人巴尔·科赫巴起义反对罗马占领取得的胜利。这个节日的最大特点是到处点燃篝火。传说在山顶上点燃篝火是为了向远处起义人员发出起义信号，另一说法是一位著名的犹太拉比被罗马人追杀12年最后被烧死于山洞中，每年这天点燃篝火用以纪念。犹太人的篝火和彝族人的火把，同样是为了驱除妖魔。围绕民族节日流传下来的种种传奇故事，为这些节庆活动增添了特别迷人的色彩，同样寄托着人们对生活的美好愿望。

我注意到这里彝族居民的房屋，都是就地用泥巴盖起来的。仔细一想，这大概是因为云南多地震，这种泥盖的房屋容易震垮也容易恢复重建，最重要的是能减少伤害。祝愿彝族人火把节的熊熊篝火，越烧越旺，驱走包括蝗虫和地震在内的一切魔鬼祸害。

傣家人泼水祝福

云南省西双版纳傣族自治州的首府景洪市，有一所热带植物研究所，我应邀到那里访问。西双版纳这个地名的读音古怪，我念起来颇感困难，但想到这里有着和地名一样不同寻常的奇花异草，马上就能看到，心情便分外地高兴和激动。云南是鲜花的王国，是中国和以色列开展多项合作的地方，每次到云南，都为增进我对中国的了解带来新的收获。

主人特别叮嘱我带上相机，同时多带些衣服。我心想也是，有这么多鲜花，我的相机又该派上用场了。但是万万没有想到，比鲜花更令我激动的事情还在后头。

我们的车子没有开往植物研究所，却径直奔往另一个方向，来到人山人海的街道广场。人们身穿节日盛装，手持一个个水桶或脸盆，鼓乐喧天，歌声如潮。突然间，和着人们的欢笑和呼叫声，朝我们的方向泼过来阵阵清水，我和我身边伴行的中国朋友淋得满身湿透。也顾不上这么多了，我在主人的示意下接过一个水桶，从路边的水缸里舀起满桶水朝人群泼去，赢得周围人们赏心的欢笑。

泼水活动开始的时候，只见傣家少女彬彬有礼，提着一小桶泡着香花的清水，用枝条蘸上水珠向长者和宾客轻轻泼洒，表示祝福。泼水进入高潮时则是另一番景象了，男女青年拎着大桶、大盆互相追逐，劈头盖脸将水泼向对方，一时间“水花放，傣家狂”，展现出傣族对水的崇拜，对水的张扬。

▲| 与海逸达大使（第二排左三）访问昆明市民族村的傣家人。

许多人提着满满的水桶躲在角落里，等待行人经过，冷不防就将水泼到他们身上。要是看见老外过来，他们更是兴致倍增，加大水量给以“款待”。太兴奋、太激动了！这天泼到我身上的水量，大概足够浇灌一亩多的稻田。这时我方悟出为什么事先嘱咐我们多加衣服，而我们来到这里访问的目的，已被完全置诸脑后。

这就是我久已听说的有名的泼水节——傣族最重要、最盛大的一个节日。泼水节一般在阳历4月中旬，即农历清明前后举行，为期三至四天。

听说傣族生活在气候炎热的坝区，是耕作水田作物的民族，一年四季与水相伴而生，其民族性格像水一样，柔美而含蓄。当你来到他们中间，加入人们泼水和唱歌舞蹈的行列，你会在兴奋之余，感受到这个民族及其文化的可亲与无比魅力。

我想起犹太人也有类似的节日活动，那就是逢到过节欢迎客人来访的时候，就像泼水节主人对我保密一样，来个突然袭击，赢得主人和客人、中国人和以色列人皆大欢喜。

苗族芦笙传情

苗族是中国最古老的少数民族之一，已有大约4000年的历史，分布在云南、四川和贵州等省。芦笙节是苗族影响最大的一个节日，每年的中国农历9月末举行三天。这是苗族地区的新年，更是苗族青年男女自由恋爱的佳期。在贵州凯里的欢庆活动尤为盛大和著名。节日里，苗族人民盛装前往，各寨芦笙手云集芦笙坡，平时寂静的青山翠谷顿时汇成芦笙歌舞的海洋。

我赶上了这里的一次节日活动。我们到达凯里时，看到人群聚集在市郊附近一道宽阔的山沟里，少女们身穿色彩斑斓的民族服装，头上高高竖立着装有银饰的牛角筒，随着芦笙的乐声边歌边舞。少女们分成几组，每组都穿着不同色彩的服装，互相比赛。我操起相机连番抢拍，如此美好的景象不是经常可以碰到的。

不只芦笙和舞蹈，斗牛更是狂欢节的高潮。如果你闭上眼睛，耳听一阵阵此起彼伏、震耳欲聋的欢呼声，会误以为是坐在马德里的古罗马斗牛场里，亲临一场盛大的斗牛表演。睁眼一看，周围则是充满东方风情的神奇而热闹的场面，这时你禁不住想痛饮一杯这里的名产——茅台酒，为参加这番盛会举杯尽兴。

芦笙，是我见过的最奇特、最有趣的一种古老的民族乐器。它用竹子做成，长可达三米，一般由六根组成，可奏出从低音到高音的广阔音域和优美的旋律，不但在传统仪式上演奏，而且可作为舞蹈、杂技和武术等各种文艺表演的伴奏。据说芦笙最能传情，苗族青年男女不只是在过节的时候，平日也择机幽会，用歌声和芦笙美妙的笛音相互表达爱情。我听说，芦笙也为中国其他少数民族像布依族、侗族、水族、瑶族和彝族所采用。

傈僳人刀杆显忠勇

云南给了我一个机会去观赏傈僳族的刀杆节。这是傈僳族每年初春举行的盛大节日。

傈僳族妇女的服饰太迷人了：绣花上衣和亚麻裙子上，缀满了用贝壳和银币组成的饰物，头戴大帽子，耳朵吊着银质或铜质的耳坠。看见他们的装饰，你好像是在纽约观看时装表演。

常听印度人说，在他们那里能看到印度苦行僧脚踩燃烧炭火的表演，惊心动魄，但云南刀杆节的表演可谓有过之而无不及。刀杆节的第一天，先有“蹈火”仪式：几名健壮男子赤裸双脚，跳上烧红的火炭堆，疾驰而过。过节的第二天最精彩，广场上竖立着几株20米高的粗大木杆，每根木杆上面插有72把锐利的尖刀。准备爬杆的勇士先喝白酒，然后徒手沿杆往上爬，不得触及锋利的刀尖。爬到杆顶时，下面的围观群众便报以热烈的掌声和欢呼声，向勇士们表示祝贺。达到杆顶又不受刀伤的夺冠者，从上面点燃花炮，连带一面面红旗抛向广场上欢呼的人群。

傈僳族聚居在云南省峰峦起伏、山势险峻的怒江地区，素以机智勇敢和艰苦卓绝的奋斗精神著称。傈僳族刀杆节中的“上刀山下火海”，是傈僳族剽悍、无畏的民族性格和民族精神的表现。相传刀杆节是为了纪念一位对傈僳族恩重如山的古代汉族英雄，他率领傈僳族兄弟平息叛逆，驱逐外敌，保护了一方土地和人民的幸福安宁，却因皇帝听信谗言而被毒死。傈僳族人民把这位英雄献身的忌日定为自己民族的传统节日——刀杆节，用以表达不惜赴汤蹈火来相报的深厚感情。

观看爬刀杆表演，使我想起中美洲尼加拉瓜的一种习俗，当地人竖起25米高的杆子，在杆子上涂满油脂，让人沿杆往上爬。杆上面没有刀，不像这里，但非常滑，难度不亚于有刀的杆子——两边世界，同类竞技。

吐鲁番的葡萄熟了

在中国流行一首新疆民歌，主题词是“吐鲁番的葡萄熟了”，以欢快的旋律歌唱田园丰收和美好生活的景象。你要是到新疆的吐鲁番参加那里的葡萄节，你会更加为这首民歌的强烈感染力所打动。我两次到过新疆的吐鲁番，两次参加了那里的葡萄节。

我和葡萄有不解之缘——从小生长在农村，帮助父亲在地里种植葡萄。葡萄树长大成熟和结果了，我又帮助父亲收获果实送去酿酒。孩提时期，我最快乐的一件事就是品尝用我们自己家的葡萄酿成的葡萄酒。

早在2000年前吐鲁番一带就开始种植葡萄了，这是一种颜色碧绿的无籽品种，被誉为“中国绿珍珠”。吐鲁番的葡萄节同样闻名，举办葡萄节的地方叫“葡萄沟”，也称“沙漠里的珍珠沟”，到新疆来的远方客人都必然到此一游。亲临此地一看，眼前是一片绿洲，犹如被包围在漫漫金黄色沙丘波涛之中的一座小小绿色天堂。

狂欢节的节目一个个上演了。那是维吾尔人的结婚礼仪，一群群天仙般美丽的吐鲁番姑娘仿佛从天外飘下来欢歌起舞。姑娘们的身后是宏大的天然舞台背景，一边是绿莹莹的葡萄林，另一边是金灿灿的沙丘，景色迷人。这里有哈密瓜比赛，看谁送来的哈密瓜个头最大；这里有骆驼队从沟旁的沙丘上缓缓走过，告诉人们这是古代驼帮行经的著名的丝绸之路。

参加吐鲁番葡萄节，使我唤起对童年的美好记忆：在当年巴勒斯坦近乎荒漠的土地上，有我们自己的葡萄园，我在那里采摘并且品尝自己亲手栽种的葡萄。

四、茅台、人情、关系

中国人本有好客的传统，注重人情和关系，我们这些国外贵客的到来，难免会遇到中国主人在这方面的轮番“轰炸”。

请客吃饭

第一件遇到的事就是请客吃饭。

从1989年第一次进入中国，我就在这方面深有感受——吃不完的午饭、晚餐和大小宴会。在陈设讲究的大餐馆里，既有中央厅接纳普通顾客，也有专门的包间招待有钱人和贵宾。主人一般都把我们领到这些单独的包间里作为贵客款待，圆形的餐桌能坐上十来个人。我在当年的报告中写道：“来到中国，餐桌上摆出来的丰盛菜肴，专事上菜进酒的姑娘们的端庄风韵，进餐时间的精准无误，无不令人赞叹。”

我对中国人吃饭如此守时甚是钦佩。中午 11：30、晚间 18：00 准时开饭，这和做任何一件计划好的事情一样，板上钉钉，我姑且称之为“中国时钟”。记得过去在以色列，有一次我和夫人按约定时间到父母家吃饭，赶到家的时候是下午 1 点钟，发现父母满脸不高兴，当时不知是什么原因。到过中国以后我才逐渐明白过来，父母亲虽然回到以色列很久了，但还是改变不了他们在中国准点用餐的习惯：中午 12：00 开饭，晚 15 分钟也算迟到。难怪人说，中国人见面打招呼爱问：“吃饭了吗？”吃饭，足见是中国人生活的一个重要话题。

现在这种招呼逐渐少见了，吃饭不再是过去但求温饱的同义词，而是越来越讲究了，请客吃饭的社交意义也日益突显出来。

中国食谱的丰富多样让人大开眼界，特别是在南方。主人喜欢向客人炫耀他们“独此一家”的特产，并以此引为骄傲。我在上面提到的报告中曾经指出：“送到餐桌上的菜肴，常有各种不同肉类，有王八、猴脑，有各种各样的昆虫或爬虫。这类食物一般在华南一带流行，广西就是这样的地方。”我一向不愿吃这类从未见过的东西。近来情况不同了，也许主人看出了我的心情，也许是经过非典事件以后人们已经有了改变，这类“珍馐”再不像过去那样受到青睐了。

到了四川和贵州，款待我们的又是这些地方的特色——辣椒。中菜的一个特点是辣，特别是西南和南方各省。西方有的中餐馆也标榜他们是火辣的川菜名厨，但是不到中国的四川或贵州，不在那里尝一尝满盘红辣椒的地方菜，你就不知道什么叫做“辣”，绝对体会不到川菜给人的那种刺激和兴奋感。贵州菜里掺满了密密麻麻的细粒辣椒，你想剔也剔不走，除非你有操作筷子的熟练功夫。有名的重庆“辣火锅”最具代表性了，人们说它“辣得过隐”，每次到重庆我是少不了要品尝这道美味的。

湖南菜也以辛辣著称。我喜欢湖南菜的做法：材料切得很细，有点像阿拉伯风味的东方沙拉。在湖南出生的毛泽东，一生用餐都没有忘记过辣椒。我曾到过韶山参观毛主席故居，见到毛主席小时候用过的床铺和桌子，仿佛感觉到身边扇动着历史的翅膀。

“国酒”茅台

在中国宴会的餐桌上，真正出尽风头的是著名的茅台酒。

谈到这里，我就会情不自禁地回味起它的酒香。自从进入这个国家，我就和这种琼浆玉液打交道，20 年来和它结下了不解之缘，中国茅台成为了我的要好朋友。不瞒你说，现在以茅台的酒量来论，我自信在我现有的中国友人当中找不到几个敌手。

我几次到过茅台的家乡贵州，到了俗话说的“近水楼台”，自然给了我饱尝茅台酒的机会。记得一次在省会贵阳，我放胆品尝了一下酒精浓度达到 70% 的茅台，最后总算是挺过来了，没有醉倒。不过也要好自为之，我将中国茅台戏称为“催魂酒”。

各个省份喝茅台的情况都不一样，你最不容易躲过的一个省份就是新疆。有意思的是，新疆的居民有一半以上是穆斯林，而穆斯林是不喝白酒的（至少是嘴上不说）。话虽如此说，我还是看到许多人畅饮茅台。前面谈到过，在那里，我们和维吾尔人努尔以及其他各族朋友，通过茅台酒传递着浓浓的情谊。

没尝过茅台的人，是不懂得一二十杯是什么滋味的。但是这样做的一个好处是，原先不能达成一致的难题，往往举杯一喝——用中国的俗话说就“搞定了”。我拿起酒杯，煞有介事地在桌面上扣响一声，然后拉开嗓门说为所有在座的人干这一杯，祝贺我们就此前讨论的问题达成一致，接着高呼一声“干杯！”顷刻间喝完杯中酒，并将酒杯倒过来高高举起，以示没有中国人所说的“猫腻”。在座的每个人跟着照办，结果无须更多讨论，大家喝完这一杯酒就等于解决了问题，万事大吉。

我不愿显示我的酒量，每次宴会开始时我都要先做声明：大夫不让我多喝酒。喝完第一杯，我就对大家说：一定不要告诉我的大夫；喝完第二杯，我再次对大家说：一定不要告诉我的太太。接下去一发而不可收拾，我每多喝一杯都会找到一个遁词。

这已经是往事了，但现在可以说，我的勇气依然不减当年。有人会问我，为什么我在宴会上喝这么多茅台酒，我的回答是："领主人的情。"领主人的情，也是领中国人民的情。

茅台在中国人的眼睛里和心目中，是酒，更是情。茅台被尊称为中国的"国酒"。它色清透明，醇香馥郁，曾在巴拿马万国博览会上一举夺得金奖，从此跻身世界三大名酒行列。但"国酒"的荣誉不全在其品质，更在其文化内涵，在它许多的动人故事中。1935年工农红军四渡赤水，群众多次以茅台酒慰问红军战士，周恩来总理曾说红军长征的胜利，也有茅台酒的一大功劳。美国总统尼克松访问中国时，毛泽东主席送给他一瓶茅台，从此茅台更是名闻天下。

中国人只有对最亲密的友人，在最隆重的场合才动用茅台出来款待。有些犹太人不会喝茅台，他们以为可以找一个聪明的办法，就是在酒杯里倒上清水代替茅台，也装着和大家一起干杯。我劝他们一定不要这样做，因为其一，当地人一眼就能分辨出清水和茅台之不同，其二，这有伤主人的情面。

在以色列，茅台并不知名，俄罗斯的伏特加虽然品质不如茅台，却是最受欢迎的白酒。理由很简单，许多移民都来自俄罗斯，他们喝惯了伏特加。但我在以色列宴请从中国来的朋友时，一定尽量献上一瓶茅台酒。每当我在这些场合亮出那有名的茅台酒时，总会引起客人们的惊喜。

礼尚往来

我在1989年的报告中写道：

在这次访问中，我还知道中国人的另一个习惯：送礼。你和一些重要人物会见，结束时你总会收到一份礼物。礼物是各式各样的，有领带、相册，或者是当地生产的某种特产。遗憾的是没有人事先告诉我这种礼仪，照理我应当回送一份礼物以表示感谢，可是两手空空，我甚为尴尬，心想以后一定不会失礼了。

我后来再到中国，以及担任公使四年期间，从未再犯过这个错误。在中国，送礼是再平常不过的事情了。有人说，送礼在西方一些国家被视为犯法的贿赂行为。我不但反对把中国的送礼当成贿赂看待，而且毫不含糊地要在此说明，这种习惯和贿赂完全不同。

首先，我参加过无数次的各种活动，有会议，有宴请，活动结束时通常都互送礼物。礼物是用来表达友谊和合作的善意的。从值钱与否来看，这些礼物实在微不足道，但若论它所表达的友谊和尊重的意义，却是弥足珍贵的。无论如何，到中国去要对此有所准备。

其次，如果有人问我，送礼这事的确如此重要吗？我的回答是肯定的。主人把送件礼物当成向你表达良好祝愿和感谢的一件大事。你回送礼物给他，也就是向他作同样的表示，这对双方当然非常重要。事实上，当你当着众人的面回赠礼物给他们的领导，这就表示你理解和尊重主人的心意和习惯，他们会把你当成可交的朋友看待，这是建立良好关系的起点，是一小步但意义重要的一步。

我和夫人到中国来的时候，我总担心我们随身携带的箱子不够用，因为在中国的市场上有许多东西要买。夫人说："怕什么呢？把礼物送完，留下空出的地方，买什么都足够装了。"但她想得并不周全，她没有考虑到，我们的礼物送完了，中国的朋友又会将我们的箱子塞满回赠的礼物！

"关系"种种

"关系"这个词，在西方是太熟悉了。实际上，英文里没有一个恰当的词汇可以翻译中文的“关系”，“connections”只是不得已的代用而已。我以为，西方许多人并不真正懂得“关系”的真实含义。

在以色列有一个流行的说法：“有了关系就有了一切，无须其他任何帮助。”有些人对我说，关系同贿赂和腐败形影不离。我不以为然，这和我的想法相差甚远，在我看来，这和关系的真正含义风马牛不相及。许多西方人并不明白，中国人的关系不是组织对组织或者公司对公司的关系，而是人与人之间的关系。当然，个人关系至关重要，它会在很大程度上决定今后真正有影响的关系的形成。

中国人的正常关系是建立在相互信任、共担责任、风雨同舟的基础之上的。在家庭里有互信互爱的家人关系，是非常合乎情理的事情。同学之间也有同学之间的关系，而且我在中国工作期间，亲眼看见同学之间相互信赖相互帮助的情谊是多么的深！

我在大使馆里的一位女秘书要离职，她跑来同我商量说，她有一位要好的朋友可以替代她继续给我当秘书。我问她这位朋友的来历，她说他们是大学同学，现在在另一家大使馆工作。

“你为什么要她辞去现在的工作到我这里来？”我问。

“因为这里比那边工资高。”她回答说。

我接见了她的朋友，谈过话，收下了，她后来一直表现很好。后来我同这位新来的秘书谈起同学关系这个话题，她告诉我，他们班上的同学都互相关心，彼此帮忙。

有一次我到青岛农业大学，副校长领我到下面访问。在一个地方用餐的时候，副校长的一些老同学都来了。他们有的原本住在青岛，有的则从别的地方老远赶来，为的是参加一次同学聚会。谈话之间，他们反复提到另外一些需要帮助的同学。在以色列也有类似情况，像一块儿当过兵的朋友总保持接触和联系，但不是如此关系紧密。我非常羡慕中国人的这种友谊。

应当看到，中国社会现在存在严重的腐败现象，反腐是中国政府面临的严重挑战。但是我认为，这不是中国人传统意义上关系本身的罪过。依我话友的看法是，马克思所说资本主义商品社会里渗透一切的金钱铜臭在背后作祟，这在中国现时的商品经济活动中，特别是在法制不够健全、人们的道德观念普遍淡薄的条件下，是无法幸免的。在一些人的手中，关系异化成为了特殊的商品。

丰富的中国菜肴、各式各样的礼物，这些在中国人生活中不可或缺的应酬，确实在生活中给我带来无尽的情趣，而且是为我与我的中国朋友搭建友谊的管道和桥梁。让我们在心中永远珍惜这种人与人之间正常和可贵的关系吧。

五、相逢何必曾相识

在中国生活多年，偶尔也在路上遇到过黑出租车向我讹钱，或者在下榻的饭店里受到非难的遗憾事，但更多感受到的还是人们热情和友善的相待。无论走到哪里，似乎都有一双看不见的友谊的手，联系着我和不期而遇的陌生人，让你感到无比亲切和温馨。身在异乡但何为异客？

阳朔江边的导游小姐

中国的旅游景点，我到过次数最多的要算广西的漓江和阳朔。

1989年第一次到中国，我就领略了桂林的风采，后来从以色列大使馆卸任以后，直到我写作本书的这两年，每次重返中国，总要找机会游一游桂林和阳朔，数起来前前后后也有四五次了。不说那独特的地理环境和奇山异水，壮、苗、瑶等少数民族纷呈各异的风情习俗，更有那浓浓的人间亲情，一直吸引着我，不断为我的照相机镜头提供丰富的题材，让我对它流连忘返。

漓江，它让我想起许多中国人的姓名“李”或者“黎”，但它真正的字面含义，是指水流的清澈流畅。的确，在那波光粼粼的绿莹莹的水面上，乘坐一叶轻飘的竹筏，饱览沿岸清洁如洗的青山绿树，看月亮山慢慢飘过，有说不尽的心旷神怡。然后租一辆三轮摩托或自行车逛一逛乡间村落，或者随渔民带上鸬鹚去捕鱼。如果你想学太极和功夫，这里有两家武功学校供你选择；如果你想体味一下西方风情，可以走访“西街”，那里有各色餐馆和酒吧，任你品尝世界各地的啤酒，欣赏异域音乐。

回想我最早一次到访阳朔是在2001年。到达当天已是晚上，第二天早上醒来到西街一家餐厅用早餐，突然发现许多女孩子拥到跟前，争着要给我们当向导，我们都暂时婉言谢绝了。稍后又过来一位姑娘，她操着相当熟练的英语说，她是职业旅游向导，可以带我们去游览许多一般见不到的地方，让我们了解更多有趣的风俗人情。她姓徐名桂荣，我们依照当地的习惯叫她“小荣”。我看她颇为开朗和喜庆，征得夫人同意，就跟她上路了。她领我们看过一般向导都去的地方，然后转进一处偏僻的小路，往人们少到的村落走去。远离现代化城市的近乎古朴的穷乡僻壤，展现在我们面前，这里的居民还在为求得最低限度的温饱而夜以继日地拼命干活。看到这些情景，我不禁想到，建国50年来中国领导人完成了大量工作，但还有很长的路要走。

小荣将我们领到八公里路开外的第三个村子，是阳朔县高田镇历村，到了她家所在的地方。他们家一共四个小孩，那时只有20来岁的小荣算是家中最小的。幼时家境贫困，没吃没穿，上学读书是一种奢望，姐姐们都只读完小学，她自己能勉强上到中学就算不错了。

村里从前以农业为主，现在随着旅游业的发展，人们在月亮山下做起了旅游生意，开饭庄、卖土特产，生活渐渐富裕起来，小荣也有机会走上了导游的道路。小荣说，“开始我也没学过英语，可是与外国友人经常接触，就渐渐学会了，可以进行最起码的交流了。”她的刻苦学习终于有了报偿。

多亏小荣在家里为我们准备了一顿午餐——一顿虽然简单但十分可口的农家饭。小荣说，到阳朔的游客都是她的好朋友，给予热情招待是理所当然，请到家里吃饭，不仅表达主人们的心意，也是为了让游客们感受到乡间的生活气息。在当地人看来，请到家里吃饭，这是给最亲近的亲朋好友的最高招待。

吃完饭小荣拿出她早已准备好的笔记本，要我为她留言。记得我题写的内容大意是：“小荣，一个在中国农村长大的姑娘，领着世界各地的宾客游览，用英语和他们交谈。而在新中国成立之前，这个村子的人目不识丁，小荣是他们当中一个优秀的新中国‘产儿’。祝小荣万事顺遂，我们将你铭记在心。”显然，小荣对我们来说，已经不是一个普通的导游而是一位朋友了。

未想到三年过后，我们再次来到漓江并在街头散步的时候，突然传来一个女子的声音呼叫我们。回头一看，原来是小荣！旧友相逢，喜出望外，我们情不自禁地按照西方的方式相互亲脸问好。不料小荣又抽出她上次那个笔记本，要我再给她写上几个字作为纪念。对她来说，这样的重逢太可贵了。

我这次的留言如下：“亲爱的小荣，自从认识你以来的三年时间，我们学到了许多东西。我们到过许多地方，见识许多不同的事物，但我们一直惦记不忘阳朔边上一个村子里的姑娘——你，小荣。再次相逢，不胜幸福。”写罢我对她说，上次承蒙盛情招待，为我们准备了美味佳肴，这次该轮到我们回请了。我们来到那家供应以色列饭菜的餐馆，度过了我们多次访问阳朔的最具亲情的一天。

借用中国人常说的一句佳话：“桂林山水甲天下，阳朔山水甲桂林”。但是阳朔的山水美，人情不是更美么？

不期而遇的朋友

一次和话友在北京“五彩云南”餐馆用餐过后，出了大厅，迎面进来几位中国客人，其中一位愣了一下并在我的面前站住了，向我友好地点头表示招呼。我也弄不清楚是什么人，礼貌地点头回敬，也不好再问什么。话友过后问我：“你认识他们？”我说：“我不认识，但许多人认识我。”其实在中国，不论走到哪里，我经常与一些我不认识的朋友不期而遇。

记得有一次我们在阳朔住了几天，打算折回桂林乘飞机返回北京。我们提着行李来到街上，叫了一辆正好路过的出租车，跟司机说要去桂林。车子起动后没多久，突然靠路边戛然停了下来。我正纳闷，司机回过头来说：“我认识您。”“什么，你认识我？”我十分惊讶，一个与我生活所在的国家相隔数千公里而且事业上毫不相干的路人，竟然认识我？司机兴奋地告诉我，他曾经在中央电视台第七频道看到过有关我的报道，他说：“您是以色列人。您帮助我们发展农业技术，提高农作物的收成。”气氛一下子活跃起来了。原来司机不但认得出我，而且知道我在中国做什么事情，对我们的所作所为心怀感激。

他粗懂英语，我知道几句汉语，于是两人加上手势比划着交谈起来。我问司机，他是否干过农业，他说是的，曾在农业中专上学，但毕业后找不到工作，只好当司机开出租车了。从阳朔到桂林的一路上，我们对农业的各方面问题展开了热烈的讨论。到了桂林，下车时我拿出钱来要付车费，可是司机怎么也不愿收。“能开车送您已经很值得啦，”他说，“我不是每天开车都有机会这么开心。今天叫我赶上，我真幸运。”试想在纽约，或者在世界的什么地方，我能和一位素不相识的出租车司机如此融洽相处，如此会心畅谈吗？这位司机说他幸运，但我说我同样感到幸运。

我在阳朔不期而遇的还有我并不认识的以色列同胞。一次在西街漫步，我突然惊奇地发现，在一家餐馆门前的广告牌上居然写着希伯来文，告示“供应以色列沙拉”。看来有不少以色列人远道而来呢！2008年夏天，我们再次游览漓江的时候又到西街，再次发现一家餐馆门前挂出希伯来文告示，通知所有到此游览的以色列人和犹太人参加镇上举办的犹太新年联欢会。我们喜出望外，试想一个远离家乡的游子，能在异国他乡和自己的同胞一起欢度自己的新年，该是多么难得啊！虽然我们并不相识。

我们按照通知于当晚来到这家餐馆，看到已经聚集了30多位年轻人，还有年纪大些的几家人带着孩子。在一个异国的环境里，耳边听到的是希伯来文的话语和歌声，餐桌上摆放着我们民族过节的食品，自己也觉得有些稀奇。当地的中国人，无论餐厅的服务员或者街边的路人，都好奇地围过来观看这些老外，听他们用一种陌生的语言交谈和唱歌。

我应邀在餐会上发言，给在座的以色列同胞介绍我自己和我家族的历史、我们和中国的亲密情缘，还谈到中国和以色列之间的友好合作关系，最后为世界和地区的和平、为我们和邻居巴勒斯坦人之间的和平、为中国人民和以色列人民之间的友好关系举杯祝福。我用中国话高呼“干杯！”会场内外响起一阵热烈的掌声——既有以色列人的，也有中国人的。中国人听不懂我讲的话，但他们听懂了我的呼唤：“干杯！”

此时此刻你会感到，你是中国人或是外国人、你们相识或者不相识并不重要，大家都有着一个共通的美好感情——友谊和互相关爱，正如中国古诗所说：相逢何必曾相识。

青岛的海景花园酒店

我并非要在本书给哪家酒店、餐馆或者超级市场做广告宣传，只是想就一些我曾经到过而且给我留下深刻印象的地方，说一说我的亲身感受。我在这里要特别提到青岛和青岛的一家饭店——青岛“海景花园酒店”。

青岛是我和夫人最喜欢到访的中国城市之一。我喜欢青岛，或者说偏爱青岛，因为她和以色列涅兹欧纳市（与我居住的城市相邻）结成了姊妹城市，因为以色列运动员在北京奥运会上获得的唯一一块金牌是在这里的帆船比赛中取得的，还因为那里有我心仪的青岛啤酒，留有我亲情的回忆——回想六七十年前，我父亲正是从这里告别中国的。今天我来到父亲经常思念的这片地方，而且是和农业打交道，作为以色列国农业和科学公使出席曙光市一个大型蔬菜展览会，并代表各国驻华使馆以及到会的外国来宾向展览会的组织者致辞。我还被这个省里的农业大学聘请为教授，这是后话。

我爱青岛的万种风情，爱她的美丽海岸，还有我们常来留住的海景花园饭店，这是我们所遇到过的最好的饭店之一。我到中国 20 多年，见过不同地方的许多饭店，说实在的，有些饭店确实不错，甚至可以与美国或者欧洲的饭店媲美。但我们最喜欢的还是青岛的海景花园酒店，我敢说，它不亚于世上其他任何一家酒店。不说它的规模，不说它厅堂的大小，也不说房间的宽窄，虽然这些也很重要，但最重要的是进到酒店以后所受到的接待。

在非典期间，我到韶关参加一个大型的蔬菜展览会后回到北京，接着来到青岛度假。我们住进海景花园酒店，发现整座楼里几乎空空如也，只有我和我太太两个外国人。离开酒店时，专用穿梭巴士将我们送到机场，酒店的副经理陪同前往送行。路上他对我说，我们是不怕非典来到他们酒店下榻的仅有旅客，值得钦佩和赞扬。他代表酒店的领导祝福我们旅途顺风，接着送上一束鲜花献给了我的太太，我们感到满心的温暖。我对酒店如何赞誉也不为过。

2010 年我又两次到访青岛。4 月我们在青岛逗留几天，照例下榻海景花园酒店。再过一个小时我们就要离开酒店上机场了，临走时我到酒店的商务中心打印一些材料，因为时间紧迫，匆忙之间把录有重要材料的 USB 忘在商务中心的计算机上了。我们已经坐上车子，正在赶往机场的路上，我的手机突然响了起来，酒店打来电话说，我把重要东西落在酒店里了，他们正在派专车赶送过来。为了我专跑一趟，而且不收我一分钱！

10 月间我们再次光临酒店。我事先预定的是禁烟的房间，来到酒店后得知预留的房间位置不好——被允许抽烟的住房包围左右。酒店征得我们同意，将我们重新安排到新楼的贵宾套间，待遇升格了，但不另外增加任何费用。

你从到达海景花园酒店的第一刻起，到你结账走出酒店为止，客人一直受到周到的接待。每个晚上摆放在你床边的两个布娃娃，每天早晨送到房间里的新鲜水果和糖点，都给人一种温馨的感觉。客人每有要求，面带微笑的服务生都立即回应并马上办理。

最让我感动的是，每次住进海景花园酒店，我都会看到门前以色列国旗与其他国家的国旗一起高高飘扬，每次进到房间，映入眼帘的不但有茶几上的鲜花水果，而且有插在工作台上的两面国旗——中国国旗和以色列国国旗。我们在这里感受到的不只是生活接待上的温暖，而且是人格上的尊重，是两个国家和人民之间的友好情谊。

顺带说一下，我们有幸到青岛附近的著名旅游景点蓬莱观看难见的奇景：海市蜃楼。这是一种奇特的光学现象：在海面上出现其他一些地方的影像，你可以看到高楼、街道，甚至是走动中的行人。这不是幻觉，是真实的光学现象，我甚至用照相机记录下来了。我把照片拿给别人看时，他们以为我是在什么城市拍到的图像，我告诉他们这是在海面上，大家都不敢相信。山东，青岛，从自然景色到风俗人情，就是如此神奇美丽和充满魅力。

留下镜头和心中的记忆

父亲在他的回忆录中详细描写了他当年生活过的黑龙江小镇的情况，并说他喜欢拍摄人物，也喜欢拍摄风景和各种不同的建筑。

假如现在父亲能听到我的声音，我多么想对他说，我也像父亲当年那样，喜欢到街头巷尾随便逛逛，和路人聊聊天，照照相。他当年见过的许多事物依然如故，不像北京或者上海。我指的是我到过的贵阳一类的地方，也和父亲当年住过的北方小城一样，你可以在街边小摊随便买到你所需要的东西——蔬菜、茶叶、衣服鞋帽、锅碗瓢盆，等等，应有尽有。你可以在街边找个地方理理发，修理一下自行车和皮鞋，甚至到在路边开个小铺面的土医生那里看病，这样的铺面叫做"诊所"。父亲在书中谈到，他特别喜欢中国饭菜，比照他的记述，中国的烹调特色和食品种类经过这么长久的时间依然没有太大变化。逛街的时候，我从不放过品尝美食的机会，煮包米、烤红薯和各种包子烙饼，一概收入腹中。他提到的烈性酒叫"汉扎"，使我联想到我熟悉的茅台。

我是个业余摄影爱好者，我继承了我父亲生前的爱好。

中国是个令人神往的地方，任何一个人只要爱慕这里的人民，沉醉于这里的山川景色和花草树木，眷恋于她的历史遗迹，无不为之动情。有多少景象和事物透射出这个神奇国度的历史和文化风采！假如你爱好摄影，或者你是个专业摄影师，你爱中国，你会感到有机会来到中国是多么幸运。在中国度过的时光，让我有机会见识许多有趣的地方和人物，我没有放过任何一个可能的拍照机会，我随身携带的相机留下了无数个有关中国的珍贵镜头。

我拍下的照片有风光，有人物，有生活场景。不久前我在以色列举办过一次个人摄影展览，专门展出这些年来在中国各个地方拍下的照片，好几百人前来参观，其中包括中国驻以色列大使馆的人员。这在以色列摄影界算是一件不小的盛事，我为自己也为我的父亲感到骄傲。我也像父亲一样，最感兴趣的还是人物题材。我专门印制了一本摄影画册，收集了我多年来拍摄的中国儿童照片，自视为自己的得意作品，给话友和我的其他中国朋友看了，他们也都连声说好。

但是说实在的，有限的画册是收不尽我那数不清的朋友们的形象的。他们有老有少，有男有女——不在乎我们相互认识不认识、熟悉不熟悉，也不在乎他们是否曾经进入我照相机的镜头，就像我上面谈到的小荣、出租车司机或者海景酒店的经理们，他们一概留在我的心中。我们萍水相逢，却感情互通。

六、我认了个中国干闺女

山东对我来说可能是一个有着特别缘分的省份。这不但有上面谈到的原因，对父亲的怀念和对青岛的热爱，还因为这方土地给了我们一个中国干闺女，我们和这里结下了家庭般的亲情。我们的中国干闺女来自山东另一个美丽城市——潍坊。

潍坊——中国风筝之乡

潍坊被称为“中国风筝之乡”，每年 4 月 20 日举办风筝节，世界各国的人士带着他们的风筝杰作，来这里和他国的朋友一同竞技，争取头奖。我们三次到这里参加风筝节。潍坊到处是浓浓的节日气氛，街道两旁悬挂着彩色灯笼和飘带，歌声和乐曲声响彻大街小巷，眼光所到之处都是各式各样彩色斑斓的风筝。风筝节开赛的前一天晚上，在可容纳万名观众的体育场举行开幕式，有盛大的表演活动。欢乐的参演者载歌载舞，来自世界各国以及中国各省市的风筝竞技者代表队列队行进，似乎是在为第二天的竞赛进行最后热身和充分准备。

我感到十分荣幸，在潍坊一次风筝节开幕式上，市党委书记致开幕词的时候提到他的朋友欧慕然和夫人也到场。第二天在比赛场上我身边围过来一大群新闻记者，追问谁是市委书记的朋友。

潍坊的风筝博物馆，收集了世界上最多的风筝展品，其中有不少非常出色的著名作品。博物馆展出的照片，记录了潍坊国际风筝节的发展历程，观众可以看到国家领导人会见竞赛获奖者以及各国贵宾来访的盛况。

其实北京也有风筝节，这是我参加过潍坊风筝节之后才知道的。记得我的一位北京朋友听说我去过潍坊看风筝比赛，颇不以为然，他说："你住在北京，竟然不知道北京也有国际风筝节，而且放风筝在北京已有悠久的历史？"第二年我的确留下来参加了北京的风筝节，果然名不虚传，那盛况丝毫不减潍坊。我有什么话好说呢，潍坊和北京的风筝节各有千秋，风筝爱好者若碰巧于四月间来到中国，看风筝的机会尽可以任君选择。

我们的英文翻译

不过我更钟爱潍坊。山东省潍坊市给了我们一个中国的干闺女，他的名字叫赵红，我们叫她海伦（Helen）。潍坊因此近在我和我夫人的心上。

2001 年我和夫人应邀到山东参加蔬菜展销会和潍坊风筝节，赵红是我们的陪同人员之一，为我们当翻译。她当时在潍坊市政府的外事办工作，英语讲得不错，访问期间给过我们许多帮助，我们都很高兴并且十分感谢她。看得出来，她这般努力工作不单是因为这是她的任务，而完全是发自内心的满腔热情。

访问期间赵红告诉我，她申请到以色列参加一个培训班学习，正在等待答复。我问她，以色列大使馆是否接到她的申请表格并且通过电话和她接谈过，她说是。我主管这项工作，秘书收到申请表格以后都将初步合格的上报给我，再由我通过电话接谈以获得直接印象。接谈是为了考核申请人的英语水平，了解他能不能跟上培训课程，同时也判定对方是否确实从事有关专业，避免有人借此机会出国旅游。参加培训要在以色列逗留一个月，而且到全国各地考察实习，全部费用由以色列负担，能有这样的机会当然是值得高兴的事情。

▲| 我们访问潍坊时的英文翻译——后来的干闺女赵红。

对北京来的申请人，我要面谈，至于外省市的申请人，考虑到来一趟北京不容易，我一般通过电话接谈。接谈过后，我会在申请表上注明我的意见，如果我表示同意，申请通常就算通过和获得批准了。从潍坊回到北京以后，我让秘书把赵红的申请表拿来，果然我批了个同意的意见，这让我十分高兴。接着我接通耶路撒冷以色列外交部负责此事的工作人员的电话，询问赵红是否在批准名单之列。对方回话说，我报上去的申请人数超过了预定名额，但是还可以考虑融通。我一般往上多报几个名额，尽力争取中国方面的申请人全部得到批准，而且大多数情况下我都如愿以偿了。

不用说，赵红最终赴以色列参加了培训班，成功完成了学业。但对赵红来说，这次到以色列参加培训固然学习到了应有的技术知识，还有一个更重要的收获是对以色列这个国家有了一次近距离接触和了解，以色列人的热情和真诚使她深受感动。培训期间，赵红既受到主办单位的良好接待和安排，还有我女儿给予她亲姐妹般的热情关照，让她感到一种分外的家庭般的温暖。

我们在写作本书的时候，赵红告诉我的话友说，她在以色列遇到的一件事使她念念不忘。她说，过去也听国人们谈起过犹太民族，都说犹太人聪明能干，做生意十分精明狡猾，因此种下了一个粗略的印象，但到了以色列才发现，当地犹太人都是那么热情和有教养，民族素质很高。一天赵红和同伴到街上游玩，偶然遇到一位五十岁上下的路人开车经过，他主动停下车来跟大家打招呼，知道她们来自不同国家，就热心地将大家送回学校，第二天还专门派车接他们到家里作客，把她们当成自己的孩子一样，带到超市挑选各人喜欢的各种美味食品，然后回到家里亲自动手做饭，盛情款待大家。赵红不无感慨地说，“我们从未见过面，只是路遇而已，人家就这么热情招待，一件小事能看出这个民族多么热情好客。相比之下，在我们中国这样的事情不容易看到。”其实我在中国倒是碰到不少类似的情况，赵红就是其中之一。

中国干闺女

赵红在学校里学习外语，毕业后分配到潍坊市政府外事办公室做外宾接待工作，接触过不少外国人。奇怪的是，她对这对新来的以色列朋友欧慕然夫妇却有着特别的感情。赵红告诉我的话友，在青岛机场初次见面，这对以色列长者就留给她一个慈祥、和善的印象，大家很快就成了朋友。赵红说她很受感动，“毕竟他们的身份不同，能跟我这么平凡的女子交往，足见他们的平易近人。”

赵红说：“在我陪同他们期间，建立了深深的感情。一次夫人病了，我一直守候在她身边，给她联系医生，替她端茶递水，这件事使他们非常感动。之后我们俩基本都是搂在一起走路的，一次有个来宾说，你们真像母女俩，那时夫人就问我是否愿意做他们的干女儿，我当然愿意，就这样我们成了跨国的亲戚。”

那是 2002 年，我们再次应邀到山东和潍坊访问，赵红再次陪同我们。有一次她突然对我太太叫了一声“妈”，我听到了，于是问她：“如果她是你妈，我算什么呢？”她回答说：“你是我爸。”从此以后，赵红就成为了我们的干闺女。这样认亲可能不算正式，她有自己的父母亲，但我们把她当成了我们又一个孩子。赵红常说，她有两个母亲和两个父亲——一个中国母亲和一个以色列母亲，一个中国父亲和一个以色列父亲。

我们在中国真正有了自己的家人了，不只是我们的祖辈和父母曾经在这里生活，我们的祖父和其他亲人在这里长眠，我们现在身边还有了一个中国女儿。我离开使馆工作后，一直和赵红保持联系，只要有机会都会到青岛与赵红相见，期间还两次专程到潍坊看望我们的中国干闺女。这是一种不舍的亲情。

一个跨国大家庭

2004 年赵红和一位棒小伙儿结了婚，不久有了一个小孩。这一来，我们家不但有六个以色列孙子孙女，又另外添了一个中国小孙子。想来在中国人的眼里，我自己的家庭规模多么值得羡慕，我们在以色列已经是“四世同堂”，我当了曾爷爷，连同我们的子女、孙子女和曾孙子女全家共 16 口人。现今又在中国添了个干闺女、干女婿和一个干外孙子，掐手一数，我们一家人足足 19 口！

▲ 我们与中国干闺女赵红及其小婴儿，后排右起为赵红的父母及其丈夫。

赵红请我们给小婴儿起个以色列名字，我们为此颇费了些脑筋。我们想这个名字既要意思好，中文发音又要容易，最后建议用 Tom，中文的习惯译法叫“汤姆”。在希伯来语里意思是“诚挚”、“天真”，英语国家常用这个名字，同样重要

▲ 我是 1936 年生人，在以色列已经拥有一个四代 16 口人的大家庭，现在又在中国多添了几个家庭成员。

的是中文念起来朗朗上口。于是我们在中国有了个小孙子叫“汤姆”。

我们最近到过潍坊，到赵红的公婆家里作客，赵红父母也来了，大家在一起吃午饭。三岁的汤姆是家中的小王子，他的身边围坐着一共三对祖父母和外祖父母。东道主是赵红的公公——一位警官，是位烹饪的好手，他亲自掌勺。我心想，有高明的厨师亲自出马，难怪饭菜如此美味，中国的厨艺果真名不虚传。不用说，饭桌上洋溢着中国人家庭团聚的格外热烈和亲切的气氛。

我浏览面前的餐桌，将坐在桌子周围的众人认真一数，共有八个长者围着一个小宝宝转。我不由得又想起一个家庭一个孩子的生育政策。我想，汤姆将来会成为怎样一个人呢？我看到八个大人围着一个孩子团团转，他要什么给什么，我希望这个孩子将来长大成人以后懂得，这个世界并不单纯是一个“饭来张口，衣来伸手”的地方，你还要靠自己奋斗才能有所获。在这个世界上，你要付出而不仅仅是获得。

赵红现在已经改行，应聘到潍坊的一所中学从事英语教学工作。她说：“我现在不是把教学当做一份工去做，而是把它看做是一份事业、一份责任，对社会、对家长、对学生的责任。”祝福她为神圣的教育事业多作贡献，同时希望她教育好我们的共同后代——她的小儿子、我们的小孙子汤姆。

七、故土难离

我在以色列驻北京大使馆的公使任职就要到期了，大使和我应邀到河南开封进行访问，未想到由此开启了我在中国的新旅程。

临行受聘大学客座教授

我想在这里特别提到，我的两位朋友——北京的中国农业大学党委书记瞿振元和校长陈章良陪同前往，他们和我算是莫逆之交。开封市委书记和市长设宴招待，宴会快要结束时，大家喝完几杯茅台，农大校长对大使说，他们要在欧慕然先生的公使任期结束后聘请他担任大学的客座教授。我听了颇为诧异，心想说话人怕市茅台喝多了。

▲ 中国农业大学党委书记瞿振元授予我客座教授聘书。

三个月后我任职期满，正准备上路回国，农大党委书记和校长前来送行，党委书记对我说：“我们没有忘记校长在开封说过的话，我们现在正在办理手续，交由校党委和行政部门正式批准。”过了不久，我接到邀请参加授名仪式。现场气氛隆重，授予我的聘书用中、英两种文字写道：兹聘请欧慕然先生为中国农业大学客座教授。

这次任命过后，又有中国另外三所大学授予我客座教授的头衔，他们是哈尔滨东北农业大学、山东莱阳农学院、吉林大学珠海学院等。说实在的，我能在结束我的政府职务之后继续在中国发挥自己的能力和专长，为两国的友好合作贡献力量，这在很大程度上归功于中国农大的领导——大学的党委书记和校长，他们在对我任命的问题上配合如此默契。

自此以后，我每年都要跑几次中国，其中一个任务就是到各大学授课，教育和学术活动成为我在第二故乡中国开始新旅程的主要内容。

我认识的党委书记

我由此联想到我们西方人颇感迷惑的一个问题：中国政府和社会机构里党委书记的任职和作用。在这个问题上，中国和西方国家有不

▲ 接受东北农业大学李庆章校长授予客座教授聘书。

▲ 吉林大学珠海学院院长王元良授予我客座教授聘书。

▲ 在中国农业大学作学术报告。

▲| 访问哈尔滨东北农业大学受到热烈欢迎。

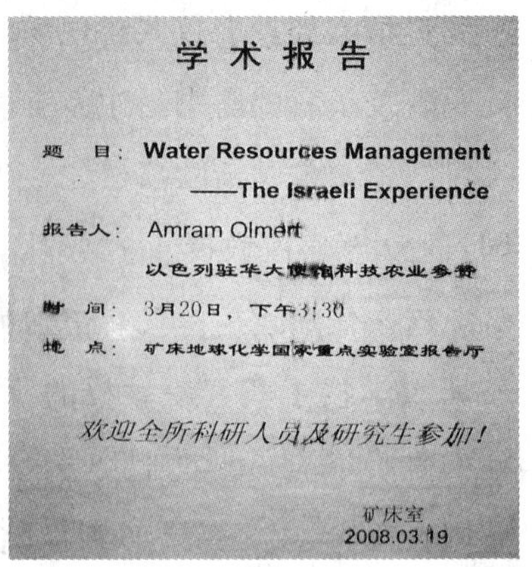

▲| 2008 年访问中国科学院作学术报告。

同的观念和做法。

我在第一次访问中国之后给有关方面提供的报告中写道：“我们来自非社会主义国家，知道政府结构中的上下关系。政党领袖的地位和官方当局（我指的是城市或政府机关）毫无关系。在我们国家以及其他许多国家里，党的书记是不在国家政府和城市行政系列之内的。而中国则不同，党的书记高于一切。他代表党，即共产党。”我只是简单提到党的书记的地位，不可能深入到细节中。等我开始公使的工作并接触过许许多多人士以后，我才对党委书记的真正作用以及他们与行政领导的关系有了进一步的了解。

有一次，我应邀到北京一个名气很大的大学参加宴会，赴宴的大多数是西方国家来的客人，而且主要是各个国家非常知名的大学校长。主办方出席的是该大学的党委书记和校长。校长起来致辞，首先向大家伸手示意在座的党委书记并介绍说：“这位是党委书记，我是校长。他在七楼办公，我在六楼。”我看得出来，每位外国客人都会明白这番介绍的含义。

我到过中国的大部分省份和大部分大城市，到过许多大学，每到一地都要见到党委书记，而他们的能力和他们推动省市和大学发展的敬业精神，使我深有感触。他们和上级领导有着共识，保持密切的沟通和接触。我觉得，一位具有恰当资格的适合人选被任命为一号人物，那是无可厚非的一件好事。现在听到来自西方一些人士的有关指责，我认为他们至少是对情况缺乏了解，我一般对他们讲解我自己的一些体会和看法。

当我站在中国的大学讲坛的时候，我并不以为我有多少知识可以传授，但是我从心底里感觉到，这是中国朋友对我个人的信任，是对一个来自对世界文明作出巨大贡献的犹太民族的一分子的信任。我感到高兴的是，这种信任包含着和行政领导站在一起的党委书记的权威性认可和支持。

我的一个梦想

从 2005 年开始，我离开了原来的公职，但我从来没有离开中国，每年我都要在特拉维夫－北京的航线上频繁往返，最多的时候一年不下十来次。结束本书写作的最近一年，即 2010 年，我到中国的旅程留下了如下纪录：2 月——北京、南宁；3、4 月——北京、上海、成都；6 月——北京、贵阳；9、10 月——北京、昆明、丽江、上海、青岛；12 月——北京、贵阳、深圳、香港。

读者也许感到诧异，我已经进入中国人所说的古稀之年，为什么还要如此不辞辛劳？我的回答是：我的第二故乡令我难舍难分。固然有大学的任教委托，有农业和其他技术合作项目要继续完成，有亲朋好友需要探望，归根到底是心中有不解的故乡情结——所谓故土难离。

我有一个梦想：假设有一天收到中国政府当局颁发的证书，表彰我对发展中国农业技术所作的努力和贡献。我要让我的中国同伴为他们的以色列友人感到骄傲，让我的中国干闺女赵红和我的中国小孙子汤姆，为他们的以色列“父亲”和“爷爷”感到自豪。我不知道这个梦想能否实现，但无关紧要，这不妨碍我将这个梦想留在心中。

尾声：不止息的旅程

一、旅伴与我同行

本书的写作进入收笔的时候，2010 年年底最后两天，我与合作者会见于香港——中国南海上一颗璀灿的明珠。

话友现在住在香港，他说他本是南方人，这里的气候更加适宜，退休以后每年的寒冬季节都到这里生活。当然不光是气候，这是中西文化交汇的地方，这里的人文环境自有它独特的吸引力。

中国之行的旅伴

我在中国有许多朋友甚至还有干亲戚，但是自从我 20 年前初到中国以至最近共同写作这两三年时间，更多与我交往的是我的话友和笔友唐教授。在我的中国之行的旅途上，话友与我一路结伴而行。

我在前面谈到过，我在 1989 年第一次访问中国时就是由唐教授负责接待的。经过一段时间的接触，我从他身上找到了一位谦虚、热心和思想开放的值得亲近的朋友。自从我们到达北京以后，他一直全程陪同我们，他和他的同事给予我们最周全的照料。我们是同龄人，有着共同的语言，但是我当时并不知道这位中国朋友在中以建立关系过程中所起的作用，只是后来才慢慢有所了解，原来还有更深层的背景。

返回以色列以后一段时间，我又再次访问中国，但一直没有见到话友，直到

▲| 话友是我在华旅程的旅伴，各自的太太也成为了相好的姊妹。

我出任驻华公使，经过一番打听才知道他后来去了国外，像我派驻中国一样，由上级派到美国担任公职去了。唐教授的一位朋友，特意给我带来当年我们一起工作时共同经手的一份材料，唤起我对以往难忘时刻的回忆。有一天我突然接到一个电话，对方称他姓唐，已经回到北京，我喜出望外，我们终于又见面了。十多年后相逢，世道已经发生巨大变化，但是我们的友情依旧，或者说由于这些变化，更加证实了我们当初相识时的共同认知和期望，我们的友情更加深厚了。此后我们一直保持接触，我每次有机会到北京必定找他见面，我们两人各自的太太也成为了相好的姊妹。

难忘过去

处身今天一片繁荣的香港，话友思绪万千。话友说，还在 20 多年前当他开始和我们以色列人接触时，就经常来到这里，那时香港还属英国殖民统治，而现在它已经回归祖国怀抱，换了一番天地。

话友像所有中国人、特别是每个中国同龄人一样，难忘过去，难忘祖国昔日饱受西方和东方列强凌辱的悲惨历史。他 70 多年的生涯，伴随中国现代的曲折历史进程起伏跌宕，和中国的命运紧密相连。我想在这里引述《我的中国》里收录的唐教授对童年和少年时期的一段回忆：

我童年时期曾经两次亲身经历过日本人侵入我们的家乡小镇，恐怖的场面仍然记忆犹新。那时乡亲们从城里向外逃难，我和我姐姐分别坐在母亲用竹扁担肩挑的两个竹箩筐里，惊恐地裹在人潮当中往前窜动。我们逃到偏远的大山沟，蜷缩在灌木丛里躲藏。山那边不断传来清脆的枪响，等到夜幕降临，我们下山回到借居的村里，才听说死了人的噩耗。有一次上山躲难的时候，我们邻居的一位大概只有14～15岁的女孩，没有跟上队伍，在山脚下被日本人抓走了。待到混乱过去，山沟里寂静下来，女孩才慢慢爬到山上，身上披着的衣服又破又脏，低着头，泪流满面，大人们都跟着哭起来了。我知道她是被欺负了，但是还不懂得什么叫奸污，只是过后听大人不断严厉警告我们小孩子：看见什么不得乱说，我才猜想出了什么大事。我们逃到山里躲藏这阵子，日本鬼子放火把我们镇上的街道烧了，我们家的房屋也不能幸免。

我和我们镇上的人始终弄不明白，我们的小镇是在中国南方很偏僻很落后的一个角落，没有设防，对日本的侵华战争谈不上有任何重要的军事和政治意义，日本人怎么也不放过？想来想去有一个原因，那就是有一类人生性凶蛮残暴，这类人我们叫做侵略者或野蛮人。他们不把贫穷落后国家的人民当人看，只当畜牲对待。

美国是中国在二次大战中的盟友，对战胜德国和日本法西斯主义作出了巨大贡献。驻在昆明的美国军事航空队伍“飞虎队”，在云南和缅甸交界对日作战，是美国人民的英雄主义和美国人民对中国人民深厚同情和友谊的证明。二次大战结束后，美国军队进驻中国，协助当时的中国政府恢复重建。我不无遗憾地指出，我一向认为美国是英雄和拯救者，但第一次遇见这些陌生人，给我心中的美国头上的光环投下了一层阴影。

记得有一天，从我们镇上的东头突然来了一伙美国佬，他们开着一辆吉普车，以疯狂的速度从我家居住的街上驶过，又立即消失在小镇的另一头。车子过后，街心中撂下一条死狗和两只死鸡，街的上空依然回响着美国大兵的狂笑声。又一天，我和三四位同学到镇附近的湖中游泳，正赶上一伙美国大兵在湖对面的岸边逛荡，突然间从那边传来阵阵尖叫声，抬头望去，但见几个美国佬正在拽起两个村童从近十米高的悬崖往水里摔，我们一下子给吓坏了。可幸的是两个男孩会水，避免了一场人命的灾难。湖面的上空，照样回荡着这些恶作剧小伙的高兴笑声。大家都往好的方面想：这些美国人来自我们不熟悉的富裕发达的国家，娇惯了，所以行为有些古怪。他们爱打闹，喜欢拿人开玩笑。

不过后来从外面传来有关美军的一些消息，看来镇上人的说法并不可靠。在当时北平市内离外国使馆区咫尺之遥的东单广场，北京大学一位女学生光天化日之下遭受强奸；汉口市一家高档饭店在夜间举行舞会，应邀参加的中国妇女（她们都来自社会上层）遭受集体施暴，这都是美国人干的。这就不是开玩笑了，人们开始想，这又是某类特殊人种的傲慢和残暴本性的大暴露（我在这里尽量使用与对日本军国主义分子使用的不同用词）。

不散的阴霾

这是过去半个多世纪的历史陈迹了，话友说，可是他现在仍时常勾起这番不愉快的个人回忆。这不无缘故——当我们涉及国际媒体和西方政客热中炒作的所谓中国“侵犯人权”和“中国威胁”这个敏感话题时，话友便压抑不住心中的愤懑。他在材料中写道：

你可能在书中读到过，或者从中国朋友的回忆中听说过，20世纪30年代在上海一座公园门口贴着一张告示：华人与狗禁止入内。当中国遭受西方列强欺凌和国内反动统治压迫的时候，普通的中国人没有任何人权可言。

我不是什么仇日主义，更谈不上特别反美，我和许多外国人结成很好的商业伙伴，有不少成为了好友，他们既有东方的日本人，也有西方的欧洲人和美国人。我在这里只是想提醒人们注意到普通中国人对国家解放独立、对自由和人权问题的想法和感情。中国人今天可以理直气壮地说，他们争取到了他们在过去无法享有、而且别的一些人也不允许他们享有的应有人权和自由。我相信，尽管某些人至今依旧不喜欢中国和敌视中国，但他们也不能不以一定的平等和尊重的眼光看待中国人，将中国人当成对手而不是畜牲了。

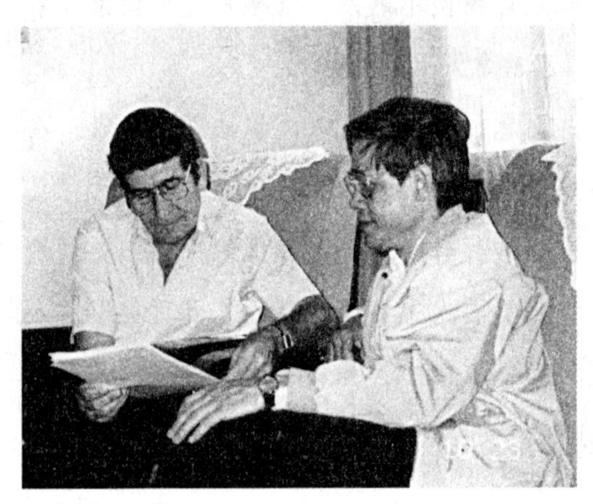

▲ 1989 年初次访华与话友共事，开始了我的在华漫长旅程。

话友补充说，平心静气而论，有的批评是对的，中国现实中确实存在不少侵犯人权的问题，而且有过像文化大革命时期践踏人权的灾难。这里有历史留下的包袱，也有社会转型过程中新生的问题。但是，不应当忽视和抹杀这些年来中国在改善人权状况方面所做的努力和取得的成绩。不分青红皂白地把中国的人权说得一团糟，那是任何一个普通中国人无法接受的。问题是要有一个比较客观和公正的立场，要有一个历史发展的观点。

难道在人权问题上对别人指手划脚的国家，他们自己就这么心安理得吗？话友告诉我，1979 年当中国刚刚实行改革开放的时候，前来北京商谈引进发电站技术设备事宜的美国一家技术公司代表，送给他美国最新出版的一本书——《美国》。作者库克在二次大战时期及其后，一直是美国最有名的新闻记者之一，他的电视系列节目《美国》以及同名著作在美国和欧洲享有极高声誉。这是话友最早接触到的西方介绍美国情况的原版书籍。其中给他留下特别强烈印象的是一张插图照片：一个黑人被吊死在一株大树上，树底下围着好几十个看热闹的人群，面孔上是一味幸灾乐祸和冷漠的表情，他们大都是白人。书中的文字说明，悲剧发生在上世纪30年代对黑人的疯狂迫害时期。

话友在90年代后期受派到美国工作，有一段时间住在纽约。他告诉我，一个星期天，大清早他来到住地附近哈德逊河岸边的林地，偶然发现一张长椅上面和衣躺着一个黑人，头底枕着一个布袋，旁边靠着一辆自行车，一条钢锁链将自行车的轱辘和他的右脚以及长椅紧紧拴锁在一起。显然，黑人带着自己的全部家当、戴着锁链在这里度过了一夜。从这里向南望去，烟雾缭绕的远方便是神圣的自由女神像。把镜头再拉近一点，那里是一个广场，有马丁·路德金的纪念雕像。话友不由得打了个寒噤，他想起了库克书上吊死黑人的照片。

对一个自诩为人权卫士的国家来说，这是一种莫大的讽刺。话友说，也许有人认为，拿这样的街头小景来说事儿不足为凭，君不见美国出了个黑人总统吗？但是无论在美国或者中国，自由民主和人权事业都是一个不断发展进步和完善的过程，何况各个国家有各自不同的历史条件和情况。林肯总统解放黑奴是在美国建国之后约100年；在这之后又过了半个多世纪，美国黑人继续遭受严酷的种族隔离，过了100多年马丁·路德金被刺身亡。美国人权状况的变化经历了200多年，新中国才有60年的历史，人权事业的成就有目共睹，为什么还要横加指责？

话友问道：难道那些拿中国说事儿的超级大国和一些西方国家，他们自己真正珍视他们所说的普世性人权了吗？他们为了本国的利益，这些年来应用他们最先进的武器在世界各地制造的人道灾难还少吗？有人显然是别有用心。

谈到"中国威胁论"，话友在回忆材料中写道：

至于所谓"中国威胁"，我估计，你到街上碰到的任何一个中国路人，无论男女都会说：胡扯！中国人民刚刚摆脱连年的战争，摆脱混乱和悲惨的局面，多么渴望和平、稳定、和谐。中国人民的长远目标，是要全力以赴建设一个小康社会，保证每个人的最低生活水平，这样的国家怎能想到去威胁别的国家呢？

话友说，“中国威胁”是一种奇谈怪论。中国发展本国的经济和实力，维护自己国家的领土安全，同时对世界的经济发展与和平作贡献，被说成是“威胁”，而一个军事实力最强大的超级大国把航空母舰派到中国的领海附近，挑动并拉拢一些国家围堵中国，对中国进行真枪实炮的恫吓，反而不是对别国和世界安全与和平的威胁？何其荒谬的霸道逻辑！

在话友看来，一些善良的人们可能一时适应不了一个过去的“东亚病夫”崛起的现实，但更主要的是昔日的西方和东方列强阴魂未散，又再对无辜的中国虎视眈眈。国际媒体和西方政客们就所谓中国“侵犯人权”和“中国威胁”的轮番炒作，无非是一种历史重复，是一种借口，虽然暂时变换了一下方式。一股来自同一个历史方向的不散的阴霾，又再向中国压将过来。

我不一定完全同意话友的每个观点，但是我相信，历史和现实是最好的教师，要理解今天的中国和这个国家人民的心态，首先需要对中国的过去和现状有一个起码的了解。在我认识和经常交往的中国朋友当中，与我同龄的话友是最年长的一位，从他身上似乎可以窥探到认识中国和了解中国人的更多线索。

二、见证历史

中国之行的写作进程开始于 2008 年而终于 2011 年，分别是两个不平凡的年头，这也许不完全是出于巧合。就在这两三个年头里，让我们在中国之行的旅程上，见证了中国崛起的一段光荣历史。

不可阻挡的前进步伐

2008 年初秋我到达北京，带着刚刚在以色列出版的《我的中国》一书送给话友，告诉他，我希望在此基础上写作一本新书献给中国读者，希望向中国朋友介绍我们家族和我自己在中国的生活经历以及我们对中国和中国人民的深厚感情，邀请他共同合作。话友对写书的事开始有些犹豫，但最终还是答应下来了。话友显然被我的情谊和执着精神所感动。《我的中国》封面上一位中国小姑娘甜美的笑容和几盏大红灯笼，引起他强烈的共鸣。但是我知道，还有另外一个因素激励我的话友，那就是中国人民在这不平凡的一年里爆发出来的高涨爱国主义热情，我的写作意向和话友心中的感情获得了交融。

2008 年中国成功举办了无与伦比的北京奥运会，同时经历了西藏暴乱和四川特大地震的天灾人祸。我由于别的原因没有及时赶上观看奥运会盛大的竞技活动和表演，但是却亲眼见到了奥运盛举给北京带来的巨大变化，目睹了中国战胜一切困难和挫折所创造的建设奇迹。我又一次感到震惊，这次是有感于中国建设的巨大成就和神奇速度——北京奥运会的标志性建筑北京新机场、鸟巢和水立方。

这次当我再一次飞临中国的“国门”北京机场的时候，映入眼帘的是一个全新的现代化航站楼。我相信，今天降临北京机场 3 号航站楼的旅客，根本想象不出上世纪 60 年代以来直至 90 年代初期的机场模样。1989 年我第一次来到北京看到的机场，与今天我看到的新机场进行比较，就像是一个小孩子站到著名的中国篮球运动员姚明的身边。今天的 3 号航站楼是仅次于迪拜机场的世界第二大机场。2001 年北京机场的旅客运送量约为 2400 万人次，而 2008 年猛增到 5600 万人次。

中国的建设速度和成就，特别是大城市的建设速度和成就令人惊叹不已，我读到的材料说，世界上 60% 的吊车都跑到中国来了。后来我在中国接待过一个来访的以色列建筑代表团，他们每个成员踌躇满志，要向中国同行传授先进的现代建筑方法。但当他们离开机场接近市区的时候，他们才明白过来，倒是自己可以在中国学习如何实现高效的建筑施工。结果通过这次访问，客人不是来传授经验，而是来吸收知识。

2008 年北京奥运会的最重要遗产，是中国人民表现出来的英勇气概和战斗精神。中国人既然能冲破重重困难险阻，高举神圣的奥林匹克火炬胜利登上珠穆朗玛顶峰，还有什么障碍和邪恶势力能够阻挡他们前进的步伐？我感到幸运，中国之行的写作进程启动于这个值得纪念的时刻。

一个新兴经济体的强大生命力

不要忘记，在2008年同一年，开始爆发了冲击整个世界的金融海啸。我们“中国之行”两年多时间的行程，一直伴随着这场人为灾难的阴霾，我们也因此有幸看到，中国正是在与金融海啸的斗争中坚定地崛起。

▲| 2010～2011年之交与话友会见于香港。

2010年年末当我与话友相会于香港的时候，中国之行的写作任务已基本完成。正当收笔之时，我们有一种释怀的愉悦心情。傍晚时分，我们在九龙一家中餐馆用过晚饭，漫步来到尖沙嘴星光大道，欣赏著名的维港沿岸的灯光夜景。再过一天就是除夕之夜，迎来2011年新的一年。两边海岸上林立的摩天高楼上装饰的彩灯，放射出璀璨夺目的光芒，水面上游动的船只，在彩色的波浪中穿梭，宽阔的海堤上人群熙来攘往。我们信步前行。香港维多利亚港夜景迷人的美丽，在世界上大概是少有的，我到过香港许多次，这是第一次看到这么美丽动人的夜景，于是我的照相机又派上了用场。

我在这里用不着引用更多的数字和事实，维港两岸灿烂的节日灯火就是说明。席卷世界也严重冲击着中国的金融海啸余波尚未平息，但是世人看到，中国经济在这场灾难的冲击下巍然屹立。就是在这个艰难时刻，中国依靠本身的制度优势和所采取的应急政策，正在克服金融危机带来的负面影响，继续保持经济的高速发展，大踏步登上世界第二大经济体的位置。维港两岸的灯火，闪耀着邓小平先生“一国两制”的智慧思想，象征中国的灿烂前景。

读者记得，当我第一次踏上中国的土地，使我最感惊讶的是市场上的商品出乎意料地丰富。这促使我产生一种遐想，我在本书一开始就提到：“我不是说我成了共产主义者，但我肯定地意识到，除了西方还会有其他可以成功的途径。没有想到，我竟然无意之中带着这个问题开始了我的中国之行——延续了整整20多年的漫长旅程。”

中国之行还在继续，中国还会面临种种严峻挑战，我的问题还有待进一步破解，但在我们写作本书的近三年时间里，历史的发展似乎在证明：我的遐想并非捕风捉影。中国之行再次见证了中国的发展奇迹，这是在应对各种严峻挑战中赢得的发展奇迹，它显示出当今中国经济体系的强大生命力。

不是梦话

我又要上路了，离开香港回到以色列，中国之行的写作将告一段落，但是我到中国的旅程将不会结束。我久已有之的一个遐想，此刻又不禁浮现在脑际。

相信许多人都会说我这个想法是痴人说梦话。但是在人们说来是痴人梦话的东西确实变成了现实。也许有一天我已经不在世，或者我的儿女甚至孙子女都相继不再在世，但相信总会有人看到这个现实，甚至更早的时候看到这个现实。这个想法就是将中国的社会主义与美国的新资本主义相结合。结果会在两个世界超级强国之间形成相似的生活和经济体系。

三、我的表白

将书写完，我重读了一遍又一遍。我发现我曾经采访过不少人，但却错过了一个人，虽然他在书中自始至终不断地表达自己的观点。我应当对他补充进行采访，此人就是本书的一位作者——你当然不会猜错。

自我采访

问：您为何认为读者会听您的采访？其实您该谈的都在书中谈到了。

答：我想把自己摆到中国读者的位置上，按照一位读者的想法给作者提些问题。我不是中国人，我要在这次采访中以一个中国人的身份提出问题。

问：写这本书的目的是什么？您没有看到，书店里有关中国题材的书琳琅满目，摆满了书架？

答：我看到这些书了，内容都各有侧重，其中许多是为了告诉外国人如何在中国做生意，或者给旅游者做指引，告诉他们该去什么地方和该看什么，住哪家饭店尝什么好菜。我是要表达我对中国方方面面的感受、经历和观点。

问：您为什么认为中国人要听您的想法和感受？您不觉得，他们并不在乎外国人对他们有何看法？

答：问得好。实话实说，我相信许多中国人并不在乎陌生的外国人有何想法，但我也见过不少人，他们知道除了中国之外还有许多别的文化、传统和现实，他们很想探听个究竟。

我常想硬币有两个面，打个比方说，一面是中国人另一面是我自己。我想把我心中多年以来就我家族和我自己与中国接触的积累所得，奉献给我的中国读者——硬币的另一面。硬币的两面是一个整体，我写了这本书固然高兴，我更希望硬币的另一面也觉得满意，并从中受益。

我用希伯来文写作并在以色列出版了一本关于中国的书，取名《我的中国》。我知道中国是你们的，是13亿中国人民的，但她也是我的。中国所以也属于我，因为我的祖父和其他亲戚在这里长眠，因为我的父母在这个国家成长和受教育，还因为我和这个国家开展合作，我要将我的全部知识贡献给这个国家的技术发展，因为我有许多中国朋友，我有个中国干闺女和中国小孙子，因为我爱这个国家和这个国家的人民。

问：您写到犹太民族和中华民族的悠久历史文化，您认为中国人有什么东西可供学习吗？

答：是的，我想我们可以学习中国人的耐性。我们以色列人急于求成，所以往往偏离了目标。中国人耐心多了，中国人能给我们某些教益。

问：您在书中批评以色列商人，实际上是在责备他们，说他们在双边商业关系中少有成就。

答：你说得对，我不忌讳坦言我的想法。我在《我的中国》中就是如此说的。我认为，只有说实话才能进步。

问：中国官方的态度是支持阿拉伯国家反对以色列，您对此有何看法？

答：我很高兴看到中国在联合国和国际舞台上支持以色列，但在另一方面，我理解中国对能源有大量需求，遗憾的是阿拉伯国家拥有并能提供大量能源，而以色列一个小国办不到。我高兴地感觉到，中国人民支持以色列，不但在北京而且在这个国家的许多地方都能看到这点。

我的爱

最后我要说，这些年来我在中国的经历与感受，可以概括为一个词：爱。要说我今日对中国的感情，我承认我爱上了中国。

实际生活中要是爱上一个人，并不等于说看不到对方身上的缺点。我从来没说中国什么都好，我发现了中国存在的不少问题并且不避讳对其提出批评，但是我的批评意见出自爱护，是建设性的，不影响到我对中国的爱心。我反对任何人从他们对中国一贯否定的态度出发，无论中国发生什么事情都一概加以抹黑——要多黑就有多黑。我常常不得不站出来向各种人进行解释，告诉他们有关中国的真实情况，消除他们因受错误信息灌输而形成的有害观念。

有时候有人针对我说，“看来你爱中国，所以有如此态度。”我回敬他们道：我的确爱中国，我对此不加否认，但这不等于我说假话，或者妄图更改事物的真相。我所说的全是实话，反映了事物真实可靠的面貌。”

我要说：是的，我热爱我的第二故乡中国，这是一个成熟的人发自内心的爱，他既深谙这个广大国家的众多优点，也看到她的缺点并且坚信这些缺点将会在未来逐步克服。

我走我路

当我结束在中国的公使任职时，我曾经编写并朗诵一首诗作为我的告别辞。诗的题目叫《我走我路》，是仿照美国著名歌唱家和作曲家鲍尔·安卡的一首歌词《我的路》改写的。在结束中国之行写作的此刻，我想借它来告别读者：

朋友，我的任职即将届满，
飞机就要飞离跑道。
朝阳尚未露脸，
指挥塔已经灯火通明。

是公开说明的时候了，
我要对你放声直言，
而不是窃窃私语，
让朋友为此感到骄傲。

决心已经下定，
我要向你坦露胸襟，
在结束公职的此刻，
不带任何虚情。

我在这里日夜操劳，
现在我敢对你说：
我有自己的抱负，
我走我路。

岗位上事务万千，
我跨过横陈的沟坎，
冲破重重艰险，
从不畏惧也不抱怨。

不等曙光初现，
我便起身四处奔波。
你问我这是为什么？
告诉你：我走我路。

我满怀奋斗豪情，
对官僚习气嫉恶如仇，
从来不优柔寡断，
更不会因循保守。

我有过成功也有过失败，
一切都坦然对待——
任凭它已经烟消云散，
或者形影尚在。

我做我该做的事情，
从不期望别人赏赐，

也永远不感愧疚，
因为我自有抱负，
我走我路。

我凡事不敢掉以轻心，
但求精益求精；
我不指望得到回馈，
因为我自有抱负，
我走我路。

请告诉我：这算什么人——
他竟然看不见
前面的目标与成就，
将来的进步与发展？

他对顶头上司
如此言听计从，
哪怕延误大事，
也要弯腰称臣？

让我最后对你说，
我一向自有作为。
让我再次重复：
我走我路。

跋

Ba

我的以色列朋友欧慕然

——唐建文

中国人过去多是从书本上听说过犹太人，留下犹太人智慧、精明、善于经商同时有些狡猾的神秘印象。19世纪至20世纪之交犹太难民开始从西方涌入中国一些城市，中国人和这个带有神秘色彩的民族有了零散但直接的接触，渐渐知道他们的苦难历史和身世，知道他们对人类文化的巨大贡献，好奇之中，对犹太人心怀钦佩和同情。直到近二三十年，随着我国改革开放之深入和中以两国建立外交关系，在国人面前逐步揭开了智慧和充满活力的犹太民族的神秘面纱。

以色列人和犹太人进入了普通中国人的生活。在超级市场，以色列的优质樱桃西红柿十分抢手；在书店的书架上，堆满了有关犹太人的著作。在中国人日常与之交往的“老外”中，又多了个犹太人。犹太人日益受到中国大众的关注。

但是说实在的，我们的确说不清这个重新认识的老外是西方人还是东方人。他们的民族起源于两河流域，国家的地域属东方的亚洲，但他们的文化和生活方式带有更多的西方色彩，而且有大约一半人口生活在现代的西方国家。我们中国人是分不清一般西方人和犹太人的，感性上都把他们当西方人看待。

不过以我个人的实际经历和体验，却有个无意的发现。我自从20世纪80年代起，由于工作关系有机会和以色列犹太人直接接触，倒未见他们和一般西方人有什么太大的不同，除了宗教信仰和某些生活习惯。渐渐地，我还发现他们也没有什么传说中特别神秘的地方，当中有不少人甚至有点像我们的同胞中国人。我说的是个人感情和性格，像我最早接触的波哈莱斯教授，还有“中国通”尤丹先生，但最为突出的当是欧慕然——本书的共同作者和故事的主人翁。

我这位以色列朋友的祖辈和父辈曾经在中国生活，他颇以自己的“根”在中国引为自豪，经常向人夸耀他是“哈尔滨人”的后裔，心中埋藏着深厚的中国情结。他最重感情，对家人、对朋友、对自己的祖国和第二故乡中国的感情是如此深沉和执著，我似乎在他身上看到一个普通中国人的身影。以他的性格特点——吃苦耐劳、朴实、平易近人，怎么看也都有点像是个熟悉的中国老乡。我们从书中读到的大多是平常琐事，有些还是比较枯燥的专业论述，没有什么惊天动地的事迹，但这是生活的真实，像欧慕然本人一样朴实。

以色列媒体对他的个性和人格有过这样一段生动的描述：“他个性中最突出之处就是不利己，不自大，不歧视他人。他今天刚和总统或总理在什么地方见过面，第二天回到自己居住的城市，转身就看到他漫步在蔬菜和水果市场，向过往的行人问寒问暖，仿佛这些都是他最要好的朋友。我记得有一次，他刚从赎罪日战争前线回来，还来不及脱掉一身军装，便急忙赶到农家田地里查看有无遭到破坏，帮助农民想办法出主意。”

文章对欧慕然在开展以色列农业国际合作方面所作的贡献给予如是评价：“他是个非常出色的人物，从不抛头露面，却给以色列带来‘重以吨计’的荣耀。”应当说，欧慕然作为一位农业专家，在以公司总经理或者外交官的以色列公职人员身份在华工作期间，对中国—以色列的合作事业表现了同样的敬业精神，作出了值得赞扬的贡献。

欧慕然是农民家庭出身，自小生活在农村，长大了当过兵打过仗，后来上大学并作为技术专家进入国家机关工作。我对他开玩笑说，像他这样的出身和经历，在中国最受羡慕和尊敬，他完全可以为他中文名字的含义感到骄傲。难怪我们相处得如此融洽，也难怪他在中国所到之处人气这么好，有这么多好朋友，还结了一门亲戚，认了一个中国干闺女。

不敢说我看到的欧慕然能代表一般犹太人，其实现实生活中的犹太人各有不同，欧慕然深深的中国情结和他的性格品德，自有他家庭和个人的独特原因。但应当看到，这里也蕴藏着更深层次的民族性根源。我从欧慕然的身上，确实能感受到犹太文化和犹太传统的鲜明烙印，看到犹太民族2000年离散苦难以及犹太圣经《塔纳克》和《塔木德》的深刻影响。

人们常爱问，为什么犹太人如此智慧，以色列何以成就卓著？欧慕然的回答很简单：是逼出来的，是重视教育。我很惊讶，这多么像是一个中国式的答案：中国人历史上和现实中的重负太多了，而且中国人自古也特别重视教育。我从欧慕然的回答中进一步悟出一个道理：一个民族的苦难历史和奋发图强的精神，是这个民族和国家赖以生存和复兴的宝贵财富和动力。

耶路撒冷的"哭墙"是个象征。记得1987年我访问以色列的时候，在耶路撒冷参观哭墙，也按照当地的习惯，将一张纸片写上我的心愿塞进墙缝，遥祝我们的祖国繁荣昌盛。我不是上帝的子民，我的邮件和祝愿也许送不到上帝那里，但是我相信，耶路撒冷哭墙所体现的一个饱受苦难的民族绝地奋起的精神，是和我们祖国和人民的信念共通的。北京的圆明园废墟和芦沟桥上的弹痕，年代不像已有两千年历史的哭墙那么久远，但同样记载着一个民族的一段屈辱历史，也见证同样一个历史逻辑：民族劫难后的复兴，能创造出举世为之瞩目的奇迹。

但也有不同。第二次世界大战给犹太人带来的灾难，得到责任国的真诚道歉和以实际行动表示悔过，而中国的情况则不然：日本社会上的某些势力至今没有认真承认他们对中国人民犯下的滔天罪行，没有真正悔改之意，还在谋求侵占中国的领土，挑战中国的忍耐和宽容极限。一位以色列政府领导人谈到犹太民族的历史命运时说，"犹太人是最古老的民族之一，以他们的记忆力而闻名"，我想，中国人更加有理由为自己不会忘记过去而感到自豪。

两个民族似曾相识的历史命运，家族与中国的不解情缘，将我的朋友欧慕然的心与中国人民紧紧地联结在一起。我的朋友不想在他的书中介入敏感的国家政治问题，但是有些事情你是回避不了的。近年来国际反华浪潮甚嚣尘上，西方舆论充斥着颠倒黑白、歪曲事实、诬陷中国的报道，正如我们在书中看到的，欧慕然对此无法保持沉默。

我的朋友尊重事实、坚持正义的立场和行为，尤为值得钦佩。正如以色列媒体关于他在电视台介绍中国节目的报道所说：他对中国情况的了解十分透彻，而且不畏说出他爱慕这个国家，也许甚至有些偏袒中国。他让那些对中国缺乏了解的观众认识到，按照一般眼光判断中国，以历史背景和思想意识不同的其他地区情况作为根据，一概而论，这是极大错误。

走自己的路，是欧慕然的生活信条，在如何看待中国的问题上也不例外。

说实在的，我和所有同龄的中国人一样，从小怀着对“洋人”的不信任和记恨——我指的是19世纪以来侵略我中华的西方列强，特别是20世纪30年代以来在中国烧杀掳掠的日本强盗。不过这并不妨碍我和西方或者东方的洋人打交道，而且几十年来因工作关系和外国人就交过不少好朋友。常说论国家关系，没有永久的敌人也没有永久的朋友，也许在普通中国人的心目中，对犹太人的国家以色列国仍然存在着不同看法，就像以色列人对中国也存在着某种不同看法一样，这并不奇怪。但是应当相信，在个人之间或者在人民与人民之间，是可以找到真诚的和长远的友谊的，他们是我们寻求国与国之间友好关系的纽带。我从我的朋友欧慕然身上再一次证实了这一点。

我很高兴能成为欧慕然先生在中国旅程的同伴，有机会和他共同完成本书的写作，帮助他了却向中国读者表达他热爱中国人民的心愿。欧慕然是颇具诗人浪漫气质的技术专家，我想在此将中国人经常引用的一句古诗送给我的以色列朋友作为美好的祝愿：

“但愿人长久，千里共婵娟。”

这个婵娟是我们共同的美好理想——理解、友谊、公平和正义。在中国和平崛起的时候，我们希望能有更多真诚的外国朋友，希望获得更多的理解、友谊和支持。